品牌管理
塑造、传播与维护

苏朝晖/编著

M ARKETING
M ANAGEMENT

人民邮电出版社
北京

图书在版编目（CIP）数据

品牌管理：塑造、传播与维护 / 苏朝晖 编著. --
北京：人民邮电出版社，2023.11
高等院校市场营销系列教材
ISBN 978-7-115-62546-5

Ⅰ．①品… Ⅱ．①苏… Ⅲ．①品牌－企业管理－高等
学校－教材 Ⅳ．①F273.2

中国国家版本馆CIP数据核字(2023)第161275号

内 容 提 要

本书在借鉴和吸收国内外关于品牌管理的最新研究成果的基础上，深入浅出、通俗易懂地阐述了品牌管理的理论、流程、思路与对策，具体内容包括导论、品牌路径管理、品牌定位管理、品牌架构管理、品牌标识管理、品牌形象管理、品牌传播管理、品牌资产管理、品牌忠诚管理、品牌延伸管理、品牌维护管理、区域公共品牌与品牌国际化。

本书体系完整、结构清晰、层次分明、逻辑性强，并且与品牌管理实践紧密联系，做到了理论与实践相结合，实用性与可操作性较强。书中还匹配了大量典型、生动的案例，便于读者更好地领会品牌管理的真谛。

本书配有 PPT 课件、教学大纲、教学进度表、电子教案、课后习题答案、模拟试卷及答案等教学资源，用书教师可在人邮教育社区免费下载使用。

本书既可以作为高校市场营销、企业管理、电子商务、广告设计、传播管理等专业的课程教材，也可以作为 MBA 教材，还可以作为从事品牌管理、企业管理、营销管理的人士的参考书。

◆ 编　著　苏朝晖
　　责任编辑　王　迎
　　责任印制　李　东　胡　南
◆ 人民邮电出版社出版发行　　北京市丰台区成寿寺路 11 号
　　邮编　100164　电子邮件　315@ptpress.com.cn
　　网址　https://www.ptpress.com.cn
　　三河市君旺印务有限公司印刷
◆ 开本：787×1092　1/16
　　印张：12.75　　　　　　　　2023 年 11 月第 1 版
　　字数：302 千字　　　　　　2025 年 6 月河北第 4 次印刷

定价：52.00 元

读者服务热线：(010)81055256　印装质量热线：(010)81055316
反盗版热线：(010)81055315

品牌是生产力，是竞争力，承载着企业的承诺与顾客的信任。当前，随着人们收入水平的提高，其需求层次也有了很大的提升，许多顾客产生了对品牌消费的需求；与此同时，随着市场竞争的不断加剧，依赖低成本劳动力这条老路已渐行渐窄，品牌越来越受到企业的重视。打造优势品牌不仅是一个重要的战略选择，也是一种迫切的时代呼唤，更是企业拓宽市场、增强顾客黏性、提高竞争力与盈利能力的重要途径。

从国家层面来看，品牌是一个国家的名片，是国家经济发展的重要战略性资源，体现着国家实力。品牌建设是增强我国综合国力、提升国家形象的现实需要。目前，国家对品牌建设的重视已达到前所未有的高度，先后推出了"国家品牌计划"与"品牌强国工程"。党的二十大报告也对加快建设质量强国作出了明确部署。2023年发布的《质量强国建设纲要》提出：到2025年，质量整体水平进一步全面提高，中国品牌影响力稳步提升；到2035年，质量和品牌综合实力达到更高水平。然而，当前我国品牌发展仍然相对滞后，与发达国家相比存在着明显差距。从制造大国到制造强国，再到品牌强国，注定是一条漫长且艰难的道路。

品牌管理贯穿塑造品牌、传播品牌、维护品牌的整个过程。本书在借鉴和吸收国内外关于品牌管理的最新研究成果的基础上，深入浅出、通俗易懂地阐述了品牌管理的理论、流程、思路与对策。我们知道，品牌是一个长期积淀、厚积薄发的结果，因此，品牌管理不是一件一蹴而就、立竿见影的事情，而是一项持续的工程，需要循序渐进地展开、持之以恒地努力。具体来说，首先，企业要考虑拥有品牌的路径问题，如果企业选择自创品牌路径，就必须明确品牌定位，确定品牌架构，设计品牌名称、品牌标志等标识，尤其重要的是要通过产品形象、服务形象、价格形象、终端形象、企业形象、顾客形象等来塑造品牌形象。其次，企业要积极通过广告传播、公关传播、口碑传播、网络传播、故事传播等方式传播品牌。最后，企业要采取有效的策略努力实现品牌忠诚，必要时在此基础上可以进行品牌延伸，当出现品牌危机或品牌老化时，要通过品牌维护措施使品牌重新焕发生机与活力。

本书深入浅出、通俗易懂地阐述了品牌管理的理论、流程、思路与对策，体系完整、结构清晰、层次分明、逻辑性强，并且与品牌管理实践紧密联系，实用性与可操作性较强。每章都设置了引例、案例、知识拓展、延伸阅读、本章练习、本章实训等模块，许多典型生动的案例反映了中国品牌管理的实践，体现了中国特色、中国智慧、中国方案、中国元素，突出了时代感与本土化及应用型人才培养的特点。另外，本书最后还设置了综合实训即"××品牌管理方案分享（策划）"（教师可根据实际情况安排实训）。

由于本人水平有限，书中难免有不足、疏漏之处，恳请读者朋友不吝赐教，批评指正。意见与建议请发送至 822366044@qq.com。

苏朝晖

CONTENTS

第一章

导论

【学习目标】
➤ 了解品牌的起源与概念
➤ 理解品牌的内涵及分类
➤ 熟悉品牌的作用
➤ 理解品牌管理的任务与制度

引例：Costco

　　雷军说："进了 Costco，不用挑、不用看价钱，只要闭上眼睛买，这是一种信仰！"在 Costco，每一个品类只精选 2～3 个品牌，对顾客来说，一眼就能找到自己需要的东西，这简直就是选择困难症患者的福音。种类少代表每款商品都经过了严格筛选，确保了极致性价比。这意味着，在 Costco，每一款商品都是"爆款"。低价高质，是成就 Costco 的法宝。一旦某品牌无法在 Costco 以最优、最低的价格出售，Costco 就会立即着手找供应商生产同类的 Kirkland（Costco 自有品牌）产品，把前者"挤出去"。在将进销差降到最低的同时，Costco 严把质量关。一旦供应商出现质量问题，Costco 至少 3 年都不会与其合作。普通超市的毛利率会在 15%～25%，由于 Costco 一直秉承低价格高品质的销售策略，其产品毛利率始终保持在 10% 左右，远低于其他零售企业。在 Costco，商品的毛利一旦高过 14% 就必须汇报给 CEO，再经董事会批准，如果商品在别的地方定的价格比在 Costco 的还低，此商品就会被下架。

　　此外，凡是在 Costco 购买的任意商品（包括会员卡），均可享有 Costco 全额退款保证。通常，美国的零售企业是允许顾客无理由退货的：有些企业规定 7 天之内顾客可以无理由退货，有些企业规定 1 个月之内顾客可以无理由退货，还有些企业规定 3 个月之内顾客可以无理由退货。Costco 不仅允许顾客无理由退货，而且不限定退货的期限（电器类商品除外，其退货时间限 3 个月）。换句话说，如果顾客半年，甚至 9 个月之后去退货，Costco 都会同意。

　　【思考】为什么雷军会这么评价 Costco？顾客对 Costco 会有什么样的感受和评价？

　　本章将介绍品牌的起源与概念、品牌的内涵及分类、品牌的作用、品牌管理的任务与制度等。

第一节 品牌的起源与概念

"品牌"不是自然界原本就有的，而是人类社会发展到一定时期的产物，是商家与顾客共同追求的结果。

一、品牌的起源

当今市场上备受关注的、社会上津津乐道的"品牌"，其实历史久远。

（一）"brand"的起源

英文单词"brand"有很多来源，认同度较高的说法有两种：一种是来源于古代斯堪的纳维亚语中的"brandr"，另一种是来源于古法语中的"brandon"。尽管来源不同，但它们均有"烙印"的含义，意思是用烧红的烙铁给牲畜打上记号，用以区分不同部落之间的财产。

中世纪的欧洲，手工艺人用这种打烙印的方法在自己的手工艺品上烙下标记以便顾客识别，同时表示对其所售出的产品负责，也是为了在顾客心中塑造一种独特的印象。

16世纪早期，蒸馏威士忌酒的生产商将威士忌装入烙有生产者名字的木桶中，以防不法商人偷梁换柱。1835年，苏格兰的酿酒者用"Old Smuggler"来标记采用特殊蒸馏程序酿制的酒。

1867年，在货物运输过程中，宝洁公司与其他公司一样将自家产品堆在码头上。为了避免货物被雨淋湿，宝洁公司便在货物上盖上一块帆布，同时为了辨认自己家的货物，其在每一块帆布上画了一个大圆圈和五角星。令人意想不到的是，这批货物很快就销售一空，此后，宝洁公司就以大圆圈和五角星作为自己的标志。

（二）"品牌"的起源

甲骨文中的"品"字由3个"口"组成，"口"代表器物之形，由3个"口"组成的"品"表示器物众多，后引申为"等级"，如"一品"大臣，"七品"县令等，进而再由"等级"引申为"品评""品质""标准"等。"牌"字的部首是"片"，有用片状材料制作形成标志的意思，如门牌、牌匾等，在古代战争中出现的武器"盾"俗称"挡箭牌"，有"隔离""隔绝"的意思。

"品"和"牌"组成"品牌"就有"在物品上做标志作为凭证或等级，使其与一般物品区分开来"的意思。曹操在《短歌行》中有"何以解忧，唯有杜康"的诗句，说明那时酒已有了正式的品牌名称（如"杜康"酒）。史书《三辅录》中记载："夫工欲善其事，必先利其器，用张芝笔、左伯纸……"其中，"张芝""左伯"实际上是东汉时期市面上有名的文具品牌。

宋朝时山东济南一家专造功夫细针的刘家针铺，在针的包装上用铜版印有兔的图案，刻有"认门前白兔儿为记"的字样。这个印刷铜版现陈列在中国历史博物馆，是我国商标及广告领域的珍贵历史文物，也是世界商标史上极为珍贵的文物。

明朝嘉靖九年（即1530年），京城酱菜铺的老板请当朝宰相严嵩题名"六必居"，以此防止自家酱菜被他人假冒，自此"六必居"扬名天下。无论是从品牌保护意识还是市场竞争意识来看，这无疑是一个保护品牌的防伪行为。随后，还涌现出了"全聚德"等老牌。明清时期的商人对品牌非常重视，他们将招牌和字号视为传家之宝，珍惜品牌的信誉，重视品牌的发展，对品牌危机的处理也有着丰富的经验。

清光绪三十年（即1904年），清政府出台了《商标注册试办章程》，自此以后，商标的注册管理开始纳入法治轨道，品牌开始受到法律保护。

二、品牌的概念

20 世纪 50 年代，美国广告大师大卫·奥格威（David Ogilvy）第一次提出了品牌的概念："品牌是一种错综复杂的象征，它是产品的属性、名称、包装、价格、历史、声誉、广告风格、销售方式等的无形组合，是生产者或者经营者通过各种方式在顾客心中建立起来的包含诸多内容的关系与纽带。"

著名品牌专家大卫·阿克（David Aaker）认为，品牌是产品、企业、顾客、符号与市场之间的链接与桥梁，涉及顾客与品牌之间的沟通，关系到顾客的消费体验与情感体验，是一种情感与理性双向互动的总和。

美国西北大学教授菲利普·科特勒（Philip Kotler）指出："品牌是一种名称、名词、标记、符号或设计，或是它们的组合运用，其目的是用来辨认某个销售者或某群销售者的产品或劳务，并使其同竞争者的产品和劳务区别开来。"

在《牛津大辞典》里，品牌被解释为"用来证明所有权，作为质量的标志或其他用途"，即用以区别和证明品质。

美国市场营销协会（American Marketing Association，AMA）将品牌定义为："用以识别一个或一群产品或劳务的名称、术语、象征、记号或设计及其组合，以和其他竞争者的产品或劳务相区别。"

本书认为，品牌是用来识别产品或服务的制造商或提供商的名称、标志、图案或者是它们的组合，是品牌所有者向外传递有关产品或服务信息的符号，也是顾客获得产品或服务属性的重要线索。

知识拓展

品牌元素

品牌元素主要包括品名、品标、品类、品质、品位。

品名：即品牌名称，是指品牌中可以用语言称呼的部分，如可口可乐、娃哈哈。

品标：即品牌标志，是指品牌中可以被识别，但不能用语言简洁而准确地称呼的部分，如符号、标志、图案、颜色等。

品类：是指品牌所涵盖的产品类别，如海尔是家电，乐百氏是饮料。

品质：是指反映品牌涵盖产品的耐用性、可靠性、精确性等属性的一个综合尺度。

品位：是品牌所涵盖产品的科技含量、文化底蕴、审美情趣，以及品牌形象与品牌个性。

三、品牌与产品

品牌与产品之间既相互联系又相互区别。

（一）品牌与产品的联系

品牌与产品的联系主要表现在以下几个方面。

首先，品牌代表着加上各种特征的产品，这也是为什么人们一提到某些品牌，会很自然地联想到某个具体的产品。例如，提到海尔，人们会想到冰箱、洗衣机等。

其次，产品不一定必须有品牌，但品牌是以产品为载体的，产品是品牌成长的物质基础，每一个品牌都必须有产品作为支撑，如果没有产品的支撑，品牌无异于空中楼阁。

最后，品牌为产品创造更多的价值。品牌的不断成长可以为产品创造更多的市场机会、更高的市场价值，也会为产品创造更多的竞争优势。

（二）品牌与产品的区别

品牌与产品的区别主要表现在以下几个方面。

首先，产品是具体的，是物理化学属性的组合，具有某种特定功能来满足顾客的实际需求，顾客可以通过视觉、味觉、嗅觉、触觉等感官系统来加以辨认、体会，如食可果腹，衣可避寒。品牌是抽象的，它存在于顾客的意识中，给顾客带来特定的感受、情感。

其次，两者产生的条件不同。每个品牌下都至少有一类产品，而一类产品却未必能成为一个品牌。产品可以闭门生产，而品牌的形成除了受企业内外部环境的影响，还会受顾客等多种因素的影响。

再次，产品极易过时、落伍，更新换代很快，会在完成其历史使命后退出市场。但成功的品牌却可能经久不衰、历久弥新，当然品牌所有者也只有不断创新才能使品牌之树常青。

最后，产品容易被模仿或复制，一不留神就会被替代，而经过商标注册受到法律保护的品牌是独一无二的，不容许被模仿或复制。

四、品牌与商标

品牌与商标之间既相互联系又相互区别。

（一）商标与品牌的联系

商标是按法定程序向商标注册机构提出申请，经审查，予以核准，并授予商标专用权的品牌或品牌中的一部分。品牌与商标都是无形资产，都具有专有性，其目的都是区别于竞争者。

（二）商标与品牌的区别

首先，商标是一个法律概念，而品牌是一个市场概念。商标是合法注册的名词、符号、标记，是受法律保护的、获得专用权的品牌，用以识别不同生产者或经营者的不同种类、不同品质的产品或者服务的商业名称及其标志。经国家核准注册的商标为"注册商标"，他人不得侵权使用。

其次，商标往往由品牌的标志和名称构成，是品牌的组成部分，如果把品牌比作一座巨大的冰山，那么商标只是冰山露出水面的一小部分，而品牌则有着更丰富的内涵。

国际上对商标权的认定，有两个并行的原则：注册在先原则，指品牌或商标的专用权归属于依法首先申请注册并获准的企业，中国、日本、德国、法国等国家坚持这种原则；使用在先原则，指品牌或商标的专用权归属于该品牌的首先使用者，美国、加拿大、英国、澳大利亚等国家采取这种原则。

第二节　品牌的内涵及分类

为了更好地认识品牌现象，除了解品牌的起源与概念，还必须了解品牌的内涵与分类。

一、品牌的内涵

品牌不是一般的牌子，是有"品质""品位"的牌子，品牌至少包括以下内涵。

（一）属性

品牌属性，即品牌具有性能、质量、技术、价格等方面的独特之处，不同品牌会表现出不同的属性。

例如，NESTLE（雀巢）意味着安全、放心、营养和健康；奔驰意味着昂贵、制造精良、耐久等。

（二）利益

品牌利益是指品牌给顾客带来的好处。顾客的购买意图是获得品牌利益，而非品牌属性。属性需要转化成功能性或情感性现实利益，如优良的品质或是感情的寄托等，才能满足顾客的需要。

例如，提到海飞丝人们就想到"去头皮屑"；人们喜欢去迪士尼乐园并不是因为它是游乐场所，而是人们可以在那里找到梦想和童趣。

又如，奔驰昂贵的属性可转化成情感性利益"这辆车让我感觉到自己很重要并受人尊重"；制造精良的属性可转化成功能性利益"一旦出事我很安全"；耐久的属性也可转化成功能性利益"很长一段时间内我不需要换新车"。

（三）文化

品牌文化是指品牌的精神层面。例如，奔驰汽车代表着德国文化、高效率和高质量。

（四）个性

品牌个性是指品牌形象人格化后所具有的个性。例如，奔驰可能会让人想到一位严谨的老板、一只威武的狮子或一座庄严的建筑。

（五）使用者

品牌可以体现出品牌使用者的类型、年龄、收入、心理特征、生活方式等特征。

例如，劳斯莱斯的使用者是有地位、有声望的人，这在一定程度上暗示了劳斯莱斯尊贵的特征。

综上所述，品牌就像一面高高飘扬的旗帜，它代表着一种个性、一种品位、一种格调、一种态度、一种价值观、一种生活方式，可以帮助顾客找到心灵归属、实现梦想。

知识拓展

"品牌冰山"

"品牌冰山"理论由戴维森提出。他认为，一座漂浮着的品牌"冰山"，可见部分（即水上部分）约占整座冰山的15%，通常由文字、符号、图案、色彩等元素构成，可以帮助人们认识、联想并产生积极的情感和喜好。剩余85%的水下部分则包括了属性、利益、文化等不可见的部分。

品牌冰山可见部分的内容以不可见部分的系统为基础支撑着，经常被谈及的是品牌的可见部分，但不可见的部分才真正使品牌拥有竞争优势。

二、品牌的分类

如今市场上品牌众多，可按一定的角度对品牌进行分类。

（一）根据品牌的辐射区域划分

根据品牌的辐射区域，可以将品牌分为地区品牌、国内品牌、国际品牌。

地区品牌是指在一个较小的区域之内销售的品牌。

国内品牌是指在全国范围内销售的品牌。

国际品牌是指在国际市场上销售的品牌。

地区品牌、国内品牌和国际品牌之间是可以转化的。国际品牌往往是从地区品牌发展成为国内知名品牌，再一步步成为国际知名品牌。例如，竹叶青原来是四川省的地区品牌，经过品牌的塑造、传播与维护，现已成为国际知名品牌。

（二）根据品牌的市场地位划分

根据品牌在市场上的地位，可以将品牌分为领导型品牌、挑战型品牌、追随型品牌和补缺型品牌。

领导型品牌在细分市场上处于龙头地位，享有盛誉，通常享有较高的利润空间，能在削价竞争中保持优势地位。同时，遇到市场不景气或价格战时，领导型品牌通常能表现出较大的活力。

在细分行业市场中位列第二、第三名的品牌称为挑战型品牌，它们往往伺机向领导型品牌发起猛烈攻击，以争取更大的市场份额。

追随型品牌是在细分市场里模仿领导型品牌的品牌，它们通过低廉的成本、优良的产品质量和周全的服务，来争取或提高自己的市场份额。

补缺型品牌专营大型品牌忽略或不屑一顾的市场，从而在市场竞争中取得一席之地。

（三）根据品牌的经营环节划分

根据品牌的经营环节，可以将品牌分为制造商品牌和经销商品牌。

制造商品牌是指制造商为自己生产制造的产品设计的品牌，如奔驰、大众等。

经销商品牌是指经销商根据自身的需求和对市场的了解，结合自身发展需要创立的品牌，如沃尔玛、Costco、家得宝、大润发、京东等都有大量的自有品牌。

（四）根据拥有品牌的路径划分

根据拥有品牌的路径，可以将品牌分为自创品牌、贴牌、并购品牌、授权品牌、联合品牌等。

（五）根据品牌的主体划分

根据品牌的主体，可以将品牌分为产品品牌、企业品牌、组织品牌、国家品牌、城市品牌、个人品牌、会展品牌、事件品牌等。下面重点介绍企业品牌、城市品牌、个人品牌和事件品牌。

企业品牌传达的是企业经营理念、企业文化、企业价值观念在顾客心目中的形象。

城市品牌就是一个城市在公众心目中的形象，通过塑造城市品牌可以增强城市的竞争力，提升城市的魅力，从而吸引投资者、高级人才和游客等。例如，"生活品质之城"体现了杭州的城市整体特色和综合优势，既是城市发展的总体目标，也是其总体品牌，是杭州"人间天堂"美誉在新时期的延伸、充实和发展。

知识拓展

学校品牌

一所学校的规模不论有多大，它所拥有的资源总是有限的，因此，它必须找出自己的比较优势从而在教育服务市场上占据一个有利的位置。学校品牌的定位是一所学校的办学特色、办学理念、办学精神等方面最直接的体现，是区别于其他学校的重要标志。学校品牌定位的关键在于创造差异化，形成独特的元素。学校可以在分析自身的优势和劣势、机会和挑战的基础上，确立一个与众不同、个性鲜明的形象。

办学质量是学校品牌的基石和生命，是学校得以生存和发展的基础。为此，学校要切实练好"内功"，不断提升教学水平、提高教育质量，并保持办学质量的稳定性和持久性，这样才能保证学校发展的可持续性和学校品牌的生命力。教师队伍在学校品牌的建设中占据了重要的地位，这是因为一所学校的师资力量直接影响一所学校的教学质量。为此，学校必须重视师资队伍的建设，积极引进优师、名师，着力建设高素质的教师队伍，并不断提高教师的综合素质和业务水平。同时，要增强广大教师教书育人的责任感和使命感，增强他们的主人翁意识，调动他们的积极性，集合他们的共同智慧，发挥他们的创造潜能，只有这样才能确保与不断提升学校的教育质量。当然，学校的管理体制、组织结构、规章制度、运行机制、管理模式，以及科研设备、图书馆的馆藏资料等都会影响办学质量，这些方面也要与时俱进、不断变革。

学校文化是学校发展过程中形成的相对稳定而独特的气质，是一所学校的灵魂。可以展现学校文化的形式主要有学校宗旨、办学方针、办学特色、培养目标、发展战略、校园精神、学风校训、文化活动等；此外，校名、校门、校牌、校徽、校旗、校歌、校服、塑像等，以及学校的校园环境、教学楼、宿舍、礼堂、图书馆、体育场等的风貌也承载着学校文化的气息。例如，清华大学的校训"自强不息 厚德载物"展现了清华人的学术传统和学术风气；浙江大学以"求是"为校训，展现了浙大人追求真理的科学精神。

学校可通过举办或冠名各类研讨会、演讲会、高峰会、论坛、晚会、游园等活动传播和推广学校品牌，还可以通过家长会、校友联谊、学校开放日等特定的专题活动向社会展示学校，与公众进行沟通与交流。此外，学校的重大纪念活动，如校庆等也是传播学校品牌的绝佳机会，学校可将学校发展的历史、庆典活动等制成录像、照片或光盘，通过各种传播途径介绍给社会公众。学校还可以通过参加展览会、博览会、公益活动、赞助活动、捐赠活动等来提高学校品牌的知名度。另外，校友会是学校和校友之间沟通的桥梁，学校可以通过建立校友会、举办校友联谊等多种方式，向校友介绍学校的发展和新变化，从而进一步发挥校友在学校品牌传播中的作用，使校友成为提高学校品牌知名度和美誉度的使者。

个人品牌是指个人拥有的外在形象或内在素养所传递的独特、鲜明影响力的集合体。

延伸阅读：主播人设

人设，是指对人物形象的设定。在日常生活和人际交往中，人设已经渗入每一个人的行为举止当中，从而使每个人形成了自己的标签，继而获得他人的关注。

要想在直播行业中发展得更好,主播就需要努力树立自己的人设,打造一个良好的、有辨识度的主播身份。因为只有成功的人物设定,才可能使主播从众多主播中脱颖而出,让受众发现、了解主播。主播通过树立人设可以展示自己的与众不同,让粉丝对自己印象深刻,有利于拉近自己与粉丝之间的心理距离。主播打造人设可以使直播间显得更鲜活、更具生命力。和那些有独特人设标签的主播相比,一些没有树立起鲜明人设的主播就会显得缺乏记忆点。

在塑造人设时,主播可以选取自身的一两个闪光点,这样有利于受众记忆和识别。闪光点是指主播个人的核心优势,具体可以从主播的外表、性格、特长等方面入手,也可以从学习历程、工作经验、生活经历、独特技能、荣誉等方面寻找与其他主播的不同之处,关键是要找到能够让人记住的闪光点。为此,主播应当专注于自身擅长的垂直领域,不断加强自身的特色与专业性建设,通过输出专业的知识内容,打造自己的专业形象,形成差异化优势和独特的直播风格。用自身的人格魅力来吸引粉丝,用个性化的直播方式来调动受众的听觉、视觉、感觉等。

例如,快手某主播,基于快手的下沉市场,利用农民这一身份,来打造与众不同的标志,在直播带货过程中不断营销自己底层出身却艰苦奋斗的人设,也热衷于分享自己的创业故事,塑造出一个辛酸但却励志的人物形象。

主播的人设可以分为4种类型,即专家型、知己型、榜样型、偶像型。策划主播的人设时,要根据主播个人的特点,如年龄、形象风格、语言风格等特点,为其策划合适的人设。如果主播只有32岁,策划人设为偶像型会比专家型更合适,因为能够给予受众专业意见的行业专家,往往需要有丰富的从业经验和精彩的履历,那么,50岁的主播显然会比32岁的主播更容易获得受众的信任。

需要注意的是,人设一旦设立,就不能随意改变,更不能胡乱跟风追热点,而要长久坚持,通过持久输出与人设一致的内容,不断强化受众对主播人设的印象,继而不断增强受众的黏性。

事件品牌是以事件为载体的品牌。事件包括体育、会展、节庆、演出等,如奥运会、世博会、F1方程式、春晚等。由于越来越多的事件希望获得更多的参与者,而注意力已成为稀缺资源,因此打造事件品牌变成了必然选择。事件品牌在收获社会价值的同时,也在收获经济价值。

例如,奥运会不仅获得了全球体育迷的疯狂拥护,而且还获得了大量收入,包括电视转播收入、TOP赞助计划(国际奥林匹克广告赞助活动计划)收入、标志特许使用收入、正式供货商收入、纪念币和纪念邮票收入、体育彩票收入及捐赠等。

第三节　品牌的作用

品牌对企业与顾客的作用各有不同。

一、品牌对企业的作用

品牌对企业的作用如下。

(一)有利于吸引顾客、留住顾客

在市场竞争日益激烈的今天,如何让自己的产品或服务快速脱颖而出,从而使顾客

接受、占领市场？唯有品牌。

品牌可以给产品带来光环效应，顾客因对品牌的认可或信任而趋之若鹜。顾客出于对品牌的信任会追逐品牌、跟随品牌，得到顾客认可和信赖的品牌会获得更高的溢价收益。

另外，通过品牌，企业与顾客可以建立一种牢固的关系。因为品牌一旦创建成功，就像竖起了一道屏障，如果顾客从认同品牌升华到喜爱品牌、信赖品牌，最终达到对品牌的偏爱、忠诚，那对其他品牌就很可能会采取抵制或不配合的态度，从而有效地阻止了顾客"跳槽"到其他品牌。

此外，虽然任何一种产品都可能出现质量问题，即使是名牌产品也在所难免，但顾客若对某一品牌的忠诚度高，则会对偶然出现的质量问题予以理解和宽容，不会因此否定和拒绝该品牌。

知识拓展

品牌拟人化

品牌拟人化是指品牌被当作人来对待，即被感知为具有某种类似于人的情绪状态、心理、灵魂，以及在社会履行某种有意识的行为。

例如，碧浪洗衣粉通过微博将自己化身为"浪姐"，将自己描绘成"世界上最火辣的洗衣界天后！不仅教你完美洗衣，还让你乐享生活！"碧浪通过这种方式来拉近与顾客之间的距离。

（二）有利于拓展市场

拥有市场比拥有工厂更为重要，而拥有市场的有效途径是拥有占市场统治地位的品牌。英国茶叶名牌"立顿"就是以品牌赢得市场的例子：每年"立顿"茶的世界贸易量占世界茶叶贸易总量的 40% 左右。Coca Cola 前总裁伍德瑞夫也曾说，即使可口可乐公司在全球的生产工厂在一夜之间被大火烧毁，只要可口可乐品牌在，半年后，将可以重新建成与现在规模完全一样的新的可口可乐王国。

品牌是企业生存与发展的重要依托，良好的品牌形象是企业开拓占领市场的标签和通行证，企业可以通过连锁、联营、合作等方式，迅速地开拓新市场，并且节省大量的推广费用。例如，麦当劳、万豪、希尔顿等品牌通过连锁经营，实现了规模经营、跨国经营。

（三）有利于品牌延伸

企业可借助成功或知名的品牌，扩大企业的产品组合或延伸产品线，推动新产品进入市场的进程，降低新产品进入市场的门槛，降低新产品的市场风险，同时有效降低新产品的推广成本。

（四）有利于塑造企业形象

品牌是企业的"脸面"，产品可以被替代，但品牌却是独一无二的，具有不可复制性，可以说，品牌是企业的灵魂，是企业的无价之宝，有利于塑造企业形象，提高企业的知名度、信赖度。

（五）有利于聚集各类资源

品牌塑造成功可以帮助企业聚集各类社会资源，如人力、财力、物力资源等。

例如，品牌可以很好地吸引和激励人才，因为效力于一个优秀的品牌意味着拥有良好的发展空间和机会，也可以获得自豪感。一流品牌的企业员工往往比较自信，这将促使其更加用心地工作从而提高绩效。

此外，强有力的品牌可以获得供应链上下游企业的支持，也容易获得融资上的便利。

（六）有利于获得法律保护

品牌经过注册之后获得商标专用权，其他个人或者企业不能进行仿冒或者侵害，一旦出现此种行为就会受到法律制裁，因此品牌有利于企业保护自身合法权益。

二、品牌对顾客的作用

对顾客而言，品牌具有识别作用、契约作用、提升形象作用。

（一）识别作用

虽然品牌表现出来的是其名称、符号、图案、文字等，但是顾客看见或是想到这些就会联想到品牌背后的产品或服务的质量、形象、知名度、美誉度等。也就是说，品牌是一种无形的识别器，能帮助顾客识别品牌所有者的产品和服务，缩短顾客在选购产品或服务时所花费的时间和精力。如果品牌在顾客心目中已形成良好的印象，那么将使顾客很快做出选择，从而降低顾客的选择成本。

（二）契约作用

品牌是一份合同，是一个保证，是一种承诺，充当着顾客与企业联系的纽带。无论购买地点在哪里、分销形式如何，品牌都向顾客提供了一种统一的标准，减少了顾客可能承担的风险，维护了顾客的利益。

当顾客对产品的安全和质量要求很高（例如给婴儿购买护理产品）或者当顾客难以事先评估产品的性能或服务时，品牌的作用尤为突出，因为品牌能够让顾客信任、放心，尤其是久负盛名的品牌更能增强顾客购买的信心。

（三）提升形象作用

品牌还有助于提升顾客的形象，特别是有些产品的购买被视为社会地位标志性的购买，如服装、汽车等，由品牌产生的附加值是根本性的，起着绝对的作用。品牌可以提高使用它或消费它的人的身价，给人们带来心理上、精神上更高层次和最大限度的满足。因此，好的品牌会受到顾客的追捧，从而激发更多顾客的购买热情。

例如，一件普通的西服，如果不附加任何产品之外的信息，穿它的感觉也许就是觉得颜色、款式、规格是否舒服、得体而已，但若是加上"皮尔·卡丹"的标识就会使穿着者感到"身价倍增"。同样是西服，它们的使用功能是一样的，却因品牌不同带给顾客截然不同的心理感受。

又如，明明手机上已经可以看到准确的时间，但是有些人还要购买手表，而且要购买高级的瑞士手表。其实，顾客购买劳力士、百达翡丽或欧米茄时，买的不仅仅是手表，而且是声望、地位和鉴赏家的形象。

延伸阅读：品牌在顾客购买过程中不同阶段的作用

顾客在信息收集阶段会通过多种渠道广泛收集品牌信息，如个人的记忆和经验、他人购买的启示、媒体广告宣传等。品牌的形象和品牌的独特个性会使顾客更容易记住品牌所代表产品的特点。亲友、同事惯常使用的品牌，也会给顾客以信息提示。此外，对特定品牌的良好情感也会使该品牌从众多品牌中脱颖而出，赢得顾客的注意。

顾客在评估方案阶段会根据所掌握品牌信息的多寡及自身的价值观和偏好做出评价，其中有些品牌因不符合顾客的要求而被放弃，符合购买要求的品牌则成为顾客考虑购买的品牌。例如，有的人可能喜欢物美价廉的品牌，有的人则喜欢高新科技的品牌，有的人更加关注有哪些类型的顾客曾经购买过该品牌。

顾客在购买决策阶段会经过多方权衡比较，选择其中的少数品牌作为重点考虑对象，最后根据自身需求及现实条件，购买最符合要求的品牌。如今顾客除了购买产品本身的使用价值，事实上还在购买感觉、文化、面子、圈子、尊严、地位等象征性意义，这些往往可以通过挑选不同的品牌来实现。

第四节　品牌管理的任务与制度

既然品牌对企业有着重要的作用，对顾客的意义也非比寻常，那么，企业就应当重视和加强品牌管理。

一、品牌管理的任务

品牌管理贯穿塑造品牌、传播品牌、维护品牌的整个过程。

我们知道，品牌是长期积淀、厚积薄发的结果，因此，品牌管理不是一件一蹴而就、立竿见影的事情，而是一项持续的工程，需要循序渐进地展开、持之以恒地努力，切勿急功近利、急于求成。

品牌管理的任务包括品牌路径管理、品牌定位管理、品牌架构管理、品牌标识管理、品牌形象管理、品牌传播管理、品牌资产管理、品牌忠诚管理、品牌延伸管理、品牌维护管理等。

品牌管理流程图如图 1-1 所示。

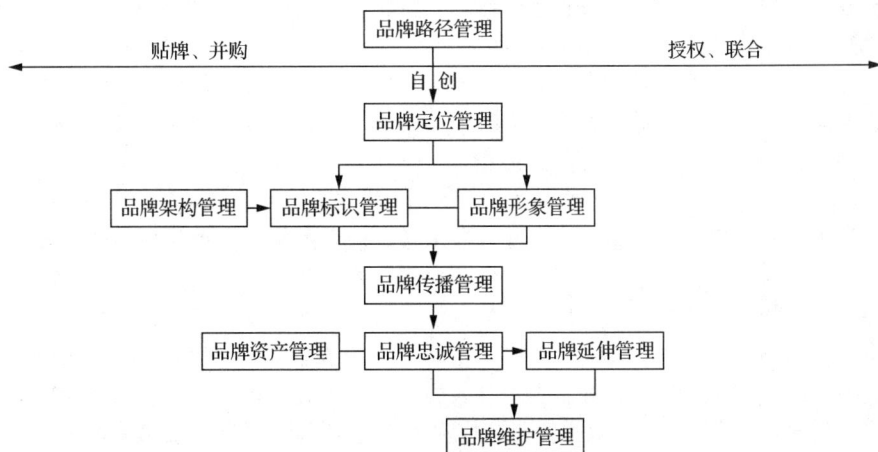

图 1-1　品牌管理流程图

　　具体来说，第一，企业要考虑的问题是拥有品牌的路径问题，即是自创品牌，还是贴牌或并购他人的品牌，或者是通过被授权获得品牌，再或者是通过联合获得品牌，等等。

　　第二，如果企业选择自创品牌路径，那么就必须明确品牌定位，确定品牌架构，即选择单一品牌架构，还是选择多品牌架构，另外，要设计品牌名称、品牌标志等标识，尤为关键的是要通过产品形象、服务形象、价格形象、终端形象、企业形象、顾客形象等来塑造品牌形象。

延伸阅读：直播间品牌的定位与塑造

　　直播间品牌的定位是指直播间根据竞争品牌在直播市场上所处的位置，以及目标受众对直播属性的重视程度，结合自身的优势和劣势、机会和威胁，来确定直播间的核心价值与精髓，从而在目标受众心中确立一个与众不同的、个性鲜明的直播间的过程。直播间品牌定位的关键在于创造差异化的直播间，形成有特色、有个性的元素，目的是获取竞争优势，有效地增强受众黏度。

　　直播间品牌的塑造可以从直播体验、直播特色两个方面进行。网络直播最开始流行起来是因为其内容能给人带来欢笑，缓解人们的压力。所以，网络直播要重视娱乐属性，将各种娱乐方式与互动体验融为一体，如通过设置小游戏或随机抽取直播间的幸运者，增加直播内容的娱乐性与趣味性，使受众感受到观看直播仿佛是在观看一档趣味性强、互动性高的综艺节目，营造更加有感染力的娱乐氛围。如果主播能够做到对各种话题侃侃而谈，从诗词歌赋聊到人生哲学，那么受众就会被牢牢吸引住，而要想达到这种效果，主播需要在平日里多花时间和精力阅读大量的话题素材，努力学习各种专业知识和技能，不断充实自己，开阔视野，这样在策划直播内容时才会有源源不断的灵感，才能持续地输出优质的直播内容。此外，直播间在直播内容方面还可以探索"有趣"和"有用"的深度结合，邀请学者、名人等参与进来，同时通过知识分享、才艺展示等，让直播更加具有趣味性、学术性、娱乐性，使直播的过程变得更加丰富、有趣、多彩，提高受众的黏度。此外，直播间要及时对直播技术和设施进行更新，创造优质的直播条件，改善直播内容的流畅度，有效避免延迟、卡顿、故障等负面体验。例如，直播间增加 AI 智能下单解答、VR 动态演示、360° 全景方式展示产品，让受众沉浸在所营造的消费场景中，愉悦地在直播间购物。还可打破直播平面化，在直播系统中加入 VR、AR 等技术手段，引导受众通过视觉、触觉、听觉感受直播间。

　　此外，面对激烈的市场竞争，直播间要遵纪守法，采取合理、合法的竞争手段，避免不当竞争，以免影响直播间在公众心目中的形象。直播过程不应该被简单定义为借助直播销售产品，还应该包括相关知识的普及、正能量的宣传。直播间要重视节目内容的客观性、真实性，摒弃过度美化和虚假宣传行为，树立信誉至上的观念；还要严守承诺，对受众忠诚，不作假，不欺骗，有信誉，守承诺，表里如一。直播间要保障产品质量和受众的正当权益，警惕"夸大其词""货不对板"等现象的发生。当出现事故时一定要妥善处理，维护好品牌的形象。例如，某主播在某次直播中推荐了某品牌汽车，该汽车厂商预备了 12 辆车在直播中以半价出售，但是直播时在仅售出 4 辆时，其购买链接就下架了。事后，该厂商解释是"抖音直播与天猫改价系统存在时间误差，导致其中 8 名下单客户抢到的是原价"。经过该主播团队的沟通，汽车厂商最终决定，8 名客户抢购的半价车购买资格有效。这种面对问题坦诚沟通、积极补救的做法，有助于树立直播间负责任、有担当的形象，也有利于树立主播的个人威信，增强粉丝的黏性。

第三，要积极通过广告传播、公关传播、口碑传播、网络传播、故事传播等方式传播品牌。

第四，要采取有效的策略努力实现品牌忠诚，必要时在此基础上可以进行品牌延伸。

第五，当出现品牌危机或品牌老化时，要通过品牌维护措施来使品牌重新焕发生机、永葆青春与活力。

▶ **案例**

吴裕泰的传承与创新

吴裕泰在其一百多年的发展过程中，始终坚持文化的传承与创新，在传承中突破，以创新延续传统。

一、品牌定位

吴裕泰从成立那一天起，就立足于百姓市场，发展至今，吴裕泰始终保持初心，仍然着力于"老百姓喝得起的放心茶"，在推出高档名贵茶的同时推出价格低廉的茶，但无论是哪种档次的茶，吴裕泰对品质都是严格把关，坚持做老百姓喝得起的放心茶。

在放心茶上，吴裕泰每年花费百万元对茶品质量进行检测，确保所有产品都达到国家标准。此外，吴裕泰还会定期举办"茶叶质量安全月"检查活动，由管理和技术人员组成检查小组对全国部分连锁门店展开检查，检查内容包括茶叶质量、门店管理等。在喝得起上，吴裕泰的产品价格类目很全，在保障价格公平公正的同时提供该价位最优质的茶。正是因为吴裕泰始终坚守着"采之唯恐不尽，制之唯恐不精"的古训，吴裕泰茉莉花茶制作技艺于 2011 年被列为国家级非物质文化遗产保护名录。

二、品牌形象

吴裕泰品牌形象的创新主要体现在 4 个方面：品牌商标、产品包装、线下门店形象、自有 IP "老吴"。

品牌商标：吴裕泰于 2012 年推出新的品牌商标——一朵绽放的茉莉花，颜色是其独有的裕泰绿、茉莉白等，给人一种清新、时尚的感觉。

产品包装：吴裕泰顺应时代潮流，推出以古今两幅线条艺术街景为核心主题的包装盒，开盒前还原古代京城老茶馆的原貌，开盒后，画面切换到现代化的商业街景的茗天贡毫礼盒；推出包含民俗文化、茶文化两大元素，能够表达出茶色生香京味儿民俗的四季茶礼盒等。

线下门店形象：吴裕泰于 2005 年改造其所有连锁店铺的形象，使其突出"京味儿"，同时运用中国红、槐树绿等色彩，融入条案、石墩儿这些北京元素，不仅有了老字号品牌的风韵，也有了一种现代化的时尚感。2020 年，吴裕泰打造体验店，通过感官、精神体验来对店内布局、商品陈列等方面进行升级改造，进一步贴合了顾客审美方面的需求。

自有 IP "老吴"：吴裕泰紧跟 IP 潮流，于 2017 年推出"老吴"这一自有 IP，"老吴"是一个戴着圆框眼镜、留着小撇胡子、身着传统黑色长袍大褂、一口北京话、爱插科打诨、爱笑的老爷爷，这与顾客心中老北京人的形象完全符合，极具亲和力。作为茶文化传播者的"老吴"会在顾客对茶有疑惑时，化身为茶博士，为他们详细介绍茶知识，有自己专属的杂志、游戏和节气海报，会出现在吴裕泰参加的各大茶业展上，会为吴裕泰网红冰激凌代言，还会出现在广告屏和冰激凌茶托上……"老吴"以亲切、有人情味的形象与顾客打成一片，除此之外，像"吴裕泰茶生活""吴裕泰茶业"等品牌官方公众号上大多也会以"老吴直播""老吴说茶""老吴上新"等推文标题与顾客深度沟通，加强与顾客在情感上的联系。

三、品牌传播

传播活动：吴裕泰先后为奥运会、世博会、国庆70周年等国家级大活动提供用茶保障，借助权威性的大型活动树立了一个高品质、承担社会责任的品牌形象，有效地在全世界扩大了其品牌影响力。

传播平台：早期吴裕泰是通过电视、广播、报纸、杂志等传统传播平台进行宣传的，后来通过微博、iPad电子杂志、微信等新兴传播平台加以宣传。近几年，吴裕泰紧跟互联网潮流，积极探索短视频营销，先后在快手、抖音、小红书等开通了企业账号，对年轻顾客进行全方位的营销传播，始终活跃在年轻顾客的视野中。

游戏生态：在如今这个泛娱乐时代，吴裕泰选择游戏这一娱乐休闲活动与年轻顾客进行沟通。2015年开始，吴裕泰接连推出"全民采春茶""奔跑吧！春茶"等小游戏，通过让顾客猜茶名、根据茶叶特征拼茶叶名称、寻茶售茶等方式，让顾客在游戏过程中学习到茶叶知识，感受到吴裕泰的健康饮茶理念，增强其对吴裕泰的认知、提高其对吴裕泰的好感度，进而使其成为吴裕泰的忠实顾客。

二、品牌管理的制度

品牌管理制度属于公司内部管理制度的一个组成部分，是企业内部对履行品牌管理相关职责的岗位设置及其人员配备，以及履行品牌管理职责应该遵循的相关规章制度、执行品牌活动需要遵照的工作流程或细则等的总称。

品牌管理规章包括品牌宪章、品牌手册和品牌报告等指导公司品牌管理的文书档案。

品牌管理委员会制是一种战略性品牌管理组织模式，适合于覆盖多个战略业务的大型企业集团，也适合于大学、医院等非营利组织和地区或国家品牌。

企业内部各层级品牌管理者的角色也不一样。高层管理者通过创建以品牌为导向的企业文化来提高企业的品牌意识。中层管理人员是执行品牌策略过程中的中坚力量，他们监督和控制着具体实施过程，起到承上启下的作用。基层管理者是培养和创建品牌的前线，他们身体力行地传递着品牌精神和价值观，他们是顾客经常接触的品牌形象大使。

知识拓展

品牌经理制

品牌经理制是指企业为其所辖的每一个产品品牌专门配备一名经理，这名经理对该品牌的产品生产、市场研究、广告传播、促销推广、终端销售及产品利润负全部责任，并由其统一协调产品开发部门、生产部门及销售部门的工作，负责品牌管理影响产品的所有方面及整个过程。

品牌经理制度由宝洁公司首创，其主要核心思想在于，摒弃传统企业以产品为导向进行营销的思维方式，改为以品牌为导向进行市场营销，让品牌经理像管理公司一样来管理品牌。

品牌经理制问世以来，受到了人们的欢迎，这源于它独特的优点。

首先，品牌经理能从整体上考虑品牌的利益，对品牌做出缜密、周到的部署，并可以运用制度的力量去协调各部门围绕品牌做出种种努力。

其次，对于拥有多个品牌的企业，品牌经理制是一种比较有效的方式，由于品牌经理要对相应的品牌的销售额和毛利率负责，这就促使品牌经理会随时关注市场需求的变化，根据市场需求的变化做出快速反应，以保证该品牌取得成功。

本章练习

一、判断题

1. 通过品牌，企业与顾客可以建立一种牢固的关系。（   ）
2. 品牌是一份合同，是一个保证，是一种承诺。（   ）
3. 品牌塑造成功可以帮助企业聚集各类社会资源，如人力、财力、物力资源等。（   ）
4. 品牌管理是一项持续的工程，不是一蹴而就、立竿见影的事情。（   ）
5. 品牌管理规章包括品牌宪章、品牌手册和品牌报告等指导公司品牌管理的文书档案。（   ）

二、选择题

1. 品牌元素主要包括（   ）。
   A. 品名　　　　B. 品标　　　　C. 品类
   D. 品质　　　　E. 品位
2. 品牌内涵包括（   ）。
   A. 属性　　　　B. 利益　　　　C. 文化
   D. 个性　　　　E. 使用者
3. 根据品牌的辐射区域划分，可以将品牌分为（   ）。
   A. 地区品牌　　B. 国内品牌　　C. 国际品牌　　D. 著名品牌
4. 根据品牌在市场上的地位划分，可以将品牌分为（   ）。
   A. 领导型品牌　B. 挑战型品牌　C. 追随型品牌　D. 补缺型品牌
5. 品牌对企业的作用是（   ）。
   A. 有利于吸引顾客、留住顾客　　　B. 有利于拓展市场
   C. 有利于品牌延伸　　　　　　　　D. 有利于塑造企业形象
   E. 有利于聚集各类资源　　　　　　F. 有利于获得法律保护

三、填空题

1. "品牌"不是自然界天生就有的，是人类社会发展到一定时期的产物，是 _____ 与 _____ 共同追求的结果。
2. _____ 指品牌中可以用语言称呼的部分，_____ 指品牌中可以被识别，但不能用语言简洁而准确地称呼的部分。

3. 根据拥有品牌的路径不同可以将品牌分为：自创品牌、_____、_____、授权品牌、联合品牌等。

4. 商标与品牌都是无形资产，目的都是为了_____。

5. _____是指品牌被当作人来对待，即被感知为具有某种类似于人的情绪状态、心理、灵魂，以及在社会履行某种有意识的行为。

四、思考题

1. 什么是品牌？品牌元素主要包括什么？

2. 品牌与产品的区别与联系是什么？

3. 什么是商标？商标与品牌的区别与联系是什么？

4. 品牌的内涵是什么？

5. 品牌对企业有什么作用？品牌对顾客有什么作用？

6. 品牌管理的任务是什么？

本章实训

一、实训内容

分享 5 个被公认的成功品牌，并做简单介绍。

二、实训组织

1. 将全班分为 12 个小组，各组对应完成 1～2 个实训。

2. 小组内部充分讨论，认真分析研究，并且制作一份 3～5 分钟能够演示完毕的 PPT 文件在课堂上进行汇报。

3. 教师对每组的分析报告和课堂讨论情况即时进行点评和总结。

第二章

品牌路径管理

【学习目标】
➢ 熟悉自创品牌、贴牌、并购品牌
➢ 了解授权品牌
➢ 了解联合品牌
➢ 理解品牌路径的组合管理

引例：中国联通与华润集团签约合作

2023年3月10日，中国联通与华润集团在香港举行战略签约仪式，双方将围绕品牌合作与资源共享，在数字化业务、综合能源服务、金融业务等领域开展全方位的战略合作。

中国联通董事长刘烈宏介绍，中国联通聚焦"大联接、大计算、大数据、大应用、大安全"五大主责主业，以数字化转型赋能千行百业，助力智慧政府、智慧城市和数字经济建设，服务中国企业"走出去"、海外企业"走进来"，不断推动社会高质量发展。他表示，华润的多元化业务发展态势良好，取得了突出的成绩，展现了华润集团优秀的生产运营管理能力。借此战略合作契机，中国联通将努力学习借鉴，立足自身资源禀赋，进一步深化合作内容、拓展合作范围、扩大合作成效，实现互惠双赢，为经济社会高质量发展做出新的更大贡献。

华润集团总经理王崔军表示，华润通过不断创新经营模式，打造产品和服务品牌，有效地促进了产业发展。中国联通是华润在信息通信领域的重要合作伙伴，双方在企业数字化、基础通信、电力能源等领域建立了长期稳定的合作关系，希望双方持续巩固现有合作基础，进一步探索全方位、多领域、深层次的战略合作，携手打造"央央合作"新典范。

根据协议，中国联通将携手华润集团，在大数据、物联网、智慧安全、会员发展与运营、ICT业务及企业数字化方向进行深入合作，实现优势互补、互利互惠、合作共赢。

【思考】中国联通与华润集团的合作给双方带来了什么样的好处？

品牌路径指企业拥有品牌的路径。一般来说，企业拥有品牌的路径主要有自创品牌、贴牌、并购品牌、授权品牌、联合品牌等。

第一节 自创品牌、贴牌、并购品牌

企业拥有品牌的路径最常见的是自创品牌、贴牌、并购品牌等。

一、自创品牌

自创品牌即企业自身创建的品牌。

在 20 世纪 60 年代初，日本索尼公司的半导体收音机体积最小、品质最好，是当时处于世界领先地位的产品。索尼公司创始人之一盛田昭夫想要把这个产品打进美国市场，美国的经销商宝路来对该产品青睐有加，并决定下一个 10 万台的大订单，但只提出一个条件：不采用索尼的品牌而是用宝路来的品牌贴牌进入美国市场。当时索尼公司刚刚起步，财务状况不佳，如此大的订单所带来的利润和收益，超过了当时索尼公司的全部资产，所以在东京总部的董事会上，几乎全票通过接受宝路来贴牌进入美国市场，只有盛田昭夫坚决否定，表示一定要以自创品牌进入美国市场。正因为索尼当时拒绝了这巨大的陷阱和诱惑，才有了后来的国际品牌——索尼。

（一）自创品牌的优点

品牌创建者拥有排他性的所有权，品牌创建成功能够在市场上掌握影响力和主导权。

（二）自创品牌的缺点

创建、塑造品牌的周期长、风险大，要求企业要有足够的实力和耐力，需要企业投入大量的资源。

> **案例**

方太"让家的感觉更好"

方太集团创建于 1996 年。在创建之初，方太通过调研发现，当时中国市场上有 250 家油烟机厂商，但是都没有解决中国厨房油烟大的问题。于是，方太提出了自己的使命"让家的感觉更好"，并且确立了"三化"的定位，即高端化、专业化、精品化。这一定位一直持续到今天。

20 多年来，方太始终专注于高端嵌入式厨房电器的研发和制造，倡导健康环保、有品位的生活方式，让千万家庭享受更加幸福的居家生活。

例如，方太根据用户需求开发出我国第一台人工智能型吸油烟机，该机型具有自动感受油烟、煤气报警、定时显示等多项功能，当检测到煤气泄漏时会自动报警并同时开机，及时把有害气体排出室外。方太始终奉行"三不主义"，即不上市、不打价格战、不欺骗，通过持续的产品创新、管理创新、文化创新不断强化用户体验，朝着"让家的感觉更好"的目标不断迈进。

二、贴牌

贴牌又称代工，是指代工企业得到品牌所有者的允许并支付代工费，使用其品牌及商标为其生产产品。相较于其他路径，贴牌这一路径立足于短期财务回报。

根据所贴之牌的来源不同，可以将贴牌生产分成工业企业的贴牌生产和零售企业的贴牌生产，即一种形式是 GE、耐克、雀巢之类的工业企业的委托生产，另一种形式是沃尔玛、家乐福、麦德龙等零售企业的委托生产，然后贴上它们的品牌及商标。

（一）贴牌的优点

贴牌的优点对于代工厂与品牌所有者各有不同。

1. 对于代工厂的优点

（1）降低市场风险

市场竞争激烈程度与日俱增，很多企业的产品很难进入市场，通过贴牌只需按订单生产就可以获得加工费，因此代工厂可以避免市场推广失败、产品滞销、库存积压的风险。

（2）了解先进的管理经验、生产技术

通过与知名企业进行贴牌生产合作，代工厂能够了解到知名企业的生产管理经验、生产技术等信息。

（3）有利于提高产品质量

一般而言，品牌所有者为了维护品牌的声誉，会对代工厂的产品质量进行严格监控和检查，不合格的产品不予出厂。这一严格的品质保障体系促使代工厂提高产品质量，为代工厂日后推出自创品牌打下基础。

许多著名品牌也都是从贴牌生产起步的。例如，华为手机当初进入市场时选择的是做"运营商定制机"。其在这种低端贴牌机赛道运行了近10年，利润越来越薄。最后，华为走上自创品牌之路，在全世界范围内聚集人才，坚持自主创新，研发具有先进水平的自主专利成果，打造最具竞争力的产品，终于成为享誉世界的国际品牌。

2. 对于品牌所有者的优点

品牌所有者不需要投建工厂，也不需要支付机器、原料、工资等生产成本及管理费用，就可以让代工厂为自己生产、贴上自己的商标，从而让自己的品牌通过代工厂走上市场。

例如，雀巢、耐克等一些全球著名的企业都没有自己的工厂，它们只承担技术研发和市场营销工作，而将生产制造转交给一些代工厂完成。这样，它们就可以大大降低厂房、机器、原料、工资等环节的生产成本。

又如，三只松鼠也采用贴牌代工路径，先设计零食，然后找供应商采购原料，再由合作加工厂家生产后，贴上"三只松鼠"的标签在天猫、京东等线上平台进行销售。

（二）贴牌的缺点

贴牌的缺点对于代工厂与品牌所有者也各有不同。

1. 对于代工厂的缺点

（1）利润微薄

贴牌生产为人所诟病的最主要原因是留给代工厂的利润太薄。

以芭比娃娃为例，在国际市场上，每个芭比娃娃的售价一般都在10美元以上，而一些代工厂每个芭比娃娃获得的加工费不足50美分。

（2）市场生命线由品牌所有者掌控

靠贴牌生产的企业具有极大的生存风险，因为市场生命线由品牌所有者掌控，而品牌所有者很有可能会由于种种原因终止与代工厂的合作，而使其陷入困境。

（3）不利于开展核心技术的研发

尽管贴牌生产能使代工厂学习到一些先进的生产技术，但在核心技术研发方面却可能因为生产导向而被忽视，这将导致代工厂无法在关键技术上获得竞争优势，对代工企业的长期发展不利。

（4）不利于打造自主品牌

长期从事贴牌生产意味着放弃了打造自主品牌的机会，这对代工厂的自主发展不是一件好事。

2. 对于品牌所有者的缺点

（1）可能损害品牌形象

假如由于某个环节监控不严、管理不到位，代工厂贴牌的产品质量出现问题，将在很大程度上损害品牌的形象和声誉。

（2）培养了竞争者

在与代工厂进行贴牌生产合作的同时，品牌所有者也可能"养虎为患"——培养了潜在竞争者。代工厂从为品牌所有者代工的过程中，能积累生产技术和管理经验，最终可能走上自创品牌之路。

三、并购品牌

兼并与收购，二者经常合在一起使用，简称"并购"。

并购品牌即一方品牌对另一方品牌的兼并与收购，可使并购方迅速获得被并购方的品牌。

例如，联想收购 IBM 个人计算机业务，收购带给联想的是 IBM 品牌背后巨大的无形资产、顾客资源和商誉，对于联想品牌国际化战略起着至关重要的推动作用。

并购品牌路径的难点在于企业能否通过被收购品牌树立良好的形象，此外，被收购品牌是否能继续得到目标市场的认可。

吉利集团董事长李书福在并购沃尔沃之后，坚持"吉利是吉利，沃尔沃是沃尔沃"，让沃尔沃与吉利两个汽车品牌在经营管理上保持相对分离的关系。同时，给历史悠久的知名品牌沃尔沃注入了创业激情，大胆投资，提升研发投入，这个世界知名品牌随后焕发了青春。

知识拓展

品牌路径的组合管理

品牌大师戴维·A. 阿克（David A. Aaker）在其出版的著作《品牌组合战略》中指出：品牌组合包括一个组织管理的所有品牌。

品牌路径的组合管理是指企业对其所有品牌，包括自创品牌、贴牌、并购品牌、授权品牌、联合品牌等，进行优化整合，达到品牌之间的协同作用，从而提升企业竞争力。

无论是自创的还是通过收购或者战略联合得到的，都应该被考虑为一个整体，彼此协同作战，承担不同的角色，支持并实现企业发展战略。

例如，青岛双星虽然走上了自创品牌之路，但为了将自己的产品打入欧美等发达国家市场，其选择了贴牌路径，而同时，在东南亚、拉美、非洲等市场则采取自主品牌路径。

又如，海尔集团在冰箱品类上，除了主品牌"海尔"，还拥有定制家电品牌"统帅"、国际高端家电品牌"卡萨帝"（Casarte），以及购买到的新西兰品牌"斐雪派克"（Fisher & Paykel）和通过并购日本三洋电机而收归旗下的品牌 AQUA。

小天鹅集团是波轮式洗衣机的国内"老大"，为了进一步占领国内洗衣机市场，其一方面与武汉荷花洗衣机厂展开合作，输出商标、管理和市场营销网络，授权其生产双缸洗衣机；另一方面选择西门子、惠而浦、梅洛尼3家国际企业，为其生产滚筒式洗衣机。此举使小天鹅自由翱翔于各种型号的洗衣机领域，多年来市场综合占有率一直在国内同行中名列前茅。

又如，珠江钢琴集团在主业钢琴业务上，除了主品牌"珠江"，还有专业品牌"京珠"、专业高档品牌"恺撒堡"，以及全资收购的德国钢琴品牌"里特米勒"。

第二节　授权品牌

授权品牌是指品牌所有者将自己的品牌以合同的形式授予被授权者使用，同时品牌所有者可能提供人员培训、组织设计、经营管理等方面的指导与协助，被授权者按合同规定从事经营活动（通常是生产、销售某种产品或者提供某种服务），并向品牌所有者支付相应的费用。

一、授权品牌的优点

授权品牌这一路径能使品牌所有者和被授权者形成命运共同体，优势互补，促进产品销售，达到多方共赢的效果。

（一）对于品牌所有者的优点

首先，授权出去意味着品牌所有者不用投入厂房、设备、办公、库存、人员等就可以通过被授权者增加顾客与品牌直接接触的机会，有效地扩大了品牌传播。

其次，利用被授权者的广告支出，品牌所有者可以使品牌得到更多的曝光机会，有利于拓展新的市场。例如，迪士尼公司在全球拥有4 000多家品牌授权企业，其产品从最普通的圆珠笔，到价值两万美元一块的手表。

再次，品牌所有者可以得到品牌授权收入——权利金。权利金有保底金、授权买断金和销售分成等形式。

最后，品牌所有者可以在品牌的授权使用过程中发展品牌，使品牌增值。此外，通过同一品牌的多个种类授权商品在市场的密集渗透，有利于造成顾客的族群效应。

（二）对于被授权者的优点

首先，通过使用众所周知、广受信赖的品牌，可以马上为自己树立商誉，节省开发市场的时间和成本，使自己的产品能够立刻让顾客清晰识别，进而激发顾客的购买需求。

其次，授权品牌带来品牌溢价，使顾客愿意付出比以前更多的钱来购买产品。

再次，被授权者专注于生产或分销，无须投资用于品牌建设就可以获得知名品牌带来的优势，获得与更大、更成熟的公司竞争的能力。

最后，相对于特许经营，授权品牌不受特许经营范围的约束，给予被授权者更大的自由度。

二、授权品牌的缺点

授权品牌对于品牌所有者与被授权者的缺点各有不同。

（一）对于品牌所有者的缺点

首先，如果某个被授权者出现问题，将损害品牌形象和声誉。

许多企业往往只看到品牌授权带来的巨大市场效益，却忽视了其存在的风险，由于授权品牌管理失控导致品牌衰落的案例更是数不胜数。

例如，香港明星汪明荃一句"万家乐，乐万家"的广告语，使"万家乐"这一品牌在我国大江南北广为流传，几乎是家喻户晓。后来万家乐实施了品牌租赁计划，出租的品牌涉及许多家电领域。由于只注重结果而缺乏过程监控，万家乐对授权企业的生产和销售失去了控制。生产万家乐空调的珠海飞翔达实业有限公司被法院实施产品查封后，以"万家乐空调破产"为题的报道给品牌出租者万家乐公司造成了极大的负面影响。

其次，品牌授权也可能培养了竞争者。因为授权到期，被授权者有可能自创品牌，与品牌所有者直接竞争。

（二）对于被授权者的缺点

授权品牌对于被授权者而言，有着品牌授权被收回的风险。被授权者获得授权开展经营后，一般会投入大量的资金和其他资源，并且回收期较长。如果发生投资没有收回而品牌授权被收回的情形，会给被授权者带来较大的损失。为此，品牌授权合同应当明确品牌所有者如果毁约，提前收回品牌授权，其所需要赔偿的金额。

三、品牌授权的运作模式

品牌授权的运作模式可分为排他性授权、独占性授权与普通授权 3 种。

（一）排他性授权

排他性授权是在某个期限内，授权者在某一区域或专业渠道内，只授权一个被授权者使用品牌进行经营，除了授权者自己可以使用，授权者不能在该区域或渠道内再授权任何第三方使用该品牌。

（二）独占性授权

独占性授权是在某一区域或渠道内，只授权被授权者进行品牌经营，包括授权者自己在内的任何人未经被授权者许可不得使用该品牌。

（三）普通授权

普通授权则是授权者可在同一区域或渠道内进行多个授权。

显然，被授权者往往希望得到区域的独占性授权或排他性授权，以获取最大的商业利益。

四、品牌授权的合作方式

品牌授权的合作方式通常有以下 4 种。

（一）产品授权

产品授权是指被授权者可以将获得授权的品牌资源用于产品的研发、设计、制造和销售活动中。这种授权的深度可以是全产业链的方式，也可以是部分环节的授权。

（二）促销授权

促销授权是指被授权者将品牌资源用于自己的促销活动中，通过赠品或者其他主题捆绑销售的方式，吸引顾客注意从而提高销量。

（三）主题授权

主题授权是指被授权者以品牌资源为主题，策划并经营主题项目，如游乐项目等。

（四）通路授权

通路授权是指被授权者进入授权品牌的销售渠道，如加盟店、专卖店等。

总的来说，品牌所有者与被授权者可以根据自身的情况采用不同的合作方式。

五、品牌授权的注意点

第一，品牌所有者应注重被授权者的选择，寻找与品牌契合度较高的对象，注重被授权者的管理，鼓励被授权者参与品牌推广和传播活动，吸引被授权者共同参与品牌形象的塑造与维护。

第二，合理使用排他性授权、独占性授权及普通授权，避免发生渠道混乱及冲突。

第三，在授权前与被授权者签订书面的品牌授权合同，授权合同内容需仔细审核，明确授权的品类、地域、分销渠道、期限、支付方式等。通过品牌授权合同保障品牌授权管理的落实和执行。

第四，积极运用法律手段，保护品牌资产合法性不受侵犯，保障授权品牌的合法开展，及时发现并有效打击假冒仿冒品牌行为，以维护品牌授权体系的整体利益。

六、品牌授权与特许经营的区别

品牌授权和特许经营的核心都在于通过授权的方式实现低成本的快速扩张，其两者的组织形式和经营理念非常相似，但从本质上还是有极大的区别——品牌授权强调授权方与被授权方之间的纽带是品牌，授权方给予被授权方的自由度较大、适应的行业较广；而特许经营中，许可方和被许可方的纽带则是一种产品或服务及一套经营系统，其具有统一性和可复制性。

> ### 延伸阅读：特许经营
>
> 特许经营，是指拥有注册商标、企业标志、专利、专有技术等经营资源的企业（以下称特许人），以合同形式将其拥有的经营资源许可其他经营者（以下称被特许人）使用，被特许人按照合同约定在统一的经营模式下开展经营，并向特许人支付特许经营费用的经营活动。
>
> 特许经营的基础是商品或服务的标准化，所有健全的特许经营系统都努力创造最高程度的和谐统一，强调严格规范化的管理原则，特许经营要求加盟店的经营管理模式与特许人相同，而且产品和服务的质量标准也必须统一。
>
> #### 一、特许经营对于特许人的优点
>
> 首先，特许经营是低成本扩张、提高市场占有率和竞争力的有力武器。特许人可以不受资金限制，仅以品牌、经营管理经验等投入便可以在短期内迅速扩大市场规模，而且迅速得到回报，还可以使无形资产迅速上升，也可获取被特许人支付的品牌特许使用费及合同规定的其他费用，在广告和促销上也可以利用规模经济优势。

乐凯曾是中国胶卷市场的名牌，它在质量、成本等方面都不比富士差，而且还有本土优势，可在市场竞争中，乐凯总不敌富士。究其原因，主要是品牌运营方式问题。乐凯一直采取自营的方式，富士则采取特许经营的模式。富士在中国有2 200家加盟特许冲印店，一家店只要支持1万元，共投入2 200万元，就可以使市场占有率保持在45%。而如果不采取特许加盟的方式，完全由公司自己来开办这些冲印店，一家店估计要投资20万元左右，2 200家店就需要4.4亿元，无论是资金量还是发展速度都无法与特许经营相比。

其次，特许经营的管理成本低，不用建立庞大的、多层次的管理组织。因为诸如人员招聘、信息收集和处理等很多管理工作由被特许人自己做，大部分运作成本也都由被特许人负责。

全聚德集团以前一直坚持品牌自营，规模一直难以扩展，烤鸭的销售也一直局限在北京，不能有效地扩大销售范围，增强品牌的影响力和提升品牌价值。但是，自从实行特许经营，全聚德告别了单店经营的时代，在短短的七年时间内，成为拥有70家海内外加盟连锁店成员的大型跨国餐饮连锁集团。

二、特许经营对于被特许人的优点

首先，被特许人不必从头开始。被特许人被允许使用特许人的品牌、商标，大多数情况下，被特许人依托良好的品牌形象，可以获得顾客的信心。

其次，被特许人得到特许人的相关支持，获得成熟的盈利模式、服务标准和管理模式，成功盈利的机会大。有研究表明，新开办企业的失败率是通过特许方式开办企业的失败率的10倍左右。

最后，被特许人得益于特许人在全国范围内的广告和推广活动，可以减少广告等传播费用。

三、特许经营对于特许人的缺点

特许经营对于特许人，容易产生"株连效应"，即易"一损俱损"，如果有少数即使是一家加盟的被特许人发生有损于品牌形象的经营行为，那么特许人也会受到牵连，其品牌形象和声誉也会受损。

四、特许经营对于被特许人的缺点

特许经营对于被特许人，同样存在"株连效应"，如果有特许人或者一家加盟的被特许人发生有损于品牌形象的经营行为，那么所有加盟的被特许人都会受到牵连。

五、特许经营案例

特许经营模式的代表性企业有麦当劳，麦当劳特许经营的成功秘诀在于地点抉择和装饰支持、标准化管理支持、技术设备支持、员工培训支持、信息系统支持、广告公关支持、品牌形象及文化支持等。

麦当劳餐厅至今已经在全世界的120个国家和地区开设了3万多家餐厅，是目前世界上规模最大的特许连锁企业。麦当劳把最佳的地点一次性长期买断，然后建成统一标准的餐厅。这样，当被特许人获得麦当劳的特许经营权时，每年他都要支付两笔费用：一笔是特许加盟费，另一笔是租金。加盟麦当劳至少要具备5个条件：一要具备企业家的精神和强烈的成功欲望；二要有较强的商业背景，尤其是处理人际关系和财务管理的特殊技能；三要愿意参加培训项目，并全力以赴；四要具备相应的财务实力与资格；五要具备在麦当劳工作若干年以上的经历。此外，加盟的分店必须严格按照总部规定的标准、规范的作业流程和服务规则进行经营，麦当劳坚持被特许人必须遵守其复杂的制度体系。

麦当劳的操作手册重达2千克，极其详尽地描述了如何进行操作，包括以秒为时间单位计算烹饪和服务时间，以及对每个人员角色的详尽描述。经营者要在汉堡大学经过几个月的现场培训后方可结业。一旦投入运营，会有一批"地区顾问"来协助被特许人。他们会对被特许人的运行状况进行经常性的、仔细的检查。

肯德基也以"特许经营"为一种有效的方式在全世界拓展业务，与麦当劳不同，肯德基目前在中国发展加盟店的方式是让加盟者出资购买一间正在运营中并已赢利的连锁店。转让已经成熟的餐厅，对肯德基和加盟者来说是最稳健、最便捷的做法。加盟者不必由零开始，可以较快地融入肯德基的运作系统，进而极大地保障加盟者成功的机会。肯德基要求加盟商有从业背景，能很快掌握该行业的基本知识。候选人将被要求参加一个内容广泛的二十周的培训项目，包括"餐厅经理""餐厅副理""如何管理加盟经营餐厅"等课程。肯德基只有在对加盟商的组织机构、金融状况和项目计划完全满意的情况下，才会开始合作。

第三节 联合品牌

随着大众消费观念的升级，单一品牌和场景已经难以满足用户诉求，往往需要几个品牌联合起来，携手进行诠释，这就产生了联合品牌。

联合品牌或称品牌联合是指两个或两个以上的品牌，为了相互借势、有效整合，实现优势相长、资源互补、风险与成本共担、收益共享等战略目标，以协议为纽带，以彼此间的承诺和信任为基石，通过保留每个参与者的品牌名称的形式而建立起来的一个新的独立品牌，如"中粮万科""北京现代""上海大众"等。

一、联合品牌的优点

联合品牌的优点如下。

（一）实现资源的互补与共享

当前，许多行业的竞争态势已经日趋白热化，产品的生命周期大大缩短，这在客观上要求企业努力缩短产品研发、品牌培育、市场推广的时间。俗话说：寸有所长，尺有所短。每个品牌都有自己的长处与短处，联合品牌的形成有利于各伙伴品牌相互借势，包括伙伴品牌的商标、商誉、顾客资源、管理经验、研发技术、营销手段、分销渠道等，从而达到事半功倍、提高竞争能力的目的。此外，各独立品牌所代表的属性可以对联合品牌的属性加以补充、诠释。

以星巴克与美国联合航空公司的品牌联合为例：一方面，联合航空公司为乘客提供唯一指定咖啡——星巴克咖啡，保证乘客在飞行旅途中可以享受到星巴克咖啡带来的快乐；另一方面，星巴克咖啡得以使自己的产品覆盖到竞争对手未重视的航空消费市场。正是这种优势合作，使双方的品牌价值均得到显著提升。

（二）拓展新市场

联合品牌能够提升各伙伴品牌渗透对方市场的能力，提高被熟悉伙伴品牌的消费群体接受的可能性。这是因为，每个品牌都拥有自己的消费群体，这些群体对原有品牌有一定的认知与偏好，当他们看到自己熟悉、钟爱的品牌与其他品牌联合时，这种认知与偏好会自然而然地转嫁到联合品牌或伙伴品牌上，加速了顾客潜在的接受意愿。

例如，BP 阿莫科（BP Amoco）公司的润滑油业务为了进入印度市场，与在印度领先的制造商塔塔（Tata）公司成立联合品牌，并取得了成功。这是因为，塔塔公司是印度顾客非常熟悉的本土汽车制造商，而 BP 阿莫科公司是值得信赖的国际著名燃料和润滑油生产商，两个品牌的产品具有互补性，二者结成联合品牌可以实现双赢。

对于相对弱势的品牌来说，通过和知名品牌的联合，可以显而易见地提高知名度和产品的认知度，减少进入市场的费用并降低相应的风险。

例如，达能（Danone）是法国知名的乳制品企业，在 1995 年进入南非市场，由于当地顾客对于这个品牌认知度不高，所以尽管有大量的广告宣传，也未能得到顾客的青睐，同时促销成本居高不下。达能于是选择与南非最大的奶制品生产商 Clover 进行品牌联合，推出联合品牌 "Clover Danone"。由于 Clover 有着高质量的品牌形象、卓越的生产能力和畅通的市场渠道，加上达能丰富的国际化运营经验，使这一联合品牌获得了成功，很快被南非市场接受，也为达能在南非的品牌发展打下了良好基础。

（三）打造强势品牌

品牌联合还可以获得协同效应，以打造强势品牌。协同效应可简单地表示为 "1+1 > 2"，即联合的整体价值大于各部分价值之和。换句话说，联合品牌是各伙伴品牌取得协同效应的最佳载体，品牌联合的协同效应体现在打造整体强势的联合品牌。当一个拥有丰富营销技巧的品牌与一个拥有高质量产品的品牌联合时可以大大促进产品的销售。

例如，"索爱"这个品牌就是由索尼和爱立信两个品牌合作创立的，这个品牌一问世就受到了顾客的追捧，它的销量比独立品牌要高得多。

知识拓展

强势品牌的特征

强势品牌一般具备 5 个方面的特征：

一是品牌的基础能力较强，即品牌的产品和服务质量较高，技术力量较强，人力资本较为雄厚，企业管理制度较为先进；

二是品牌的市场能力较强，即品牌拥有较高的市场占有率、赢利能力，市场形象好；

三是品牌的权益较高，即品牌的知名度、美誉度、忠诚度较高；

四是品牌的公关能力较强，即品牌与顾客、供应链协作企业、竞争对手、政府、媒体、社区、环保机构等关系良好；

五是品牌的管理能力较强，即品牌的运作能力、控制能力较强。

（四）分摊品牌培育成本

当今市场已由产品竞争过渡到品牌竞争，企业单独建立、培育、管理、维护一个新品牌需要投入高昂的人、财、物等资本，而与其他品牌合作能有效分摊品牌培育成本。

（五）降低品牌经营风险

市场竞争的日趋激烈和信息的不对称性，使企业经营面临着巨大风险，包括全球化背景下的政治、法律、经济、文化、技术等方面的风险，以及企业自身必须面对的市场、财务、人才等方面的风险。单个企业往往难以应对这一复杂环境的变化，而通过品牌联合加强与其他品牌的合作，可以使品牌间相互帮助、共同努力、同舟共济，有利于规避、降低品牌经营风险。

▶ **案例** ━━━━━━━━━━━━━━━━━━━━━━━━━━ ▬

五芳斋与迪士尼的品牌联合

浙江嘉兴"五芳斋"创立于1921年，是首批"中华老字号"企业，具有深厚的中国传统文化积淀。而迪士尼作为全球最大的综合娱乐公司，承载着国际化的娱乐理念。2020年，"五芳斋"与迪士尼协作的"花样五芳"系列面市，迪士尼的唐老鸭、米老鼠穿上了旗袍等传统服饰在产品包装上亮相，兼具迪士尼的童趣活泼与五芳斋的深厚底蕴，中西合璧碰撞出了与众不同的火花。"五芳斋"和迪士尼的联名合作，不仅能扩大双方的粉丝群体和消费群体，也有利于五芳斋自身品牌形象建设向"国际化、时尚化、年轻化"转型。

二、联合品牌的缺点

联合品牌的缺点如下。

（一）品牌价值被过度稀释的风险

几个品牌进行联合时，在取得品牌联合优势的同时，也会对原有的品牌带来稀释效应，不利于顾客的品牌联想。当品牌特定的内涵被稀释后，品牌价值就会贬值，品牌资产就有被削弱的风险，特别是跨行业的品牌联合更为明显。

（二）过度依赖的风险

"强弱联合"模式下，弱势品牌若长期过度依赖强势品牌研发新产品、开拓新市场、提供营销对策等，自身的能力如果没有得到提升，当联合品牌必须解体时，弱势品牌可能会受制于强势品牌，甚至被并购。

（三）利益分配不公平的风险

伙伴品牌通常都希望通过联合的协同效应达到自身利益最大化，所以利益分配是品牌联合的一个核心问题，需要处理好联合品牌的利润分配。只有公正合理的利益分配机制才能对品牌联合的良好运行起到积极的推动作用，才能更好地激励伙伴品牌的投资热情和合作意愿，促进联合的繁荣稳定，否则就会带来风险。

（四）品牌文化差异的风险

每个品牌都有着各自不同的品牌文化，存在一定的差异性。结成联合品牌时，如果彼此间的品牌文化差异较大，且不能有效协调，便会导致在商业理念和商业行为上产生分歧与冲突，弱化和模糊联合品牌的文化，降低联合品牌的凝聚力，甚至有些伙伴品牌可能会选择退出联合，最终以联合的失败而告终。

（五）"株连效应"的风险

正所谓"城门失火，殃及池鱼"。一旦联合品牌中的任何一个品牌出现危机、问题或经营不善，其产生的负面影响将导致"连带效应"或"株连效应"，不仅会影响到联合品牌的声誉，还会损害到其他伙伴品牌在顾客心目中的形象。如果伙伴品牌破产或遭遇财务危机，从而导致其不能继续履行对联合品牌的应尽义务，那么合作关系便不得不终止，其他伙伴品牌也会因此遭受巨大损失。

三、品牌联合的伙伴选择

研究表明，选择正确的合作伙伴是品牌联合迈向成功的第一步，是取得更多合作的基础，伙伴品牌质量的高低影响着联合的互补效应和协同效应。所以，必须重视品牌联合的伙伴选择。那么，应该怎么选择品牌联合的伙伴？

（一）考虑伙伴品牌的相当性

要选择旗鼓相当的伙伴，若伙伴品牌间的实力差距过于悬殊，则容易出现"搭便车"、过度依赖、恶意并购等问题。

（二）考虑伙伴品牌的兼容性

要选择品牌文化、品牌个性、品牌形象、品牌愿景、品牌定位兼容性好的伙伴品牌组成联合品牌，这样可以降低联合之后可能存在的协调性问题与匹配性风险，还有利于防范各种机会主义、欺诈等不正当行为。

（三）考察伙伴品牌自身固有的风险大小

要选择讲信誉、重视产品与服务质量的伙伴品牌，这样可以在一定程度上确保品牌在联合后严格遵守协议规定，保证产品和服务的质量，精益求精，有利于减少顾客抱怨、投诉的风险，提升联合品牌的形象。

（四）考察伙伴品牌的诚信记录和口碑

优先选择曾有过合作经历的伙伴，因为有过合作经历的品牌，彼此的信任感相对较高，同时还可以减少联合时双方所付出的时间和精力，相应地降低联合成本。

（五）考察伙伴品牌对风险的态度及抵抗力

所选择的伙伴品牌要能积极地面对风险，并能够最大限度地回避或减少运行风险，否则会给联合品牌日后的运营埋下巨大隐患。

四、品牌联合的原则

品牌联合应遵循以下原则。

（一）互补性原则

形成互补是选择伙伴品牌需要考虑的关键因素之一，只有这样对联合品牌的长期发展才是有利的。通过品牌联合，各品牌可以利用伙伴品牌的能力、资源来弥补自身的不足，取长补短，实现优势互补和资源整合，以提升品牌竞争力。而且伙伴品牌间核心能力与资源的互补性越强，彼此间的联系就越紧密，合作关系就越牢固，越有利于联合品牌的成功运作。

（二）关联性原则

合作品牌的产品类别要有一定的关联性，其内涵、目标市场等要吻合。例如，金龙鱼和苏泊尔的品牌联合是"好油"＋"好锅"。一般而言，品牌联合方要有基本一致的目标消费群体，这样才比较容易取得理想效果。

（三）相容性原则

相容性可以产生出协同效应，如果缺乏相容性，联合品牌将很难经受时间的考验和外部环境的变化。相容性既包括伙伴品牌在文化、形象方面的匹配性，也包括伙伴品牌在战略目标、愿景、定位方面的一致性。

首先，联合品牌各成员的文化、形象的匹配性、协调性越高，越能减少伙伴品牌间的矛盾和冲突，营造和谐的氛围，增强联合品牌的凝聚力和向心力。

其次，联合品牌各成员的战略目标、愿景、定位一致性越高，越有利于调动伙伴品牌的积极性，保证联合活动的有序性，提高联合品牌的绩效和稳定性，否则，将会偏离伙伴品牌原有的发展方向和目标，造成大量的人力、物力、财力、时间和机会的浪费。

（四）诚信原则

诚信是商业交易行为的重要基石，品牌联合讲求合作共赢，但合作的前提是诚实守信。因此，在选择伙伴品牌时，应全面考察其在诚信方面的表现，从而降低合作成本与风险。

（五）互惠互利原则

互惠互利原则是联合共赢的基础。只有合作各方都能获得益处，才有合作的动力，品牌联合才能顺利进行。如果只对一方有利，那么联合的稳定性就会受到威胁。互惠互利原则体现在以下4个方面：

首先，利益分配方案对每个伙伴品牌都应该是公平合理的，即不仅要考虑伙伴品牌对联合品牌所做的贡献的大小，也要将伙伴品牌所承担的风险及资本投入作为分配利益的依据；

其次，要遵循公平兼顾效益原则，公平有助于凝聚联合成员，从而提高联合绩效，但绝对的公平可能会挫伤贡献大、投资额高的成员的积极性，因此必须在公平的基础上兼顾效益，对于贡献大、投资额高的伙伴品牌所分得的利益应有相应比例的增加，反之，则相应减少分得的利益；

再次，要遵循风险补偿原则，即利益分配应当与承担的风险相一致，对于承担风险较大的伙伴品牌，其分得的利益也应按照相应比例增加，反之，则相应减少分得的利益；

最后，要制定公平规范的联合合同。联合品牌的稳定性有赖于联合协议的公平性与规范性，在联合中应尽可能地制定出一个公正、合理、双赢甚至多赢的合同，明确各自的责任、权利和义务，降低伙伴品牌偷懒投机的可能性，以消除后顾之忧，增进互信，保证联合品牌的成功运行。

▶ **案例**

互利共赢，昆仑山携手方特

昆仑山雪山矿泉水（以下简称昆仑山）的水源取自世界黄金水源带——海拔6 000米的昆仑山玉珠峰，万年冰川融化，历经砂岩透水层、板岩隔水层、断层、片岩隔水层等50年以上过滤与矿化，形成珍贵的昆仑山矿泉水。为提供更高品质的饮用水，昆仑山秉承"做好水"的初心，坚持水源地灌装；持续升级质量管理体系，将严苛的质量管控标准贯穿于整个产业链中，在净化、碱化、矿化、小分子团化、活化等方面均符合世界卫生组织认定的健康好水的标准。为快速传播"好水"的品牌标识，2020年昆仑山携手央视高端栏目《对话》，成为该栏目指定用水，匹配高端人群和意见领袖，巩固高端品牌形象。昆仑山新的广告语为"水的质量决定生命质量"，通过"好水"的品牌标识，彰显高端水的品牌形象。

而作为国内大型高科技第四代主题乐园，方特在成立十多年内，以文化为核心，以科技为依托，形成了"创、研、产、销"一体化的文化科技产业链。旗下拥有方特欢乐世界、方特梦幻王国、方特水上乐园、方特东方神画、方特东盟神画和方特酒店六大产品类别，目前，方特已在沈阳、天津、济南、青岛、郑州、重庆、厦门、宁波、南宁、长沙等城市建成并投入运营。方特秉承着"让世界更欢乐"的使命，主张面向更广泛人群，凭借国际一流的文化旅游服务水平屹立于行业前端，这与昆仑山所坚持的"让中国人喝上品质卓越的好水"的理念不谋而合。

2020年9月，昆仑山矿泉水与华强方特旅游度假区开展了品牌合作、商标联名、线上线下渠道推广等一系列跨界活动，进一步开拓了消费场景，畅通了双方用户圈层，促进了互利共赢。一方面，方特在昆仑山全国范围内的宣传推广下，将品牌理念精准地送达给广大中高端顾客，品牌传播实现增长，在昆仑山矿泉水黄金品质的加持下，方特的品牌形象进一步优化升级；另一方面，昆仑山也得以拓宽全新的中高端消费圈层，影响他们的饮水消费习惯，及开启更高品质的健康生活体验，赋予品牌更高价值。

本章练习

一、判断题

1. 并购品牌模式的难点在于企业能否通过被收购品牌树立良好的形象。（　　　）

2. 通过与知名企业进行贴牌生产合作，代工厂能够了解到知名企业的生产管理经验、核心技术等信息。（　　）

3. 相对于特许经营，授权品牌不受特许经营范围的约束，给予被授权者更大的自由度。（　　）

4. 联合品牌能够提升各伙伴品牌渗透对方市场的能力，提高被熟悉伙伴品牌的消费群体接受的可能性。（　　）

5. 联合品牌各成员的文化、形象的匹配性、协调性越高，越能减少伙伴品牌间的矛盾和冲突，营造和谐的氛围，增强联合品牌的凝聚力和向心力。（　　　）

二、选择题

1. 企业拥有品牌的路径主要有（　　　）。
   A. 自创品牌　　　B. 贴牌　　　　　　C. 并购品牌
   D. 授权品牌　　　E. 联合品牌

2. 贴牌对代工厂的优点有（　　　）。
   A. 降低市场风险　　　　　　　　B. 了解先进的管理经验与生产技术
   C. 有利于提高产品质量　　　　　D. 有利于提高企业形象

3. 品牌授权的运作模式可分为（　　　）等模式。
   A. 排他性授权　　B. 独占性授权　　　C. 普通授权　　　D. 通路授权

4. 品牌授权的合作方式通常有（　　　）。
   A. 产品授权　　　B. 促销授权　　　　C. 主题授权　　　D. 通路授权

5. （　　）是在某一区域或渠道内，只授权被授权者进行品牌经营，包括自己在内的任何人未经被授权者许可不得使用该品牌。

  A. 排他性授权　　　B. 独占性授权　　　C. 普通授权　　　D. 通路授权

三、填空题

1. 品牌路径指企业 ＿＿＿＿＿＿ 品牌的路径。

2. 贴牌又称 ＿＿＿＿＿＿ ，相较于其他路径，贴牌的路径立足于短期 ＿＿＿＿＿＿ 回报。

3. 授权品牌是指品牌所有者将自己的品牌以合同的形式授予 ＿＿＿＿＿＿ 使用，同时品牌所有者可能提供人员培训、组织设计、经营管理等方面的指导与协助。品牌授权也可能培养了 ＿＿＿＿＿＿ 。

4. ＿＿＿＿＿＿＿＿＿ 是在某个期限内，授权者在某一区域或专业渠道内，只授权一个被授权者使用品牌进行经营，除了授权者自己可以使用外，授权者不能在该区域或渠道内再授权任何第三方使用该品牌。

5. 联合品牌是通过保留每个参与者的品牌名称的形式而建立起来的一个新的 ＿＿＿＿＿＿ 品牌。

四、思考题

1. 什么是自创品牌？自创品牌有什么优点及缺点？

2. 什么是贴牌？贴牌对代工厂而言有什么优点及缺点？

3. 什么是授权品牌？授权品牌对被授权者而言有什么优点及缺点？

4. 品牌授权的运作模式有哪几种？品牌授权的合作方式通常有哪几种？

5. 什么是联合品牌？联合品牌有什么优点及缺点？

6. 怎么选择品牌联合的伙伴？品牌联合应当遵循哪些原则？

 **本章实训**

一、实训内容

分享某品牌的路径选择（包括自创、贴牌、并购、授权、联合等）。

二、实训组织

1. 将全班分为 12 个小组，各组对应完成 1 ～ 2 个实训。

2. 小组内部充分讨论，认真分析研究，并且制作一份 3 ～ 5 分钟能够演示完毕的 PPT 文件在课堂上进行汇报。

3. 教师对每组的分析报告和课堂讨论情况即时进行点评和总结。

第三章
品牌定位管理

【学习目标】

➢ 理解品牌定位

➢ 了解定位的步骤与原则

➢ 熟悉产品导向的品牌定位

➢ 熟悉竞争导向的品牌定位

➢ 熟悉顾客导向的品牌定位

引例：云南白药牙膏的另类定位

在高露洁、佳洁士、黑人、中华等中国知名牙膏品牌群雄争霸的市场上，云南白药牙膏将自己定位为"口腔护理保健牙膏"，有效解决牙龈出血、肿痛、口腔溃疡等口腔问题。云南白药牙膏"非传统牙膏"的定位，创建了一个区别于传统牙膏的新品类，开创了中国市场的"第三代牙膏"。

考虑到当时牙膏市场已经有比较成熟的三大品牌（高露洁、佳洁士、中华），单靠低价已难以攻占市场，而且云南白药牙膏的开发生产成本本身就比较高，为了匹配"非传统牙膏"的定位，云南白药牙膏最终定价为20元左右。这一高端定价策略，让云南白药牙膏在品牌林立的市场上非常突出，很容易引起顾客的关注。

在产品销售渠道上，云南白药牙膏采用了医药渠道、日化渠道并举的策略。云南白药牙膏首先从自己已有深厚基础的药店入手，将产品投入市场；同时，营销团队逐步开发超市等主打日化产品的零售终端渠道，实现对不同形态终端渠道的深度覆盖。

在品牌传播方面，云南白药牙膏围绕"口腔保健专家"的核心诉求，展开了一系列的"软文炒作"，通过媒体让顾客对这支牙膏产生了较高的关注度。与一些草本汉方牙膏相比，云南白药牙膏采用"国家保密配方"，强调独含云南白药六大活性因子，因而"功效更强"，容易使顾客形成产品偏好。云南白药牙膏展开了一系列零售终端的陈列生动化设计、制作，通过宣传海报等简洁、有效的终端物料，使媒体上的传播声势在零售终端落地。

【思考】分析总结云南白药牙膏定位的成功之处有哪些？

市场上品牌众多，顾客的注意力又有限，因此，为了在市场上占据有利地位，在顾客的心中占据最有利位置，必须在打造品牌之初进行品牌定位。

第一节　品牌定位概述

通过品牌定位使自己别具一格，成为某个品类的代表，从而获得消费者的认可。

一、品牌定位的概念

1969 年，广告经理人艾·里斯（Al Ries）和杰克·特劳特（Jack Trout）在美国专业期刊《广告时代》上发表了一篇题目为《定位是人们在今日模仿主义市场所玩的竞争》的文章，第一次提出了定位的概念——所谓定位，就是令你的企业和产品与众不同，形成核心竞争力，对受众而言，即鲜明地建立品牌。

1979 年，艾·里斯和杰克·特劳特合作出版了第一部论述定位理论的专著《广告攻心战略——品牌定位》。该书指出："定位是指针对潜在顾客的心理采取行动，即在顾客的心中确定一个合适的位置。"1980 年，二人再次共同撰写营销理论的经典之作《定位》，该书被翻译成 14 种文字畅销全球。

本书认为，品牌定位就是让品牌在顾客的心中占据最有利的位置，使品牌成为某个类别或某种特性的代表品牌，从而使该品牌占有强有力的市场地位的活动。

例如，凡客诚品将自身定位为网络快时尚品牌，为消费者提供性价比很高的服饰和较为完善的顾客体验；乐蜂网将"亿万中国女性优质生活的首选入口"作为自己发展的目标，将自身定位为国内正品化妆品特卖网站。

二、品牌定位的意义

品牌定位的意义在于凸显品牌的差异性，为顾客提供一个明确的购买理由。如果品牌能够在顾客的心中占据最有利位置，成为某个类别或者某种特性的代表品牌，那么当顾客产生相关需求时，便会将该品牌作为首选。

例如，赫兹（Hertz）是汽车租赁的主导品牌，星巴克是咖啡的主要品牌，麦当劳是主要的汉堡品牌，谷歌（Google）是搜索引擎的巨头，可口可乐是可乐巨头，而脸书（Facebook）、微信则是社交媒体领域的佼佼者。

又如，说到可乐，人们立刻会想到的品牌是可口可乐；说到电子支付，人们立刻会想到的品牌是支付宝；说到冰箱，人们立刻会想到的品牌是海尔；说到运动鞋，人们立刻会想到的品牌是耐克和安踏；说到凉茶，人们立刻会想到的品牌是王老吉；说到巧克力，人们立刻会想到的品牌是德芙；说到白酒，人们立刻会想到的品牌是茅台。

总之，品牌定位能否入眼、入脑和入心，决定了品牌能否成为顾客的首选，能否获得更高的溢价，能否做到基业长青。

▷　**案例**

美柚的定位

美柚是一家移动互联网行业的高新技术企业，自成立以来始终专注于为女性提供线上智能服务，全方位服务于女性经期、备孕、孕期和育儿等整个生命周期。

美柚的理念为"让女性更美更健康"，选择的顾客群体是 15 ~ 45 岁互联网用户中具有中高收入水平的、关注自身生理健康的女性。这是因为，相较于更年长或是年幼的群体，

15～45岁的群体更愿意尝试用手机App的形式来记录自身健康，她们比其他的年龄层更希望和同性群体进行交流与倾诉，美柚的"她她圈"为她们提供了一个互相交流的平台。

这些比较年轻的女性需要的正是美柚能够提供的功能、服务。美柚打造的记录女性经期的服务，为比较懵懂的青春期女性提供了专业的检测服务，让其更好地观测自身健康，从而产生了用户黏性，当她们长大后怀孕或者处于哺乳期时，就会更加偏向于在一直陪伴她们的美柚上购买产品。

三、品牌定位理论的主要内容

1995年，杰克·特劳特又与史蒂夫·里夫金（Steve Rivkin）合作，出版了《新定位》一书。该书再次强调"定位不在产品本身，而在顾客心底"，顾客的心灵或知觉是营销的终极战场，营销人员对顾客心灵了解得越多，定位就越有效。

品牌定位理论强调开发顾客心理认知的空缺，植入品牌，进行心理占位，通过定位使自己的产品独树一帜，让品牌在顾客心中占据一个与顾客相关、与竞争者不同的有利位置，使品牌成为某个品类或某种特性的代表，从而获得顾客的认可。

特劳特认为，顾客对信息的处理是有限的，只有有限容量可以容纳某一类别的产品，过多的信息会使顾客产生混乱甚至排斥心理。顾客的心理极其简单，在一个大品类下面顾客最多能够记住7个品牌。所以，品牌必须成为某个品类的代表，才能在顾客心中占据一个位置。在顾客心中的位置越靠前，市场份额就会越大。

特劳特还提出了"二元法则"，即随着市场的成熟和稳定，人们往往只会记住两个品牌，在其中二选一就够了。如果不能够在顾客心中占据数一数二的位置，那就必须重新定位。

2001年，定位理论被美国营销协会评为"有史以来对美国营销影响最大的观念"。

▶ 案例

茶颜悦色的定位

茶颜悦色的定位是新中式茶饮，从品牌标志到产品再到视觉设计，均倡导新中式美学，并散发出浓浓的国风韵味。正如这个品牌的介绍文案，"我不源于英伦午茶，我也做不来美国派，我更不效仿日式茶道，我钟情于中国四千七百年的茶文化，我也大爱潮范十足的现代中国风"。

茶颜悦色以其独特的视觉风格，高品质的食材，亲切热情的服务赢得了众多顾客的喜爱。茶颜悦色提出"中茶西做"的新式理念，招牌"幽兰拿铁"与"声声乌龙"现已美名在外，不仅是长沙人民钟爱的饮品品牌，也是外地顾客来长沙旅游必"打卡"的一个"景点"，品牌影响力早已扩散到全国。

在原料上，茶颜悦色用鲜奶、原叶茶等更好的原料代替了以前的奶精和调配茶，每个饮品都由原叶茶现泡现萃而成，所用到的茶底涵盖了绿茶（浣纱绿）、红茶（红颜）、乌龙茶（乌龙院）、黑茶（黛黑）四大类，更强调茶的质感。目前茶颜悦色常规作品共有18款，秉持一贯的稳扎稳打慢节奏，不求新品的上市速度，而是将大量精力放在原有产品的迭代上，如主打产品"幽兰拿铁"与"声声乌龙"都已经历了多次迭代。为了给顾客合适的饮品和体验，根据茶底和温度的不同，还有一些饮品属于夏季限定以及冬季限定。其茶单也分为冬季和夏季两版。

茶颜悦色的初心是为顾客做"一杯有温度的茶"，官方公众号每个月会定期发布食品安全自查报告，直接通报检查的结果，对表现不好的门店，不仅"通报批评"，还会公布食品安全隐患、整改要求，甚至操作间的监控视频。这种自我曝光更是一种创新与负责，不仅倒逼企业保持门店运营的规范，又有利于让顾客放心、安心。茶颜悦色对顾客承诺永久求偿权，在员工的衣服上，在点单台的广告上，在小票上都写下了"一杯鲜茶的永久求偿权"，只要顾客在消费体验中，察觉鲜茶有口感差异，进入任意一家门店都可进行免单重新现调。

茶颜悦色价格亲民，与喜茶、奈雪的茶等茶饮品牌的售价相比，茶颜悦色的产品均价较低，在茶饮界极具竞争力，且茶颜悦色饮品单价较为稳定，多年来几乎没有涨价。价格折扣在茶颜悦色的销售策略中也较为常见，"单品免费续杯""集点免费赠杯""雨天半价""周三半价"等方式，不仅能够吸引客流，也给予了顾客更大的优惠力度。

第二节　品牌定位的步骤、原则与方法

品牌定位是一项技术活，需要在调查研究的基础上，遵循一定的步骤、原则、方法进行。

一、品牌定位的步骤

品牌定位是一个科学地整合分析市场环境、竞争品牌、顾客需求、企业自身和产品特点的过程。具体而言，品牌定位的过程需要遵循以下几个步骤。

（一）市场环境分析

市场环境是指对企业营销活动提供机会或造成威胁的力量。分析市场环境的目的在于更好地认识、适应、利用环境及变化，达成企业营销目标。通常，企业需要对其所处的政治法律环境、经济环境、社会环境和技术环境进行分析。

（二）竞争品牌分析

在市场竞争十分激烈的情况下，几乎任何一个细分市场都存在一个或多个竞争者。在这种情况下，企业在进行品牌定位时应考虑与竞争者相区别而存在，从而制造差异。竞争品牌分析主要研究竞争对手的品牌形象、定位及其优势和劣势，以便寻求差异性定位。

（三）顾客需求分析

通过对顾客需求、购买倾向、购买动机等进行分析，可以使品牌定位与顾客产生共鸣。

例如，雀巢公司通过对选择饮料产品的顾客进行调查，发现了4个发展趋势：更关注健康、对即食饮料的偏好不断增长、对热饮的偏好向冷饮转变，以及对异国风味和品种饮料需求的上升，这反映了顾客对现有产品的厌倦感，以及对探索外国文化的更大兴趣。雀巢公司因势利导，采取了相应的措施，使品牌与顾客有了更多的交集与共鸣。

又如，星巴克了解到顾客对咖啡存在功能性和社交性两种需求，从而对自己进行了成功的定位，使顾客既能够在星巴克喝到味道醇厚、浓郁和纯正的咖啡，尝试更多的咖啡口味，也可以将星巴克作为时尚的社会场所，体验咖啡文化和氛围，从而使其更容易获得顾客的青睐。

（四）企业自身分析

在品牌定位之前，企业必须先对自身进行分析评估，包括自己属于哪个行业、领域，自己的优势和劣势是什么，能够为顾客提供什么价值……这样才能真正为品牌的定位提供正确的方向。

这是因为品牌定位常常受到企业现有资源的制约，所以，品牌定位必须充分考虑企业的资源与条件，以优化配置、合理利用各种资源为宜——既不要造成资源闲置或浪费，也不要超越现有资源条件，追求过高的定位，最后陷入心有余而力不足的被动境地。

例如，如果要将品牌定位于尖端产品，就需要掌握尖端技术；如果要将品牌定位于高档产品，就需要具备确保产品品质的能力；如果要将品牌定位于全球性品牌，则要具有全球化的运作能力和管理水平。

（五）产品特点分析

品牌定位要符合产品特点，要结合产品的技术、质量、结构、性能、款式、用途等特点进行定位。

例如，西班牙是世界旅游胜地，"阳光、海水、沙滩"是其最丰富的旅游资源，因而西班牙宣传的口号是"阳光普照西班牙"，并且用著名画家霍安·米罗（Joan Miró）的抽象画《太阳》作为旅游标志，使世界各国的游客，一见到"太阳"就想到西班牙。夏威夷也是著名的度假海岛，如果它推出的口号也是"阳光、海水、沙滩"，那效果未必有西班牙好，于是夏威夷人别出心裁地提出"夏威夷是微笑的群岛"的标语，同时印刷了大量的招贴画，画面的背景是灿烂的阳光、连绵的沙滩、湛蓝的海水，而占据画面主要位置的是一个美丽、天真、笑容满面、脖子上戴着花环的夏威夷少女，如此画面，不能不令人神往。

总而言之，企业在综合分析市场环境、竞争品牌、顾客需求、企业自身资源和产品特点之后，需要制定有别于竞争对手的品牌定位，创造差异化。

二、品牌定位的原则

品牌定位要遵循符合产品特点、涵盖产品线、创造品牌差异等原则。

（一）符合产品特点原则

符合产品特点原则即品牌定位应源于产品与生俱来的特点。

例如，德克士以脆皮炸鸡和米汉堡为代表，形成自己的特色。

品牌是产品的形象化身，产品是品牌的物质载体，二者相互依存的紧密关系决定了在进行品牌定位时必须考虑产品的质量、结构、性能、款式、用途等产品自身的特点。如果离开这些实际的产品特点，定位只会成为不堪一击的招牌。

（二）涵盖产品线原则

涵盖产品线原则即企业在进行品牌定位时需要涵盖产品线。如果一个品牌旗下有多种产品，那么品牌定位就要考虑兼容这几种产品，并找出它们的共同优势；若只有一种产品，也要考虑这个品牌在将来是否需要发展其他种类的产品，这些产品的特点需要与品牌定位相匹配，而不能与之冲突。

例如，肯德基定位为"世界著名烹鸡专家""烹鸡美味尽在肯德基"，其70年烹鸡经验烹制而出的炸鸡系列产品，如原味鸡、香辣鸡翅、香脆鸡腿汉堡、无骨鸡柳等，外层金黄香脆，内层嫩滑多汁，以其独特的鲜香口味广为顾客称许。

（三）创造品牌差异原则

创造品牌差异原则即品牌定位要突出个性，提供与竞争者不同的差异点，突出差异化的竞争优势，只有这样才能在顾客心中占据一席之地，确保其能够对顾客形成较大的吸引力。

例如，品牌可以针对竞争者的功能性定位，宣布自己能够以更低的价格提供优于或相当于竞争者的产品，或宣布自己拥有其他品牌所没有的优势。

品牌差异化优势可以来源于以下几个方面。

质量：品牌的产品质量比竞争对手更为优越，更经久耐用，并且做出保证。

美观：品牌的产品能满足顾客追求时尚、追赶潮流或特别的审美要求。

方便：品牌的产品使用更方便，更容易操作。

舒适：品牌的产品能让顾客获得更为舒适、愉悦的享受。

利益：品牌的产品能给顾客带来更多的利益和好处。

服务：品牌能提供超越竞争对手的完善服务。

例如，在大多数地方频道抢夺电视剧市场的时候，湖南卫视提出了明确的差异化定位——"以娱乐、资讯为主的综合性频道"。

又如，农夫山泉的定位是天然水，康师傅的定位是矿物质水，娃哈哈的定位是纯净水，今麦郎凉白开的定位是"喝熟水，真解渴"。

为凸显品牌差异化，特步体育用品公司在获得迪士尼公司的形象授权后，设计研发出一系列有关迪士尼主题的体育产品，注重将 X-light 轻量化技术运用到产品研发生产环节。361°公司分别设计了弹网减震科技、磁悬浮技术、后部助力加速系统等产品类别。鸿星尔克运用竹炭棉、纳米环保材料等新型面料，侧重网球鞋市场的发展。

案例

小仙炖直播间的定位

长期以来，我国传统的滋补品通常需要经过一系列烦琐的炖煮过程，这让适应了快节奏的新一代年轻人无法接受，同时传统的滋补方式也让年轻人觉得"老气"而不感兴趣。

小仙炖直播间看准大健康的行业趋势，从鲜炖入手，开创了"鲜炖燕窝"新品类。小仙炖直播间精准卡位鲜炖燕窝市场的细分领域，目标群体以新一代受众为主。确定"鲜炖燕窝专家""专业、健康和时尚"的定位后，小仙炖直播间便展开了差异化营销。

首先，小仙炖直播间重视年轻化潮流，在微信公众号、小红书等平台与受众形成良好的互动关系，使产品风靡社交圈。

其次，小仙炖直播间积极拥抱视频时代的大潮，借势直播及短视频平台，打破滋补食品行业陈旧的营销思路，成功触达新一代受众。小仙炖直播间大力推广其自创的"鲜炖燕窝"标准，即通过精选原料、自建工厂、经过 280 次测试、确定了 38 分钟 95℃的炖煮时长配比，确保营养不流失。直播中大部分时间都将镜头对准了小仙炖直播间的生产车间，将工人们消毒进厂、选材挑杂质、真空装瓶、低温慢炖等环节都一一呈现在镜头前。

最后，小仙炖直播间不但在直播里融入明星、KOL、养生专家等各类人士，还积极跨界联名直播，打造国潮风，这让年轻爱美的时尚女性产生了兴趣，也把小仙炖直播间轻奢、时尚、有格调的品牌形象植入她们心中。一般来说，普通人对燕窝本身及其烹调方式都知之甚少，绝大部分受众看小仙炖直播间"鲜炖燕窝"的直播是因为直播间里有常驻专家，能够输出有效信息，对于诸如"儿童是否适合吃燕窝""用量如何把握""食用燕窝的最佳时间"等问题，专家都会一一进行解答。

三、品牌定位的方法

品牌定位的方法有产品导向的品牌定位法、竞争导向的品牌定位法、顾客导向的品牌定位法。

第三节 产品导向的品牌定位

产品导向的品牌定位法主要包括功效定位、质量定位、价格定位、档次定位等形式。

一、功效定位

顾客购买产品主要是为了获得产品的使用价值，希望产品具有其所期望的功能、效果和效益，因而以强调产品的功效为诉求是品牌定位的常见形式。

某一产品如果具有独特的功效，能够给顾客带来其他同类产品所不具备的特殊利益，那么就有了明显的差异化优势，可以将这种独特的功能作为品牌定位。

例如，不同的汽车品牌基于产品特点的不同进行鲜明的品牌定位，彰显独特的品牌形象。VOLVO 定位于"安全耐用"，宝马定位于"驾驶乐趣"，丰田定位于"经济可靠"，奔驰定位于"地位与服务"等都是采用的这种定位。

很多产品具有多重功效，定位时向顾客传达单一的功效还是多重功效并没有绝对的定论。然而，顾客能记住的信息是有限的，往往只对某一强烈诉求产生较深的印象，因此，向顾客承诺一个功效点的单一诉求更能突出品牌的个性，获得成功。

"怕上火，喝王老吉""高露洁，没有蛀牙"，以及洗发水中飘柔的定位是"柔顺"，海飞丝的定位是"去头屑"，潘婷的定位是"健康亮泽"，都是品牌对自己鲜明定位的例证。

▶ **案例**

不同品牌香皂的功效定位

品牌——力士	舒肤佳	纳爱斯	两面针	索夫特	西亚斯
功效——美容	除菌	营养	止痒	减肥	按摩

在舒肤佳进入中国市场之前，力士已经牢牢占据了中国香皂市场。然而，作为后来者的舒肤佳却在短短几年时间里，硬生生地把力士从香皂霸主的宝座上拉了下来。舒肤佳的成功自然有很多因素，但关键的一点在于它找到了一个新颖而准确的"除菌"概念。

在舒肤佳的广告中，以"除菌"为轴心概念，"看得见的污渍洗掉了，看不见的细菌你洗掉了吗？"诉求"有效除菌护全家"，并在广告中通过踢球、挤车、扛煤气罐等场景告诉大家，生活中，我们会沾染很多细菌，继而用放大镜下的细菌"吓你一跳"。然后，舒肤佳再通过内含抗菌成分"迪保肤"和实验来证明舒肤佳可以让你把手洗"干净"。多年来，舒肤佳广告的着力点始终是"除菌"，通过一次次加深顾客的记忆，最终达到想"除菌"就选舒肤佳的目的。

二、质量定位

除功效外，质量也通常是顾客最关注的因素之一，顾客都希望买到质量好的产品，因而可以从质量入手为品牌定位。

例如，奔驰汽车的品牌定位在于凸显"高贵"和"王者"风范，展现"元首座驾"的核心理念，以高质量的工艺生产水平和高价值展现物超所值的震撼，带给顾客"王者"驾驭的体验。

> **案例**
>
> ### 简爱"纯净无添加"
>
> 随着生活水平的提升及健康理念的普及，近年来，国内乳制品消费市场呈现注重健康品质化的消费趋势，追求品质化生活的都市高知人群更早地意识到绿色饮食的重要性，添加剂被摒弃在日常饮食之外，低糖无糖、天然0添加的食物越来越受到青睐。
>
> 在洞悉这一消费诉求的基础上，简爱酸奶精准锚定了以高知女性为代表的消费群体作为核心目标人群——她们的收入相对较高，更看重产品的品质，具备持续购买的能力和意愿。只要产品确实满足了她们的需求，她们就会长期购买固定的品牌，成为品牌最忠实的用户。
>
> "生牛乳、乳酸菌，其他没了"是简爱一直未变的广告语，这一句简单的产品配料介绍，却让顾客最直接地认识到简爱"纯净无添加"的品牌核心价值。毕竟，健康无添加是酸奶升级的关键点之一，顾客希望喝到的是更加纯净的酸奶。
>
> 此外，简爱从微信生态入手，打造私域流量，率先在线上抖音、小红书、微博和线下商场开展品牌营销活动，通过明星代言、线上种草、线下快闪、蓄势破圈，成为全网热捧的"爆款"酸奶。简爱公众号"简爱Simplove"的预估活跃粉丝数已超过100万。在私域里，简爱将这些用户当作家人来看待，将私域打造成有温度的家庭社区，让忠实粉丝成为传播媒介，通过主动种草为品牌发声。正是通过这些方式，简爱向潜在顾客传播品牌理念、品牌核心价值等要素，使品牌形象深入人心。
>
> 简爱酸奶避开巨头锋芒，找准差异化的品类细分市场，依靠优秀的产品品质、精准的品牌定位、独具创意的品牌传播策略，在市场上持续热销。

三、价格定位

价格对顾客来说是付出、是代价，顾客一般希望买到物美价廉和物超所值的产品，因而也可以从价格入手对品牌加以定位。

例如，戴尔计算机采用直销模式降低成本，并将降低的成本让渡给顾客，强调"物超所值，实惠之选"；雕牌用广告语"只选对的，不买贵的"暗示雕牌的实惠价格；奥克斯空调也采用既考虑质量又考虑价格的定位策略，告诉顾客"让你付出更少，得到更多"。

▶ **案例**

春秋航空的定位

春秋航空自 2004 年成立以来便定位廉价航空，倡导反奢华的低成本消费理念和生活方式，将"坐火车的老百姓"作为自己的目标顾客。"坐火车的老百姓"指的是普通的休闲观光旅客和对价格敏感度较高的商务旅客。

春秋航空采取的相应措施包括单一机型（机队全部由空客 A320 构成）、单一舱位（不设头等舱、商务舱，只设经济舱）、高客座率（开航以来平均客座率 95% 左右，居全球低成本航空第一）、高飞机利用率（高于国内行业平均 20%）、低销售费用（采用网上直销为主渠道、不开门市）等，大大节省了不必要的开支。

当然，也有品牌采取高价策略以彰显其奢侈品定位。例如，劳力士、浪琴、江诗丹顿等品牌表达了"高贵、成就、完美、优雅"的形象和地位。

四、档次定位

产品不同档次的定位会带给顾客不同的心理感受和体验，因而也可以从档次入手对品牌加以定位。

例如，美国的林肯汽车定位在高档汽车市场，劳斯莱斯的市场定位是"最昂贵、最舒适和最豪华的高级汽车"，雪佛兰汽车定位在中档汽车市场，而斑马汽车则定位在低档汽车市场。

又如，新加坡航空公司、汉莎航空公司定位在高端市场，以航线网络的全方位服务和品牌优势为商务旅客服务；而美国西南航空公司和西方喷气航空公司定位在低端市场，为价格敏感型旅客提供服务。

▶ **案例**

美国西南航空公司定位廉价航空

美国西南航空公司为了与其他航空公司进行差别化竞争，将目标市场定位在对航空票价敏感的低端市场上，提供经常性的相对短途的美国国内航班。飞机上不设商务舱和头等舱，而且对航空服务进行了一系列的简化——乘客到了机场的候客厅后，不给安排座位，乘客要像坐公共汽车那样去排队，上了飞机后自己找座位，如果你到得很早，可能会找到一个好座位，如果你到得晚，就很可能坐在厕所旁边。飞机上也不供应餐饮，但乘客一坐下就可以收听非常幽默的笑话，直到飞机降落，一路上热闹非凡。

西南航空公司的这种"节约"服务，对收入低、消费低的人群有很大的吸引力，因为可以用极低的价格乘坐飞机；但对于白领人士来说，就不适合了——他们不太在乎机票价格，但需要较好的航空服务，他们受不了要自己去"抢"座位，另外，他们上飞机后往往要想问题、做事情或休息，不喜欢吵吵嚷嚷的……因此，中产阶级、官员、大亨很少愿意乘坐西南航空公司的班机。不过，这正是西南航空公司所追求的效果，它很清楚自己的服务对象。公司总裁在电视上说："如果您对我们提供的服务感到不满，那么非常抱歉地告诉您，您不是我们服务的目标顾客，我们不会因为您的抱怨而改变我们的服务方式，您可以去乘坐其他航空公司的飞机。当您感觉需要我们服务的时候，欢迎您再次乘坐西南航空的班机。"

美国西南航空公司的竞争对手曾通过刻画"登上西南航空公司飞机的乘客须掩上面颊"的形象，来嘲笑西南航空公司的定价有损乘客的形象。作为回应，西南航空公司的总裁在广告中亲自上阵，他手举一只大口袋，大声地说："如果您认为乘坐西南航空公司的飞机让您尴尬，我给您这个口袋蒙住头；如果您并不觉得尴尬，就用这个口袋装您省下的钱。"画面上随之出现大量的钞票纷纷落入口袋，直至装满……这则广告让顾客明明白白地看到了西南航空公司提供的利益所在和服务优势——省钱！广告播出后，美国西南航空吸引了许多对价格敏感的乘客。

高端品牌是将高端市场作为目标市场的品牌。它通过上乘的产品质量与卓越的品牌形象，吸引价格敏感度低、消费能力强的顾客，从而获得较高的品牌溢价。

第四节　竞争导向的品牌定位

无论什么样的品牌，只要其存在于市场中，就不可避免地要陷身于竞争之中。竞争导向的品牌定位是依照竞争对手的情况和自身品牌的特点和内涵，突出自身品牌的鲜明个性。

竞争导向的品牌定位法包括首席定位、比附定位、对峙定位、空当定位、另类定位等形式。

一、首席定位

首席定位即强调品牌在同行业或同类中的领导性和专业性地位。

在现今信息爆炸的社会里，顾客对大多数信息毫无记忆，但对领导性、专业性的品牌印象较为深刻。为此，很多企业在广告中强调自己是"第一家""市场占有率第一""全国销量第一"等，目的就是通过首席定位让企业品牌成为顾客的首选。

例如，百威啤酒宣称自己是"全世界最大、最有名的美国啤酒"；雅戈尔宣称自己是"衬衫专家"；格兰仕推出柜式空调，宣称其是"柜机专家"，这些都是首席定位策略的运用。

案例

迪拜的定位

迪拜的定位就是要做世界第一。人们为什么会知道迪拜？第一个原因是全世界最奢侈的酒店——七星级的帆船酒店坐落在迪拜。之后，它又推出了世界上首个风力发电的旋转摩天大楼，它可以自动旋转产生动能——发电。大楼的每一层都能错开并螺旋上升，旋转一圈的时长为 1～3 小时，每个房间都拥有 360° 的全方位视野。因为每层楼旋转角度的不同，不同时间、天气条件下，建筑的色彩和外观也各不相同，整个大楼犹如一个有机生命体，每分钟都在变化。

除了这两个地标性建筑，迪拜还有很多的"第一"：世界第一高楼——迪拜塔、世界最大的人工岛（棕榈人工岛）、世界最大的购物中心等。这些"第一"无疑强化了迪拜的品牌定位，使之能继续创造更多"第一"以吸引世界各国的游客和投资者。

二、比附定位

比附定位即通过比附其他品牌，利用其他品牌的影响力和市场地位来给自己的品牌定位。

例如，蒙牛当年号称自己是"内蒙古奶业第二品牌"，大家都知道第一名是伊利，但是没有人知道第二名是谁，蒙牛抓住了这个认知空白，抢先提出比附定位。

三、对峙定位

对峙定位也称迎头定位，即与市场上最强有力的竞争对手"对着干"的定位方式，也是竞争性最强的定位方式。例如，百事可乐与可口可乐、肯德基与麦当劳等。

四、空当定位

空当定位是针对竞争品牌忽略或者不占优势，而被许多顾客所重视的、尚未被开发的市场机会来进行品牌定位，从而赢得市场。

任何企业的产品都不可能占领同类产品的全部市场，也不可能拥有同类产品的所有竞争优势。市场中的机会是无限的，只是看企业能否发现和挖掘市场机会，谁善于寻找和发现市场空当，谁就可能成为后起之秀。

寻找和发现市场机会是品牌经营成功的必要条件，而空当定位策略正是捕捉市场机会的有力武器。企业可以从时间空当、空间空当、年龄空当、性别空当、品类空当、品质空当、高价空当、低价空当等方面来考虑空当定位。

例如，娃哈哈的新品"营养快线"就是看到市场上还没有奶品和果汁混合饮品这一空当，从而迅速抢占市场，并取得了成功。

可口可乐公司推出的果汁品牌"酷儿"堪称成功的典范，一个重要原因是它瞄准了儿童果汁饮料市场无领导品牌这一市场空当。

圣达牌"中华鳖精"是一种有益于中老年人的保健品，而在当时的保健品市场上，针对中老年人的保健品并不多，知名品牌更是没有。遗憾的是，圣达把自己的目标市场定在了儿童这个消费群体，直接与当时实力强大的娃哈哈相对抗，从而失去了成为中老年保健品市场"老大"的机会。

五、另类定位

另类定位就是与某些知名而又司空见惯的品牌做出明显的区别，或给自己的产品定义为与众不同的"另类"，这种定位也可称为与竞争者划清界限的定位。

例如，娃哈哈出品的"有机绿茶"与一般的绿茶构成显著差异；舒肤佳推出的"免洗洗手液"，提出"随时随地，清洁双手"的理念，与普通洗手液形成区别。

又如，中粮集团的"五谷道场"推崇"非油炸，更健康"的健康理念，定位就是针对其他方便面品牌油炸工艺的弱点而制定的，几乎颠覆了人们对方便面食品的认知。

▶ **案例**

另类去屑

采乐"出山"之际，国内去屑洗发水市场已相当成熟，从产品的诉求点看，似乎已无缝隙可钻。而西安杨森生产的采乐去头屑特效药在上市之初便顺利切入市场，销售量节节上升，一枝独秀。采乐的突破口便是治病："头屑是由头皮上的真菌过度繁殖引起的，清除头屑应杀灭真菌，普通洗发水只能洗掉头发上头屑，我们的方法是杀灭头发上的真菌，针对根本。"同时，基于此的别出心裁的营销渠道——"各大药店有售"也是功不可没。去头屑特效药在药品行业里找不到强大的竞争对手。

在三顿半面世以前，咖啡市场上主要存在两种咖啡形态：一种是以星巴克为代表的现磨精品咖啡，另一种是以雀巢为代表的速溶咖啡。三顿半的创始人发现，有大量顾客希望在咖啡店以外的场景中，能快速、方便地品尝到一杯精品咖啡。于是通过技术创新，三顿半率先推出了3秒冷水速溶的冻干咖啡粉，开创了精品速溶咖啡的新赛道。

再如，面对可口可乐和百事可乐的强烈攻势和几乎满额的市场占有率，七喜曾经找不到合适的独特卖点。通过对大量顾客的调查，七喜发现，大部分人很少或者不饮用可口可乐或百事可乐的原因是担心摄入过多的咖啡因，对健康不利。于是，七喜将自身定位为"非可乐"，宣传"七喜，非可乐，不含咖啡因"，是代替可口可乐和百事可乐的消凉解渴饮料，这就将自己与可口可乐和百事可乐区别开来，从而在软饮料市场中呈现出独具特色的品牌形象，获得了很好的市场反响。

▶ **案例**

元气森林定位于"0糖0卡0脂的气泡水"

元气森林是一家自主研发、自主设计的互联网创新型饮品公司，专注于为年轻一代提供健康、好喝的饮料。

在元气森林进入市场之前，碳酸饮料市场格局稳定，长期被可口可乐和百事可乐等巨头垄断。如果推出常规的碳酸饮料，必定会被"可乐双雄"轻松剿灭。元气森林抓住了新时代顾客追求健康的大趋势，推出了0糖0卡0脂的气泡水产品，开创了一个全新的品类，并且通过大规模传播，稳坐了品类第一的宝座。

目前，元气森林已经涵盖气泡水、茶饮、能量饮料、果汁等多个饮料品类，覆盖到全国超过30个省、自治区、直辖市，并出口到美国、新西兰、新加坡等多个国家。元气森林在追求口感的同时更注重健康、控糖、低热量的需求，以"0糖、0脂肪、0卡路里"等为主要卖点，同时提供多样化口味选择及采用高颜值日式包装设计，打造"爆款"。元气森林还发力媒体带货渠道、直播渠道、高颜值线下门店/快闪店、新型便利店，助力品牌出圈；在推广上，善用KOL（Key Opinion Leader，关键意见领袖）内容"种草"，以小红书为首发，并持续向多平台发力。

以往技术不发达时，古人运用煮沸来消灭水中的微生物与细菌，让水更适宜饮用，进入现代社会之后，凉的纯净水和凉的白开水在健康方面已经没有区别，但长久以来的饮用习惯仍是一个可以利用的"产品锚点"。2016年，今麦郎的"凉白开"进入市场，以"完全源自中国传统健康饮水文化、传承千年的饮用水品类"切入，打造差异化定位。这样一来，今麦郎就直接将竞争品牌划定为"生水"，而自己的凉白开则是健康中国人的"熟水"。

又如，"奥尼皂角洗发浸膏"定位发挥中草药的优势，打出"植物一派，重庆奥尼"的口号，告诉顾客洗发水有化学洗发水和植物洗发水之分，国外品牌走的是化学洗发水的路线，而奥尼是运用传统的中医理论，延续国人用中草药洗发的传统，从而获得了成功。

第五节　顾客导向的品牌定位

顾客导向的品牌定位方法是站在顾客层面，从群体特征、自我表现、情感和情境出发进行品牌定位，直接冲击顾客的购买神经。

顾客导向的品牌定位法有群体特征定位、自我表现定位、情感定位、情境定位等形式。

一、群体特征定位

群体特征定位是指瞄准特定消费人群进行品牌定位，针对目标消费群体的需求提供服务，从而获得目标消费群体的认可。明确指出品牌的消费对象，可以显示品牌的个性。

▶ 案例 ━━━━━━━━━━━━━━━━━━━━━━━━━━━━━━━━

星巴克的定位

星巴克从1971年西雅图的一间咖啡零售店，发展成为国际著名的咖啡连锁店品牌，创造了一个企业扩张的奇迹。星巴克这个名字来自麦尔维尔的小说 Moby Dick（中译名为《白鲸》）中一位处事极其冷静、极具性格魅力的大副。他的嗜好就是喝咖啡。麦尔维尔被海明威、福克纳等美国著名作家认为是美国最伟大的小说家之一，在美国和世界文学史上有很高的地位，但其读者并不算多，主要是受过良好教育、有较高文化品位的人士。星巴克咖啡的名称暗含其对顾客的定位——不是普通的大众，而是有一定社会地位、有较高收入、有一定生活情调的人群。

表面看来，星巴克只是把咖啡店装修了一下，它并没有改变咖啡。其实星巴克把什么都变了，它把喝咖啡这种西方饮食中最古老的事，用心重新设计了一遍：这一古老的行业，过去从来没有标准，现在不仅有了咖啡的标准，还有水的标准、温度的标准、奶的标准、杯子的标准，星巴克都重新设计过了，标准化了，甚至是咖啡机发出的声音，都成为制造气氛、产品服务的一部分。星巴克出售的不仅仅是优质的咖啡、完美的服务，现场精湛的钢琴演奏、欧美经典的音乐背景、流行时尚的报刊、精美的欧式饰品等配套设施元素，都力求给顾客营造高贵、时尚、浪漫和文化的氛围，使其体会到星巴克所宣扬的咖啡文化。

群体特征定位通过群体的归属感，把品牌与目标顾客结合起来，让顾客群体产生"我自己的品牌"的感觉。

▶ **案例** ━━━━━━━━━━━━━━━━━━━━━━━━━━━━━ ▬

"金葵花"钻石品牌的定位

招商银行 2009 年 4 月起正式推出"金葵花"钻石品牌，该品牌仅向金融资产超过 500 万元的钻石级顾客群体提供服务。与"金葵花"其他的顾客相比，这类顾客特点鲜明，有着独特的理财需求和投资习惯：首先，他们对资讯的需求高，希望理财经理更多地提供资讯和参考，自己来做判断和决策，注重亲身参与到理财过程中；其次，中国人"财不外露"的传统观念使他们注重服务过程的私密性，行为处事低调内敛；最后，在选择在哪家银行理财这个问题上，朋友的口碑推荐是重要的考虑因素之一。此外，在理性需求上，钻石级顾客看重资产的安全增值；在感性需求上，他们以独特智慧结合外来资讯主动创造自己的财富，需要的是不一样的投资理财和增值服务。

为此，在理财服务上，钻石级顾客由分行级产品经理和钻石贵宾理财经理进行专项服务，提供全面财富规划、资产组合方案定制、投资分析报告、投资组合检视、投资绩效报告等在内的全套投资顾问服务。钻石级顾客还可时时享受定向发行的钻石尊享理财产品。针对钻石级顾客对资讯需求较高的特点，招商银行为其搭建了专享的投研平台，并根据顾客的定制需求，通过各种信息平台为钻石级顾客提供高端资讯服务。

在服务空间上，钻石级顾客可实现畅通无阻的全国漫游服务，招商银行遍布全国的网点将为钻石级顾客提供优先服务。钻石财富管理中心的装修和设计理念充分体现了尊崇、私密等特点，只为钻石级顾客提供专项服务。招商银行还为"金葵花"钻石级顾客提供灵活专用的授信额度，钻石级顾客无须抵押和担保即可享受最高 100 万元的循环授信额度。此外，钻石贵宾服务专线由经验丰富、专业水平更高的专员提供包括银行咨询、交易、投资理财、商旅出行、预约及提醒等在内的全面服务。

在增值服务上，钻石级顾客除可享受全国机场贵宾登机、高尔夫练习场免费畅打等经典服务外，还可享受招商银行专为钻石级顾客着力打造的健康医疗服务。钻石级顾客及其亲属可以在遍布全国的定点医院享受专家门诊预约、全程导医及专家热线咨询等服务。

又如，太太口服液将客户群体定位为中年已婚女性，宣扬"太太口服液，十足女人味"；金利来的定位为"男人的世界"；海澜之家的定位为"男人的衣柜"。

▶ **案例** ━━━━━━━━━━━━━━━━━━━━━━━━━━━━━ ▬

马蜂窝的品牌定位

马蜂窝是一个旅游社区网站，创办者将网站命名为马蜂窝是希望人类能像蚂蚁、蜜蜂社会那样团结无私、相互协作与共同分享。马蜂窝的创办宗旨就是为所有旅游爱好者提供一个信息交流的平台。在马蜂窝，旅游爱好者可以交换资讯，交流攻略、美食、摄影作品，分享旅行中的喜悦和感动。马蜂窝网站上出现的文章并没有写手来撰写，每一条发起的话题都会出现在"我的马蜂窝"里，每一个成员都是马蜂窝的主人，马蜂窝的一切都由成员共同产生和决定。

马蜂窝的核心产品是旅游攻略，攻略中的信息和感受都来自真实旅行用户的反馈和评价。马蜂窝的旅游攻略覆盖了中国游客可能出行的全球90%以上的目的地，攻略内容涵盖了旅行中的吃、住、行等重要信息，还有旅行中的真实体验和评价。马蜂窝的优势在于其对旅游市场进行细分，专注于针对旅游攻略市场和追求个性化旅游需求的群体。由于定位准确，马蜂窝在同类网站中占据了领先地位。

二、自我表现定位

这种定位形式通过表现某种独特形象和内涵，让品牌成为表达个人价值观、审美情趣、自我个性、生活品位、心理期待的一种载体和媒介，使顾客获得一种自我满足和自我陶醉的快乐感觉。

现代社会顾客追求个性、展现自我的需要越来越强烈，因此赋予品牌相应的意义，让顾客在选购和享用品牌产品的过程中，能够充分展示自我，表达自己独特的个性，可以使品牌得到顾客的青睐。

例如，果汁"酷儿"的代言人大头娃娃，右手叉腰，左手拿着果汁饮料，小朋友看到这一形象就像看到了自己，因而"酷儿"果汁博得了小朋友的喜爱；浪莎袜业锲而不舍地宣扬"动人、高雅、时尚"的内涵，让顾客追求靓丽、妩媚、前卫的心理得到满足。

又如，动感地带"我的地盘，我做主"，贝克啤酒"喝贝克，听自己的"，佳得乐"我有我可以"等，都强调独立自主，不随大流的个性，从而赢得部分顾客的偏爱和忠诚。

维珍集团的经营天马行空，涵盖了生活的方方面面，但是所有产品和服务的目标市场群都锁定在了"不循规蹈矩的、反叛的年轻人"身上。维珍集团把握住现代人注重享受生活、体验生活、追求个性的心理，赢得了年轻市场的认同和信任，让他们成为维珍集团源源不断的财富源泉。

三、情感定位

情感定位是品牌将关怀、牵挂、思念、温暖、怀旧、爱等情感融入，使顾客在购买、使用过程中获得这些情感体验，从而唤起顾客内心深处的认同和共鸣，最终获得对品牌的喜爱和忠诚。

例如，浙江纳爱斯的雕牌洗衣粉借用"妈妈，我能帮您干活啦"的真情流露引起了顾客内心深处的震颤及强烈的情感共鸣；哈尔滨啤酒"岁月流转，情怀依旧"的内涵也让人勾起无限的岁月怀念。

情感定位可以让品牌成为人与人传递信息、交流情感的载体，还可以让品牌成为表达爱、感谢或者尊重的载体，如表达爱情、表达孝心、表达尊敬等。

例如，泰昌足浴盆的"为天下父母洗脚"，就是引导消费者用足浴盆表达孝心；戴比尔斯的"钻石恒久远，一颗永流传"，就是把钻石与爱情画上等号；哈根达斯的"爱她，就请她吃哈根达斯"，更是赤裸裸地将冰激凌与爱情挂钩。

▶ **案例** ▬

脑白金的定位

在中国，如果谁提到"今年过节不收礼"，许多人都能跟着说"收礼只收脑白金"，可见脑白金已经成为中国礼品市场的第一代表。

中国是礼仪之邦，有年节送礼，看望亲友、病人送礼，公关送礼，结婚送礼，年轻人给长辈送礼等种种送礼场合与情况，礼品市场何其浩大。"礼尚往来""来而不往非礼也"，是中国人内心深处面子情节的最直白的表达。

作为单一品种的保健品，脑白金以极短的时间迅速启动市场，并登上中国保健品行业"盟主"的宝座，引领我国保健品行业长达 5 年之久。脑白金的成功，关键在于其定位于庞大的礼品市场，第一个把自己明确定位为"礼品"——以礼品定位引领消费潮流。

四、情境定位

情境定位是将品牌与特定的环境、条件、场合下产品的使用情况相联系，从而引发顾客在该特定情境下对品牌产生联想。

如生活情调定位就是使顾客在产品使用过程中能体会到令人惬意的生活气氛、生活情调、生活滋味和生活感受，从而获得一种精神满足，使品牌更加生活化。美的空调的"原来生活可以更美的"就给人以舒适、惬意的生活感受。

▶ **案例** ▬

知乎的定位

知乎出现以前，我国互联网市场上主要有两类知识社区，两者各有侧重。一类是定位为"问答"的互联网问答平台，如百度知道等，社交属性较弱；另一类是定位为"社交"的互联网社区，如猫扑网、天涯社区、百度贴吧等，属于浅层次的线上交流社区。这两类产品的定位都是各有侧重，要么侧重于知识，要么侧重于社交。

知乎适时提出了自己的定位——高质量问答社区。"高质量"让知乎撇清了同类网站生产低端内容的形象，"问答"表现出了知乎的主要功能是提问和回答，"社区"赋予了知乎社交元素。整个定位暗示了顾客可在知乎上与高端人士进行交流，使知乎在开放注册后，吸引了大批用户的加入。知乎一直强调生产"高质量"的内容，并且严格审查注册用户的资质。无论是在用户发展上、内容质量上还是在主站产品设计上，知乎都坚持着差异化的策略，其主站设计加入多种社交元素。高质量的内容和社交元素的结合，使知乎树立起高端知识社交平台的形象，从而获得投资商和顾客的双重青睐，成为互联网行业的一只独角兽。

另外，面对不同的群体，知乎采取了不同的价格策略。对于个体用户，知乎采取的是完全免费的价格策略，他们可以在遵循知乎社区规定的前提下，自由、免费地提问、回答、分享内容。对于广告主群体，知乎采用的是收费策略，对其采取社区认证的方式授予企业知乎官方认证标识，并且为广告主群体提供了不同的商业广告位，广告主可通过支付费用进行广告传播。

知乎在发展用户方面主要采用了饥饿营销的用户发展策略，历经了 3 个阶段。第一阶段是培植关键意见领袖，通过"邀请注册＋认证制度"，吸引了小批用户入驻知乎，虽然数量不大，但是每个用户都拥有着巨大的号召力和影响力，是名副其实的意见领袖，如微软副总裁李开复、小米CEO雷军等，这些人为知乎背书，使大批用户对知乎充满好奇并寻找邀请码以便进入知乎。第二阶段是优质用户内推，即利用已有的用户在互联网圈子内寻找行业精英，采用现有用户向意向用户发送邀请码的方式，严格筛选注册用户。由于初期用户都是非常优质的，所以他们推荐的用户往往也是很优质的。在这样的用户拓展策略下，知乎的品牌基调向高端社区方向发展得很顺利，大量优质的用户群体使知乎在开放注册时，和其他知识社交平台有着明显的区别。第三阶段是开放注册，像开闸放水一样，一时间知乎的用户人群呈指数增长。

本章练习

一、判断题

1. 品牌定位的意义在于凸显了品牌的差异性，为顾客提供了一个明确的购买理由。（　　　）

2. 品牌只有成为某个品类的代表，才能在顾客心中占据一个位置。（　　　）

3. 通过顾客需求分析、顾客购买倾向分析、顾客购买动机分析等，可以使品牌定位与顾客产生共鸣。（　　　）

4. 产品不同档次的定位会带给顾客不同的心理感受和体验，因而也可以从档次入手对品牌加以定位。（　　　）

5. 另类定位就是与某些知名而又司空见惯的品牌做出明显的区别，或将自己的产品定位为与众不同的"另类"，这种定位也可称为与竞争者划清界限的定位。（　　　）

二、选择题

1. 品牌定位的原则是（　　　）。
    A. 符合产品特点原则　　　　　　　　B. 涵盖产品线原则
    C. 创造品牌差异原则　　　　　　　　D. 暗示功能属性原则

2. 品牌差异化优势可以来源于（　　　）。
    A. 质量　　　　B. 美观　　　　C. 方便　　　　D. 服务

3. 产品导向的品牌定位方法主要有（　　　）。
    A. 功效定位　　　　B. 质量定位　　　　C. 价格定位　　　　D. 档次定位

4. 竞争导向的品牌定位方法有（　　　）。
    A. 首席定位　　　　B. 比附定位　　　　C. 对峙定位　　　　D. 另类定位

5. 顾客导向的品牌定位方法有（　　　）。
    A. 群体特征定位　　B. 自我表现定位　　C. 情感定位　　　　D. 情境定位

三、填空题

1. 所谓定位，就是令你的企业和产品与众不同，形成核心竞争力，对受众而言，即鲜明地_____。

2. 品牌定位就是让品牌在顾客的_____中占据最有利的位置，使品牌成为某个类别或某种特性的代表品牌，从而使该品牌占有强有力的市场地位。

3. 品牌定位的方法有：产品导向的品牌定位、_____、_____。

4. _____ 是将品牌与特定的环境、条件、场合下产品的使用情况相联系，从而引发顾客在该特定情境下对品牌产生联想。

5. _____ 通过表现某种独特形象和内涵，让品牌成为表达个人价值观、审美情趣、自我个性、生活品位、心理期待的一种载体和媒介，使顾客获得一种自我满足和自我陶醉的快乐感觉。

四、思考题

1. 什么是品牌定位？品牌定位有哪些步骤？
2. 品牌定位有哪些原则？品牌定位有哪些方法？
3. 产品导向的品牌定位法包括哪几种形式？
4. 竞争导向的品牌定位法包括哪几种形式？
5. 顾客导向的品牌定位法包括哪几种形式？

本章实训

一、实训内容

分析某品牌的定位方法及形式。

二、实训组织

1. 将全班分为 12 个小组，各组对应完成 1 ～ 2 个实训。

2. 小组内部充分讨论，认真分析研究，并且制作一份 3 ～ 5 分钟能够演示完毕的 PPT 文件在课堂上进行汇报。

3. 教师对每组的分析报告和课堂讨论情况即时进行点评和总结。

第四章
品牌架构管理

【学习目标】
➤ 了解单一品牌架构
➤ 熟悉多品牌架构

> **引例：宝洁公司的多品牌架构**
>
> 采用多品牌架构的代表非宝洁公司莫属了。宝洁公司的原则是：如果某一个种类的市场还有空间，最好那些也属于宝洁公司的品牌。
>
> 为满足不同目标市场上顾客的不同需求，宝洁公司从洗发水的功能出发，在市场上推出了不同功能和不同品牌的洗发水，多个品牌沿着各自的路径走入市场，供顾客"各取所需"，共同提高了宝洁公司的市场占有率。
>
> 举例来说，在美国市场上，宝洁公司有8种洗衣粉品牌、6种肥皂品牌、4种洗发水品牌和3种牙膏品牌，每种品牌的特征描述都不一样。以洗发水为例："飘柔"以柔顺为特长；"潘婷"以全面营养吸引公众；"海飞丝"则具有良好的去屑功效；"沙宣"强调的是亮泽。
>
> 宝洁公司的多品牌架构让它拥有极高的市场占有率。不同的顾客在洗发水的货架上可以自由选择，然而都没有脱离开宝洁公司的产品。如果仅以其中的某一品牌开拓市场，很难取得如此效益。当然，宝洁公司为此付出了高昂的市场成本和管理成本。我们不能不说，宝洁公司是成功的，其旗下有约300个品牌，在品牌架构中创造了一个奇迹。
>
> 【思考】多品牌架构给宝洁公司带来了什么样的好处？

品牌架构指一个企业是采用单一品牌还是多个品牌，以及相互之间的关系是怎么样的。一般来说，品牌架构主要包括单一品牌架构、多品牌架构等。

第一节 单一品牌架构

单一品牌架构是比较常见的品牌架构。

一、单一品牌架构的概念

单一品牌又称统一品牌或同一品牌，单一品牌架构指企业所有的产品都共用一个品牌，共用一个品牌名称、品牌标志。

例如，宝马、三菱、雀巢、李宁、索尼和飞利浦等世界著名企业都采用单一品牌架构。雀巢公司生产的3 000多种产品（包括食品、饮料、药品、化妆品等）都冠以雀巢这一品牌。李宁公司生产的产品包括服装、运动器材等也都用的是李宁这个品牌。

维珍公司也采用单一品牌架构覆盖了所有的经营领域——从唱片到传媒，从化妆品到饮料，从服饰到铁路，从航空到财经，从婚纱到电信，从博彩到火箭等。

二、单一品牌架构的优点

单一品牌架构主要有以下优点。

（一）有利于提升品牌的知名度

不同的产品使用同一品牌，不同的产品针对的可能是不同的目标群体，而不同的目标群体接触到的只有企业的同一个品牌，这有利于提升品牌的知名度，并且能集中体现企业的意志，也有利于增加品牌的核心价值。

（二）有利于节省广告等促销费用

只要对一个品牌通过做广告等进行促销就意味着对该企业的所有产品都进行了促销，可见，单一品牌架构能节省广告等促销费用。

（三）有利于新产品进入市场

新产品最初进入市场时，顾客对其比较陌生，一般不愿主动购买。如果新产品冠以具有一定市场地位的老品牌则可以迅速消除顾客对新产品的不信任感，无须过多推广便会让顾客关注，甚至购买。

（四）有利于降低品牌管理的难度与成本

采用单一品牌架构使企业只有一个品牌，因此品牌管理的难度与成本大大降低，企业不需要在各品牌之间进行协调，企业的资源也不会分散使用。

（五）有利于获得规模效应

企业集中所有的资源，包括人力、物力、财力于一个品牌，所有的产品均用同一个品牌，可以获得规模效应，节省企业的费用，也有利于提升竞争优势和品牌形象。

例如，海尔采用的就是单一品牌架构，海尔的产品从冰箱发展到拥有白色家电、黑色家电、米色家电在内的 96 大门类 15 000 多个规格的产品群，并出口到世界 1 000 多个国家和地区，使用的全部是单一的海尔品牌，现在已经成功地树立了海尔这一知名品牌形象。一个成功的海尔品牌，使海尔的上万种产品都成为名牌产品，单一品牌架构的优势尽显其中。

三、单一品牌架构的缺点

单一品牌架构主要有以下缺点。

（一）可能"一损俱损"

如果品牌下的某一产品出现问题，那么就很可能会牵涉、波及品牌覆盖下的所有产品。

（二）可能混淆品牌形象

单一品牌架构可能使顾客不易区分同一品牌的不同产品的特点，如果同一品牌下的产品差别较大，就会混淆品牌形象。例如，企业原来生产的是高档或低档产品，若利用原来的品牌推出低档或高档产品，就会混淆品牌形象，给品牌带来不良影响。

例如，凯迪拉克是通用汽车公司的主打品牌，该公司曾于 20 世纪 80 年代推出了经济型的凯迪拉克车，结果使人们对凯迪拉克作为豪华车品牌的地位产生动摇——既然花雪佛兰的价钱就可买到凯迪拉克，不就说明凯迪拉克不值钱了吗？

（三）可能不利于扩大市场份额

单一品牌架构往往不能很好地满足顾客多元化、多层次的需要，如果企业仅仅推出单一品牌，那么它的市场份额终有遇到天花板的那一天，因为单一品牌的市场规模毕竟有限，可能不利于企业占领更广阔的市场。

第二节 多品牌架构

企业实施多品牌的目的是用不同的品牌去抢占不同的细分市场，占领竞争者的市场。

一、多品牌架构的概念

所谓多品牌架构，是指企业赋予不同细分市场的产品以不同的品牌，从而区分企业不同的产品或服务，并且可以为每一个品牌营造独立的发展空间。

多品牌架构包括"一品多牌"和"多品多牌"两种情况。"一品多牌"是指同一或同类产品使用多个品牌，"多品多牌"是指多种不同产品使用多个不同品牌。

例如，可口可乐就有可口可乐、雪碧、芬达、醒目、美汁源、冰露、Costa 等。

阿里巴巴旗下拥有淘宝、天猫、支付宝、菜鸟物流等；海底捞旗下拥有海底捞、蜀海、颐海、蜀韵东方、海海等品牌；欧莱雅集团旗下拥有美宝莲、卡尼尔、兰蔻、碧欧泉、植村秀、卡诗、薇姿等品牌。

又如，联华超市将大型、中型和小型超市分别设立了不同的品牌，大型超市称为世纪联华，中型超市称为联华超市，小型便利店称为快客。

北京现代汽车拥有雅绅特、伊兰特、索纳塔、御翔、途胜等品牌，各品牌占据一个市场要隘，同时相辅相成；丰田汽车拥有皇冠、凯美瑞、花冠、锐志、卡罗拉等多个不同层次的品牌；宝马集团拥有宝马、MINI 和劳斯莱斯 3 个品牌，这些品牌占据从小型车到顶级豪华轿车各个细分市场。

二、多品牌架构的优点

多品牌架构的优点如下。

（一）满足不同细分市场的需求

首先，多品牌能够在每一个细分市场建立清晰的品牌形象，突出各自的产品特性，满足不同层次、不同需要的顾客的需求，有利于企业获得更多的市场份额。

例如，大众汽车也采用多品牌架构的策略，即从低端品牌斯柯达、西亚特，到大众品牌本身，再到奥迪，最后是高端品牌宾利等，以满足不同细分市场的需要。

日本的丰田汽车品牌在进入美国的高档轿车市场时，并没有继续使用业已成熟的TOYOTA 这一品牌，而是另外创建了一个完全崭新、独立的汽车品牌 LEXUS，从而为LEXUS 在品质和价格上成为可以与奔驰、宝马相竞争的高档轿车品牌打开了局面。

欧洲顶尖酒店集团雅高（Accor）也是采用多品牌架构而取得成功的。它旗下的品牌按价格从高到低分别有奢侈型品牌索菲特、豪华型品牌铂尔曼、高端型品牌美爵、中端型品牌诺富特和美居、经济型品牌宜必思。

由于渠道之间彼此是有冲突的，将不同品牌分配到不同渠道销售，有助于使品牌最大限度地满足不同细分市场的需求。为此，欧莱雅公司针对高档精品商店和百货商场的品牌有兰蔻、碧欧泉和植村秀等；针对大众渠道的品牌有巴黎欧莱雅、卡尼尔和美宝莲等；针对药房的品牌有理肤泉、薇姿等；针对专业发廊渠道的品牌有巴黎欧莱雅专业系列、美奇丝（Matrix）、巴黎卡诗（Kerastase）等；自身拥有专卖店的品牌有契尔氏和美体小铺（Body Shop）。

（二）有利于扩大市场份额

俗话说"恶虎斗不过群狼"，相较于单一品牌，多品牌有利于扩大市场覆盖范围，提高产品的市场占有率，因为任何单一品牌都无法独自覆盖整个市场。

多品牌架构最大的优势便是通过给每一个品牌进行准确定位，有效地占领各个细分市场。各品牌之间看似竞争，但实际上很可能壮大了整体的竞争实力，几个品牌加起来的总销量往往比原来单一品牌时更多，增加了市场的总体占有率。

例如，通用汽车公司根据人们的高、中、低档不同需求，分别创建了凯迪拉克、别克、雪佛兰等品牌，从而在美国市场上曾经占到50%以上的市场份额。

安踏集团旗下拥有安踏、安踏Kids、FILA、FILAKids、DESCENTE、SPRANDI、KOLON SPORT、KINGKOW、NBA等品牌，基本形成了多元化、梯度化的品牌矩阵。安踏通过多品牌的产品组合覆盖从高端到大众、成人到儿童、专业到时尚的各类体育用品细分市场，以满足各类顾客的运动鞋服用品需求，从而扩大了市场份额。

美国宝洁公司进入中国市场后，在10多年的时间中推出了7大类17个品牌的产品，其中仅洗发水就开发了海飞丝、飘柔、潘婷等品牌，另外，还开发出汰渍、舒肤佳、玉兰油等品牌，都受到了市场的欢迎。

（三）树立起实力雄厚的形象

一个企业若拥有几个品牌可使企业在顾客心目中树立起实力雄厚的形象。

例如，达利集团就是使用旗下的3大品牌达利园、可比克、好吃点分别针对休闲食品中派、薯片和糕饼3个不同品类的细分市场。这3个品牌在原料采购、生产工艺、制作流程、渠道终端，甚至品牌推广促销套路上都大同小异，因此能够最大限度地发挥各品牌之间的协同效应。此外，在产品销售上，达利集团对不同的品牌进行捆绑销售，从而节省了渠道开发成本，提高了现有渠道利用和运营效率。在终端货架上，同时陈列达利旗下不同品牌的产品，可以使达利占据更多的货架位置，有利于提高达利产品的销量，同时也在顾客心目中树立起企业实力强大的形象。

（四）有利于降低经营风险

多品牌架构"不把鸡蛋放在同一个篮子里"，可使各品牌之间互相独立，分散风险，即使某个品牌出现问题了，也可以避免殃及其他品牌。

采用单一品牌架构策略时，如果在企业所生产的众多产品中，某一个产品出现了问题，则立即会殃及全体，整个企业都会蒙受惨重的损失。

三、多品牌架构的缺点

多品牌架构的缺点如下。

（一）相关成本及费用大

多品牌架构需要对每个品牌进行独立设计、独立注册、独立定位、独立传播、独立保护、独立管理等，大大增加了成本。

（二）不同品牌之间可能存在相互竞争

多品牌架构下，同一个企业各品牌之间的权责边界常常很难确定，容易造成品牌之间的相互竞争，而不愿意进行更多的资源共享。不同品牌的管理团队相互之间可能会为争取更多的支持而争夺企业的资源，容易造成内耗。在市场上，面对同一消费群体的不同品牌，狭路相逢，为争夺市场常常会互相残杀。

（三）管理难度较高

多品牌架构需要企业同时管理、协调各个品牌，虽然一定程度的相互竞争也是有利的，但是显然增加了管理难度，对比单一品牌架构，多品牌架构的管理难度要高得多。

（四）不利于树立统一的企业形象

如果企业的品牌较多，各个品牌在形象上有很大差异，出现不同风格，就很难形成统一的企业形象，也容易使顾客产生混淆，模糊企业在某一领域的核心价值。

知识拓展

品牌数量管理

一个企业需要多少个品牌首先取决于它要满足多少个差异性的细分市场。

品牌增量管理是指企业为了区别新市场或进入新市场，通过一定的途径增加品牌数量，使之提高多品牌的效益和效率的过程。当一个企业的品牌成员已经多到超出其管理能力及影响企业资源利用、绩效产出时，适当的减量管理就势在必行。

例如，联合利华1999年前有1 600个品牌，大大地分散了投资的资源。后来，该企业开展"瘦身运动"，集中60亿元，全力打造400个优势品牌。

总之，品牌的增量管理着眼于企业如何利用市场机会的问题，而减量管理则着眼于如何提高盈利效率和资源利用效率的问题。无论是增还是减都着眼于企业整体资源的利用和竞争能力的提高。

四、多品牌架构的实施条件

多品牌架构的实施条件如下。

（一）企业的实力要雄厚

在市场竞争日益激烈的今天，推出一个新品牌的投入大、周期长，风险也较高。只有财力雄厚且品牌管理经验十分丰富的企业才比较适合选择多品牌架构，普通的企业是很难担负得起如此巨大的投资与风险的。若不顾自身实力盲目采用多品牌架构，还会由于企业资源的过度分散丧失其原有的优势。

（二）目标顾客需求差异大

顾客需求的差异化是实施多品牌架构的基础，需求差异必须达到一定的程度，才能实施多品牌架构。譬如，顾客对汽车有高档、中档、低档、商务、家用等不同需求，相互之间的差别足够大，这才构成了汽车企业采用多品牌策略的基础。

多品牌架构一般适用于企业同时生产、经营两种或两种以上不同品类，甚至性质截然不同的产品，也适用于企业同品类的产品在质量、性能上存在较大差异的情况。

（三）细分市场容量要足够大

多品牌架构是建立在市场细分、满足目标顾客特定需要基础上的，因此，只有多个目标细分市场的规模足够大，才有必要采用多品牌架构。如果细分市场容量过小，不足以支持多品牌的生存与发展，就没有必要应用多品牌架构。

（四）品牌间具有明显的差异

企业引入多品牌架构的最终目的是用不同的品牌去占领不同的细分市场，协同对外夺取更多的市场份额。如果品牌之间没有明显的差异，又不能发挥防御、打击竞争者的作用，就等于自己打自己，浪费企业资源。

▶ **案例**

斯沃琪公司的多品牌架构

欧米茄（OMEGA）、雷达（RADE）、浪琴（Longines）、斯沃琪（Swatch）、天梭（Tissot）等都是全球最具规模的制表集团斯沃琪（Swatch，在 2000 年之前叫 SMH 公司）旗下的手表品牌。

斯沃琪旗下的不同品牌风格迥异，每个品牌都拥有其独特的一面。例如，欧米茄代表着一种成功人士或名人尊贵的选择，雷达则是高科技的象征，斯沃琪是前卫和时髦、潮流人士的首选。顾客易于根据自己的身份、职业、收入、社会地位的需要做出购买选择。

欧米茄精心挑选了一些国际性和地区性的名人作为形象大使，如超级名模辛迪·克劳馥、莱·麦克弗森、好莱坞国际影星皮尔斯·布鲁斯南、世界一级方程式冠军车手迈克尔·舒马赫、高尔夫杰出人物思尼·艾斯等。欧米茄的彩页杂志广告均印有一幅体现欧米茄大使非凡个性和时尚风采的照片及一句品牌口号"欧米茄——我的选择（OMEGA——My Choice）"。对顾客而言，人人都渴望成功，自然对那么多名人也佩戴的欧米茄表产生共鸣和购买欲，以此寻找成功人士的感觉。

雷达的广告从不会有什么明星出现，卖点和推广完全表现在高科技制表工艺和材料上，如"表面为硬度仅次于钻石的蓝宝石水晶，紧贴手腕""配合晶莹光洁的表盘，高贵典雅""白色表带由高科技陶瓷材料制成，坚硬耐磨、永不褪色"。

据悉，斯沃琪公司在今后的发展过程中，在旗下品牌不会有很大冲突的情况下，会再收购开发一些品牌，以满足更多顾客的需求。

本章练习

一、判断题

1. 采用单一品牌架构，可以大大降低品牌管理的难度与成本，企业的资源也不会分散使用。（　　）

2. 单一品牌架构有利于提升品牌的知名度，并且能集中体现企业的意志，也容易增强品牌的核心价值。（　　）

3. 多品牌架构容易造成品牌之间的相互竞争，往往使各品牌间不愿意进行更多的资源共享。（　　）

4. 多品牌有利于扩大市场覆盖范围，提高产品的市场占有率。（　　）

5. 一个企业需要多少个品牌首先取决于它要满足多少个差异性的细分市场。（　　）

二、选择题

1. 单一品牌架构主要有（　　）优点。
    A. 增强品牌的知名度
    B. 节省广告等促销费用
    C. 有利于新产品进入市场
    D. 有利于获得规模效应
2. 单一品牌架构主要有（　　）缺点。
    A. "一损俱损"
    B. 混淆品牌形象
    C. 不利于扩大市场份额
    D. 不利于树立统一的企业形象
3. 多品牌架构的优点是（　　）。
    A. 满足不同细分市场的需求
    B. 有利于扩大市场份额
    C. 树立起实力雄厚的形象
    D. 有利于降低经营风险
4. 多品牌架构的缺点是（　　）。
    A. 相关成本及费用大
    B. 不同品牌之间可能存在相互竞争
    C. 管理难度较高
    D. 不利于树立统一的企业形象
5. 多品牌架构的实施条件是（　　）。
    A. 企业的实力要雄厚
    B. 目标消费群体的需求差异大
    C. 细分市场容量要足够大
    D. 品牌间具有明显的差异

三、填空题

1. _____指一个企业是采用单一品牌还是多个品牌以及相互之间的关系是怎么样的。
2. _____可能使顾客不易区分同一品牌的不同产品，如果同一品牌下的产品差别较大，就会混淆品牌形象。
3. _____架构能够在每一个细分市场建立清晰的品牌形象，突出各自的产品特性，满足不同层次、不同需要的顾客的需求，有利于企业获得更多的市场份额。
4. _____架构最大的优势便是通过给每一个品牌进行准确定位，从而有效地占领各个细分市场。
5. 一个企业需要多少个品牌首先取决于它要满足多少个_____的细分市场。

四、思考题

1. 什么是单一品牌架构？
2. 单一品牌架构的优点与缺点分别是什么？
3. 什么是多品牌架构？
4. 多品牌架构的优点与缺点分别是什么？
5. 多品牌架构的实施条件是什么？

本章实训

一、实训内容

分享某个品牌所采用的品牌架构。

二、实训组织

1. 将全班分为 12 个小组，各组对应完成 1～2 个实训。
2. 小组内部充分讨论，认真分析研究，并且制作一份 3～5 分钟能够演示完毕的 PPT 文件在课堂上进行汇报。
3. 教师对每组的分析报告和课堂讨论情况即时进行点评和总结。

第五章
品牌标识管理

【学习目标】
➤ 熟悉品牌命名
➤ 理解品牌标志
➤ 了解品牌口号与品牌音乐

📖 **引例："老凤祥"的命名**

创建于清道光二十八年（1848年）的老凤祥银楼，有着悠久的历史文化，是中国首饰业的世纪品牌。伴随着沧桑的巨变，历经了百年风雨的洗礼，老凤祥以丰富的经验和青春般的活力打造了一条"传承经典、创新时尚"的品牌之路。

关于"老凤祥"3个字的来历，据曾在老凤祥银楼从业的业主后裔费诚昌先生说，银楼招牌犹如人的脸面，要给人一种良好的印象，因此给它"画脸"是颇费心思的。"老凤祥"3个字包含两层意义："老"表示资历深厚，足以让人信赖；"凤祥"则是女性至美的象征，并寓示它给人们带来吉祥如意。老凤祥银楼金灿灿的中国凤及配字的标志，正是象形标志及寓意性标志的相互结合，很好地诠释了百年珠宝老店的品牌形象。

老凤祥依托原有银楼的黄金饰品发展老凤祥各类珠宝首饰品牌，这一营销举措即为典型的品牌延伸，它不仅给老凤祥在首饰及旅游纪念品行业开辟了新的市场，同时也增加了原有珠宝品牌的知名度。

如今，老凤祥已先后荣登"中国驰名商标""中国商业名牌""中国名牌""中国500强最具价值品牌""亚洲品牌500强"和"全球珠宝100强"等排行榜。老凤祥的成功让我们看到了品牌名称与品牌标志对于一个企业的重要性，也让我们更有动力去探究品牌发展决策。

【思考】 "老凤祥"的命名有哪些成功之处？

品牌标识是指品牌中容易让顾客感官认知的部分，包括品牌名称、品牌标志、品牌口号、品牌音乐等。

品牌标识是品牌的外在表现形式，是品牌传播的基本内容，顾客与品牌的第一次亲密接触就是品牌标识。

品牌标识管理就是为品牌设计合适的品牌名称、品牌标志、品牌口号、品牌音乐等，既要容易识别，又要突出特色，还要易于传播，此外，还要能够对品牌进行完美的诠释。

第一节　品牌名称

品牌名称像人的名字一样，是指品牌中可以读出的部分——词语、字母、数字或是它们的组合，如可口可乐、IBM、7-11、雪碧等。

一、品牌名称的作用

首先，一个好的品牌名称容易在顾客心中留下深刻的印象。品牌名称是品牌的第一要素，在品牌要素中处于中心地位。人们认识一个品牌往往是从它的名称开始的，要打造一个成功的品牌首先要给品牌确定一个好的品牌名称。

其次，好的品牌名称本身就是一句最简短、最直接的广告语，能够迅速而有效地表达品牌的中心内涵和关键联想，有助于品牌形象的塑造与传播，打开市场销路。

最后，朗朗上口、寓意美好的品牌名称易被顾客记忆、识别。

可以说，定一个好名称是品牌迈向成功的第一步。

二、品牌命名的思路

一个好的品牌名称必须同时包括描述性含义和说服性含义。

描述性含义可以反映一个产品的类别、使用者、产地等信息。这样一来，当看到某品牌的时候，顾客很容易联想到其所在的产品类别，如奔驰反映出汽车的特点、飘柔反映出洗发水的特点等。

说服性含义反映该品牌和产品给消费者带来的利益，如奔驰反映出汽车开起来的轻松惬意感，飘柔反映出头发的柔顺飘逸，红牛反映出喝了该饮料后所表现出的充沛活力，百事可乐的品牌名称让人想到"万事顺意"的祝福。

不具有描述性和说服性含义的品牌名称将要花费更多的传播费用才能使顾客对品牌形成一定的认知和记忆度，并且，可能会导致品牌失败。

例如，可口可乐在中国最早的译名为"口渴口蜡""蝌蚪嚼蜡"，这使产品无人问津；日本丰田越野车 PRADO 最初被译为"霸道"，结果引起了很多中国人的不满，后来改名为"普拉多"，避免了名称的负面含义；金利来（Goldlion）以前的名称是直译的"金狮"，广东话发音就像"尽输"，自然不能博得人们的喜爱。

三、品牌命名的原则

为了能更好地提升品牌知名度与影响力，丰富品牌内涵，企业应尽力为品牌确定一个恰当的名称。

品牌命名不仅要考虑到产品属性、行业历史、品牌定位、品牌联想，而且要考虑到目标市场的文化环境、价值观、风俗习惯与信仰、法律、政治环境与民族情结等因素。

一般来说，品牌命名要遵循：受法律保护原则，易于发音、记忆原则，新颖独特原则，暗示功能属性原则，启发联想原则，通用原则，自由延伸原则等。

（一）受法律保护原则

品牌名称受到法律保护是品牌被保护的根本，因此品牌的命名要考虑该品牌名称是否侵权、能不能注册成功。再好的名称，如果不能注册，就得不到法律的保护。所以，策划人员要查询是否已有相同或相近的品牌名称，如果有，则必须重新命名。

此外，要注意品牌名称的保护，防止"山寨""盗版"等情况的出现。即使商标进行了注册，但竞争者有可能会选择"搭便车"，对企业品牌的名称、标志等进行模仿。因此，企业需要尽可能多地注册相关的品牌名称，以降低被竞争者模仿的可能。

例如，马云担心阿里巴巴被"山寨"，无奈注册了"阿里家族"，包括十几个类似商标，如"阿里妈妈""阿里爸爸""阿里姐姐""阿里奶奶"等，基本上把整个"阿里家族"都给注册了。

（二）易于发音、记忆原则

品牌名称应易于发音、易于记忆。因为一个强势的品牌应该是一个能够让人产生丰富联想的品牌，如果顾客连品牌名称都记不住，那么又何来联想？

心理学研究表明，人的注意力、记忆力难以容纳 5 个以上的要素，音节简单、发音响亮、声调起伏的名称才容易上口，让顾客记忆深刻、经久难忘。一个好的品牌应该是能够在低传播投入的前提下，让人过目不忘、"过耳不忘"。

▶ **案例**

"娃哈哈"的命名

"娃哈哈"3个字中的元音 a 是小朋友最早发出的音，极易模仿，且发音响亮，音韵和谐，容易记忆，因而容易被小朋友接受。从字面上看，"哈哈"被各种肤色的人用于表达欢笑喜悦之情。此外，"娃哈哈"这一名称取自耳熟能详的著名传统儿歌，同名儿歌以其特有的欢乐、明快的音调和浓烈的民族色彩，唱遍了长城内外、大江南北，把这样一首广为流传的民族歌曲与品牌联系起来，可以很好地提高它的知名度。为了防止被侵权，娃哈哈注册了"娃娃哈""哈哈娃""哈娃娃"等诸多类似商标。

为了让顾客轻而易举地识别品牌，并且使品牌能够在市场上广为流传，品牌名称要尽量减少生僻字的使用及可能存在的多音字情况，避免带来记忆和传播上的困难，影响品牌传播。

简单的名称比较容易编码和储存，能够起到促进记忆的功效，如平安保险、王府井百货等。有些公司还干脆运用缩写塑造简洁的名称，如 AIG、IBM、SONY 等。

通常，品牌名称使用的字数越少，越易记忆、识别和传播。

1 个字当然简明，但表达的含义有限，所以很少见。

2 个字的品牌较多，如百威、耐克、宝马、依云、微软、绿箭、浪琴、奔驰、索尼、三星、松下、飘柔、汰渍、波音、宝洁、德芙等。

3 个字的品牌最多，如星巴克、欧米伽、赛百味、士力架、巧乐兹、沃尔玛、万宝路、万事达、西铁城、英特尔、优衣库、香奈儿、范思哲、梦特娇、爱马仕、切瑞蒂、巴宝莉、纪梵希、麦当劳、肯德基、杜蕾斯、嘉士伯、法拉利、海飞丝、飞利浦、米其林、诺基亚等。

4 个字的品牌也不少，如可口可乐、劳斯莱斯、盒马鲜生、阿迪达斯、中国石油、通用电气、凯迪拉克、哈根达斯、路易威登、环球影业等。

5 个字及以上的品牌比较少，如阿斯顿马丁、施华洛世奇、哈雷戴维森等。

另外，品牌起名时还可以借助许多公众知名资源，便于记忆、传播和推广。例如，"天堂伞"名称借助了产地杭州"人间天堂"的知名度和美誉度；红豆集团的品牌名称及品牌标识都让人想到王维的诗《相思》；全球最大的中文搜索引擎百度的品牌命名源于南宋词人辛弃疾的一句"众里寻他千百度"。

（三）新颖独特原则

既新颖又独特也是品牌命名的重要原则，它能使品牌别具一格、与众不同，从而受到更多的关注和传播。

例如，网络名人罗永浩（老罗）将其推出的手机命名为"锤子"，此外，雅虎、搜狐、搜狗等也都是新颖、独特的好名称。当然，使用业界不太熟悉的词语也有助于增强名称的新颖独特性，如麦当劳、摩根等。

▶ **案例**

像白米饭一样不可缺少

雷军接受采访时这样说：小米公司取名，是因为我们一个合伙人的太太说，你们能不能取白米饭这样的名字？说这样的名字，每天都见，喜闻乐见，公司才有机会。公司要像白米饭，要像空气和水一样……我们原来计划叫大米公司，后来改叫小米了。我们把红米、黑米、蓝米、紫米挨个数了一遍，并且每个我们都去查了域名、商标，这是一个很复杂的过程，最后我们选了小米。为什么在众多"米"里，最终选了小米呢？因为小米还蕴含着"小米加步枪"、再次出征的意思。小米虽小，却蕴含着很多不同凡响的东西。

（四）暗示功能属性原则

品牌名称应与产品的功能、特点及优点相吻合、相协调。

例如，"联邦快递"巧妙地将品牌名称与产品属性联系起来；海尔"小神童"传神地表达了这款洗衣机的特点——计算机控制、全自动、智慧型、适合小家庭。

🔍 **知识拓展**

餐馆的取名

取个好念、好听、好记又令人感觉美味的店名往往是餐馆生意兴隆的第一步。如果顾客以年轻人为主，店名就要时髦一点。如果顾客以中老年人为主，而且卖的是乡土食品，那么可以取一个充满乡土气息的店名。

台湾餐饮业有不少光怪陆离的店名，这些店名至少有3个优点：一是鲜明地点出该店的特色，如"横行霸道螃蟹屋""蒸的不要炒""老婆的菜"等；二是显示正宗，让顾客放心，如"木瓜牛奶大王""老地方鲨鱼大王""馄饨大王"等；三是用怀旧色彩来吸引老年目标市场，如"太白遗风""颐养天年""槟榔""水浒传饭店""浣溪茶室"等，这些餐饮店已经成为台湾众多老年人重温乡土逸趣和叙旧之境。

又如，肯德基是世界最大的炸鸡快餐连锁企业，其标识 KFC 是英文 Kentucky Fried Chicken 的首字母缩写，它已在全球范围内成为有口皆碑的著名品牌。

宝洁公司的品牌命名

宝洁拥有众多子品牌，其品牌名称几乎个个都好听又朗朗上口。

"飘柔"意味着这款洗发水产品的功效不是简单地清洗干净头发，而是可以让你的秀发更飘逸、更柔顺，如将其外文名 Rejoice 根据字面意思翻译成"欢乐"或"欢庆"的话，就不会有这么好的效果。现在飘柔的广告诉求递进了一步："就是这样自信！"

"潘婷"这个名字让人似乎看到一位温婉柔美、涵养高、品位高的女子披着一头乌黑的秀发。

"帮宝适"，顾名思义，这是一款能够帮助宝宝获得舒适感受的产品；护舒宝则告诉你，它会把你当宝贝一样精心护理，让女性舒服地度过生理期；"舒肤佳"表达了这款皂类产品绝不会让你的皮肤有干涩的感受，而是使皮肤又"舒"又"佳"。

同样是宝洁公司的洗衣粉品牌，定位于中高端的就叫作"碧浪"，定位于普通的就叫作"汰渍"。"碧"既是一种颜色也有清洁意蕴，"浪"是漂洗衣服时旋转引起的小浪花，整个品牌名称非常富有意境。而汰渍则直接反映了"淘汰污渍"的基本功能，即淘汰掉衣服上的油渍、污渍、顽渍。

（五）启发联想原则

正如人的名字普遍带有某种寓意一样，品牌名称也应包含与产品相关的寓意，能让顾客从中得到对有关产品的认知，进而产生对品牌的愉快联想，这种联想应该是积极的，与品牌的核心价值相一致，否则就会适得其反，引起顾客的反感，使顾客拒绝购买。

例如，"香格里拉"能代表神秘优雅的世外桃源；汽车品牌"奔驰"这一名称既能够体现汽车的特点又能引导顾客联想到驾车体验。

又如，为了更好地适应国际市场，联想启用英文标志 Lenovo。其中，Le 取自原先的 Legend，承继"传奇"之意；novo 则代表创新，整个名称的寓意为"创新的联想"。

再如，家电品牌"海信"的名称源于"海纳百川""信诚无限"两个成语，海信的英文商标"Hisense"由"High"与"Sense"组合而成，代表了"高品位""高享受"和"高科技"的含义。

Coca Cola 中文品牌的命名

1920 年，美国的 Coca Cola 开始进入中国市场，根据它的发音，当时译出的汉语名称为"口渴口蜡"，这蹩脚的英译汉既让人不知所云，作为饮品又令人感觉无法入口。1979 年，Coca Cola 重返中国时，改用"可口可乐"这个名称并且一炮打响。时至今日，"可口可乐"在中国可谓家喻户晓、妇孺皆知。

如今，可口可乐在中国市场的表现充分证明了这一品牌名称的命名是非常成功的。首先，"可口可乐"这一品牌名称简单、明白地传达了饮料的功效，体现了愉悦顾客心理的品牌内涵。其次，"可口可乐"这一品牌名称符合中国文化音义双佳的审美价值、双声叠韵，凸显了汉字文化的魅力，是成功品牌命名的典范。

例如，罗永浩的创业经历吸引了很多受众，他在微博上也经常与网友交流，其幽默风趣的形象早已深入人心。"交个朋友"这一直播间名称与其个人形象相得益彰。与其他直播间紧张、急促的直播氛围不一样的是，"交个朋友"直播间充满着轻松、不紧不慢的氛围。

（六）通用原则

不同国家或地区的顾客因在民族文化、宗教信仰、风俗习惯和语言文字等方面存在差异，对同一品牌名称的认知和联想是截然不同的。因此，品牌名称要适应目标市场的文化习俗，在经济全球化的趋势下，品牌名称应具有世界性、符合全球通用的原则。

例如，"海尔"及其英文译名"Haier"没有什么特别的意思，是一个中性的词语，可以融入各个国家的具体国情。在讲英文的国家，其读音像 higher，意思是更高的，正好与一首英文流行歌曲的歌名完全一样，因此很快就能被人接受。

又如，美国标准石油（Standard Oil）公司花费 6 年时间和 10 亿美元，聘请了心理学、语言学、社会学、统计学等各方面专家并应用计算机技术设计了约 1 万个名称，再用 100 种以上的语言进行搜索和查重，以保证没有其他含义、无恶感恶意，再走访征询7 000 多人的意见，最后选取了 Exxon（埃克森）这个名称。Exxon，悦耳响亮，没有寻常"意义"，不会与其他文化存在冲突，个性化的词素组合使它凸显出强劲文化语势，让人易记难忘、过目入心。

（七）自由延伸原则

好的名称应该能够赋予品牌一定的延伸空间，使品牌能够顺利地扩展到其他领域，延伸到不同的产品类别和不同的地理区域。这样，在进行品牌延伸和地理扩张的时候，品牌就能够利用原有的影响力而不至于"白手起家"和"另起炉灶"。

例如，"滴滴出行"最早叫"滴滴打车"，早期的名字仅仅体现了打车的业务。但随着定制公交、代驾等功能的上线，滴滴打车的品牌名称已经不足以涵盖其业务，因此需要耗费大量的财力、物力、人力进行改名和重新宣传，给企业造成了一定的损失。若一开始就能够远见卓识地命名，将对企业的发展起到重要的推动作用。

四、品牌命名的类型

纵观国内外一些著名品牌的名称，可谓各具特色，概括起来，主要有以下一些类型。

（一）地域命名

地域命名即以产品的出生地或所在地名称作为品牌的名称，以突出产品的原产地效应。原产地通常具有生产某产品的独特资源，具有独一无二的产品品质，顾客对该地域及其产品形成了信任。例如，蒙牛、宁夏红、鄂尔多斯等品牌，都是以突出产地来显示正宗的。

（二）人物命名

人物命名是指以产品的发明者、企业创始人或者与产品相关的某个明星的名字作为品牌的名称，这样命名能够借助名人的威望及顾客对名人的崇拜心理，吸引顾客的认同。

例如，"李宁"这一品牌就是体操王子李宁利用自己的明星效应，创造出的一个中国体育用品品牌。类似的还有特斯拉汽车的品牌名称——以历史上伟大的物理学家、发明天才特斯拉的名字来命名，以及"戴尔""松下""本田"等。

> **案例**

"丽江石榴哥"的账号

"丽江石榴哥"是一个典型的聚焦"三农"的账号，人设定位是"一个朴实无华又精通多种语言的摆摊人"。"丽江石榴哥"在抖音账号中发布与扶贫、助农相关的短视频，不断强化"抖音扶贫达人"这个人设标签。此外，他讲话幽默风趣，精通英语、日语、纳西语等多种语言，给人一种非常朴实、真诚的感觉，很容易给顾客留下深刻的印象。出于对他形象的信任，很多人愿意购买他推荐的产品。

在"丽江石榴哥"这个账号名称中，"丽江"这个词具有鲜明的地域属性。对于丽江本地人来说，看到这个名字很容易产生认同感；而对于非丽江本地人来说，看到"丽江"这个词也会对丽江产生好奇，想知道丽江有什么好玩的地方、有什么好吃的东西等，当看到主播销售产品时，他们可能会出于好奇心去购买。

"丽江石榴哥"认证了"抖音扶贫达人"，一方面是告诉受众"丽江石榴哥"的直播内容聚焦扶贫、"三农"等方面，直播带货产品以农产品为主；另一方面，这也是"丽江石榴哥"的一个品牌背书，有利于增强受众对他的信任感。"丽江石榴哥"的账号简介为"宠辱不惊，去留无意，摆摊人石榴哥"，这体现了"丽江石榴哥"朴实无华的人格。

（三）目标顾客命名

目标顾客命名是指以目标顾客群作为品牌名称，以明确该品牌所服务的对象，从而使目标顾客产生认同感。例如，"太太口服液"是太太药业生产的女性保健口服液，顾客一看到该品牌名称，就知道这是专为已婚妇女设计的营养品，类似的还有"太子奶""好孩子"等。

（四）企业名称命名

将企业名称直接用作品牌名称，有利于打造企业品牌、提升企业形象。企业名称有两种类型：全称式和缩写式。全称式名称如摩托罗拉手机、索尼电器等；缩写式名称是用企业名称的缩写来为品牌命名，即将企业英文名称中每个单词的第一个字母组合起来，如 IBM，全称是 International Business Machine，汉译名称为国际商用机器公司。类似的还有 TCL、LG、NEC 等。

（五）数字命名

数字命名即以数字或数字与文字联合组成品牌名称，目的是借用人们对数字的联想效应，增强品牌差异化识别效果，打造品牌的特色。

例如，"三九药业"中的"三九"就是"999"，品牌含义是健康长久、事业恒久、友谊永久。

7-11 便利店的"7-11"的意思是开店时间是早 7 点到晚 11 点之间，"7-11"目前已成为世界著名品牌。

采用数字为品牌命名容易为全球顾客所接受，但也需考虑各国对数字含义的不同理解，避免不必要的麻烦和冲突。例如，日本人回避数字 4，西方人多忌讳数字 13。

（六）形象命名

形象命名是指运用动物、植物或自然景观等来为品牌命名，以使人产生联想并留下深刻的印象，如圣象地板、小天鹅洗衣机、金丝猴奶糖、盼盼安全门、苹果牌计算机等。

第二节　品牌标志

品牌标志是品牌中不可以发声的部分，包括图案或明显的色彩或字体。它作为一种特定的视觉符号，是视觉识别的重要元素，是顾客接触某一品牌时最直接感受到的内容。

一、品牌标志的作用

品牌标志是品牌传播最广的品牌标识，它能跨越语言的障碍而通行世界。因此，一个简明大气、有意义而独特的品牌标志可以强有力地吸引公众的眼球。

品牌标志是一种经过提炼和美化的图案造型与色彩组合的具体形象，可以表现品牌名称的丰富文化内涵，从而有力地提升品牌的知名度，如奔驰、耐克的标志等。

（一）识别作用

心理学家组织的一项调查显示，在人们接收到的外界信息中，83%以上是通过眼睛，11%借助听觉，3.5%借助触觉，其余则源于味觉和嗅觉。视觉符号的重要性由此可见一斑。

识别是品牌标志的基本作用，因为标志的存在就是为了将其所代表的品牌的特点、文化内涵等以形象化的表现传递给公众，从而取得公众的认同。

比起品牌名称，品牌标志更具识别性。例如，Midea（美的）中的"M"形成一个圈；雀巢咖啡的标志是"两只小鸟在巢旁"；玩具反斗城的"反"字是倒着写的，非常特别；耐克的标志是一个简单的"勾"，让人印象深刻。

在大街上，在纷繁的广告牌中只要看到金黄色的拱门，我们就知道那是麦当劳。麦当劳取其英文名称McDonald's的第一个字母"M"为其标志，并且将其设计成一个双拱门的形象，表示欢乐与美味像磁石一般不断地把顾客吸进这座欢乐之门，拱形的大门还给人以家的感觉。此外，"麦当劳叔叔"总是一副传统马戏小丑打扮：黄色连衫裤，红白条的衬衣和短裤，大红鞋，黄手套，一头红发。"麦当劳叔叔"成了快乐、和谐的象征，大嘴巴的笑容永远给人愉悦的感觉，人物形象家喻户晓。当人们看到"麦当劳叔叔"的时候，自然就会想起汉堡包、鱼柳包、炸薯条等美食。

在品牌标志独有的图案、文字和色彩元素的影响下，顾客更容易识别并记住品牌——当品牌标志和品牌名称相呼应的时候，顾客的识别和记忆程度会更高。例如，搜狐网站设计了一个红黑相间的狐狸尾巴，以此让人记住了搜狐的"狐"。

（二）沟通作用

品牌标志又被誉为无声的推销员，因此，品牌标志图形化符号以其直观、形象、不受语言文字限制的表现形式，打破了语音交流的障碍，能够形象、生动、直观地展现品牌独有的特质。所以，品牌标志自身能够创造品牌认知、品牌联想和顾客的品牌偏好。

品牌标志不仅体现了品牌的设计理念和品牌风格，还承载了品牌形象、品牌的理念与文化等无形资产，是品牌综合表达的一种媒介。事实上，成功的品牌标志已经成为一种精神的象征、一种价值的体现。

另外，当受到限制而无法写出品牌名或者在特定位置写出品牌名不美观时，品牌标志就能起到很好的传播作用。

美团外卖的标志

美团用袋鼠作为图标，一方面是想表达他们送外卖的服务和袋鼠一样灵活，并且速度非常快；另一方面，袋鼠身上的"育儿袋"是用来装自己的孩子的，以此来比喻他们把自己送的外卖看成自己的孩子，会小心护送外卖，使其不受损伤。

美团外卖以橘黄色为主色调，并贯穿整个产品设计。橘黄色是暖色系中较为明亮、温暖的颜色，具有刺激人体的内分泌、增进食欲的生理作用。橘黄色的骑手服装配上橘黄色的头盔，形成了统一的对外形象。

（三）保护作用

从法律的角度来讲，品牌标志属于知识产权的重要组成部分，品牌标志一经注册，就成为知识产权国际条约的重要保护对象。

二、品牌标志设计的原则

品牌标志的设计应当遵循：易识别和记忆原则、新颖别致原则、体现品牌个性原则、艺术性与延展性原则。

（一）易识别和记忆原则

品牌标志设计的首要原则就是容易识别和记忆。

纵观知名品牌，品牌标志都十分简洁，可以随手画出。

例如，耐克的"勾"富有视觉冲击力，同时又简洁明了，不失为品牌标志的佳作；奔驰车的标志是一个三叉星环，很像一个方向盘，一看就知道是汽车品牌，很容易识别和记忆；可口可乐公司的合作人之一罗兰·鲁滨逊创造了沿用至今的可口可乐名称和商标图案——用红色作为底色，可口可乐名称左右两侧画上白色水波纹，表示清凉饮料。

亚马逊的品牌标志

亚马逊最初以网上书店开始业务，但其名称为其将来扩展到其他业务提供了延伸的空间。现如今，其业务范围已扩展到了其他众多领域。亚马逊的品牌标志直接用名称作为标志物的主体，用一个由字母 A 指向 Z 的箭头绘成微笑形图案，简洁亲切，寓意是亚马逊愿意向全球各地的顾客递送自己的商品和服务。

（二）新颖别致原则

品牌标志新颖别致是指不同于其他品牌标志的设计风格、特点，不落入俗套，要让顾客一看到该标志，就觉得与众不同，眼睛一亮，能够引起人们的喜爱。

例如，美国的一家眼镜公司以 3 个英文字母"OIC"为商标，构图很像一副眼镜，而将 3 个字母连续读则仿佛是说"Oh，I see！"（啊，我看见了！）真是新颖别致。

苹果公司避开了诸如微型计算机公司、国际计算机等时髦但却人人都会想到的名字，而选择一只被咬过的苹果作为商标图案，取名"苹果"，向世人宣告：苹果公司不想把计算机神圣化、偶像化，要让计算机为人类带来快感和乐趣，而不是恐惧，表达了品牌的理想和目标，立意奇特，具有深刻的品牌内涵。

在新锐品牌中，足力健 Logo 设计也让人印象深刻。足力健 Logo 是红色的三角形边框内，有一位正在向前行走的老人，底部则是品牌名"足力健老人鞋"。老人头戴绅士帽，手持文明杖，大步向前走，浑身有劲，呈现出积极健康、乐观向上的精神状态，这个理想的老人形象，强化了品牌在顾客心目中的印象。

▶ **案例**

小米品牌标志的设计

小米的 Logo 是一个"MI"形，MI 的小写 mi 是米的汉语拼音，正好对应其名称。大写 MI，不仅仅是小米科技的英文缩写，更有"Mobile Internet"和"Mission Impossible"这两层含义。Mobile Internet 寓示了小米所领军的移动互联网领域；Mission Impossible 则强调了小米应对挑战的突破能力。小米的 Logo 倒过来是一个心字，少一个点，意味着小米要让用户省一点心。

新　　　　　　　　　旧

（三）体现品牌个性原则

在品牌标志的设计中要体现出品牌的个性。

品牌标志是传达品牌个性的直接载体，品牌标志应能够向顾客传达某种含义，以便让顾客容易了解该品牌是从事何种行业，或有什么样的属性、特点，品牌标志的造型、色彩应与品牌的内涵与风格相一致，能够增强品牌联想。

例如，凤凰卫视的标志为一只凤和一只凰，凤凰盘旋飞舞、和谐互动的形象，意味着凤凰涅槃，这种与时俱进的精神体现了凤凰卫视的经营理念和服务文化。

中国联通的标志是红色的首尾相接的中国结，而 China 和 Unicom 中的两个"i"都采用红色，并且上下呼应，这些都让人想到互联互通。

中国工商银行的标志是一个中间带有"工"字孔的圆钱，让人联想到银行。华夏银行利用搏击四海、升腾向上的龙来体现它根植中华五千年文化的精髓，永创一流，努力成为现代化、国际化商业银行的雄姿。中国银行的标志采用了中国古钱与"中"字为基本形，寓意天方地圆，经济为本，给人的感觉是简洁、稳重、易识别，颇具中国风格。中国银行标志从总体上看是古钱形状代表银行，"中"字代表中国，外圆表明中国银行是面向全球的国际性大银行。

又如，汉堡王的标志是一个汉堡，中间夹着英文 Burger King，让人一看就知道是出售汉堡的餐厅。肯德基标志中的山德士上校身着西装、满头白发、笑容亲切、眼睛闪烁，留着醒目的山羊胡须，戴着独特的黑色领结和长者的眼镜，成为肯德基的象征。他的笑容似乎在告诉每位客人，肯德基的食物美味、安全、健康。这一形象给人以和蔼、亲切的感觉，吸引着各年龄段的顾客。

"蓝天白鹭"是厦门航空的航徽，也是厦门航空注册的图形商标。昂首矫健的白鹭在蓝天上振翅高飞，展示了厦门航空"团结拼搏、开拓奋飞"的精神，象征着吉祥、幸福永伴宾客。"蓝天白鹭"图形作为厦门航空形象的重要组成部分和代表，自确定之日起，便得到广泛的应用、保护和推广，并越来越多地得到广大顾客的认可和喜爱。2007年，"蓝天白鹭"商标被国家市场监督管理总局认定为中国驰名商标，从而实现了品牌增值。

案例

如家的 HOME 文化

如家的名称表明希望客人能够有回到自己家的感觉，听起来很容易打动人。

如家的标志由图形和文字共同组成，其整体轮廓为五边形，呈现房子的形状，"如家"二字嵌在房子中央，宛如房门，右上方 HOME INN 中的"I"做成一轮金黄弯月，巧妙地将如家酒店的性质和家的温馨感融入其中。该标志用了三原色，即红、黄、蓝，颜色鲜艳显眼、对比强烈、可识别性高，其中以蓝色为主，黄色为辅：黄色给人以快乐、成熟、朝气和希望之感；蓝色易让人联想到天空、海洋等，传达出一种理智、宽阔、平静的心情。

如家酒店的经营口号是：洁净似月，温馨如家。通过这样的设计，如家酒店成功地把"月亮下面我的家"的理念清晰地传递给顾客，把酒店的干净、简洁、经济、温馨及崇尚"洁净似月、温馨如家"的理念展现给顾客。

（四）艺术性与延展性原则

品牌标志常常伴随着某项活动出现在建筑物、旗帜、交通工具、服装等上面，因此，品牌标志的设计必须美观，具有艺术感染力，要通过标志符号本身的美感赢得受众的好感，创造品牌认知、品牌联想和顾客的品牌偏好。

例如，美国花旗银行"店牌"的图形是"椭圆星"。"椭圆"表示地球，象征花旗银行的使命是向全球拓展它的银行业务；"星"表示一流的水平，即花旗银行的目标是全球一流水平。花旗银行"店牌"的标准字"CITYBANK"，在视觉形象上有以下特点：第一，采用粗型字体，表现花旗银行雄厚的资产实力；第二，采用斜体字，从而产生一种动感和前进感，表现花旗银行在金融领先和现代化方面的追求；第三，8个字母之间紧密排列；第四，两个字母N和K的笔画还有所重叠，结合成一个"字母"，表现花旗银行内部的团结合作；第五，花旗银行的标准色以蓝色为主，以红色为辅，具有强烈的视觉冲击。

此外，由于品牌标志代表着品牌形象，品牌标志形象信息的表达须有持续性、延展性，容易过时、陈旧的形象符号是不适合作为品牌标志的。一个好的品牌标志在不同的环境下、运用不同的材质都能完美展现。

第三节　品牌口号与品牌音乐

除品牌名称、品牌标志外，品牌口号与品牌音乐也是品牌标识的重要形式。

一、品牌口号

品牌口号以口号的形式强调了品牌的核心价值与品牌的精神文化。

（一）品牌口号的概念

品牌口号是用来传递有关品牌的描述性或说服性信息的短语。

品牌口号通常表现为一个短句或词组，其诉求点可以有3种——我是谁？我能给你什么？我主张什么？例如：

安踏——永不止步

海尔——真诚到永远

TCL——科技取悦你

快手——拥抱每一种生活

知乎——有问题，就会有答案

淘宝——太好逛了吧

抖音——记录美好生活

高途——一站式终身学习服务

联想——让世界一起联想

闲鱼——闲置交易平台，趣味生活社区

拼多多——拼着买，才便宜

迪士尼——人人都开心

沃尔玛——天天平价，始终如一

诺基亚——科技以人为本

中国移动——沟通从心开始

哔哩哔哩——你感兴趣的视频都在 B 站

喜马拉雅——听小说相声播客，来喜马拉雅

世界之窗——您给我一天，我给您一个世界

> **案例**

拥抱每一种生活

快手是一款当下流行的短视频社区应用软件，每天都有成千上万条原创视频被上传到这个平台。快手的宣传语为"记录世界，记录你"，用户可以在这个平台上记录和分享自己的生活，并与其他用户交流互动。2020年9月，快手启动了品牌升级计划，把宣传语调整为"拥抱每一种生活"，将"真实"作为新的出发点。通过呈现万千普通人真实的生活，快手鼓励每位用户清楚认识自己，勇敢拥抱真我。

营销活动中，品牌口号常伴随品牌名称、品牌标志一起出现。口号常出现在广告中，有一些品牌口号也被印在包装上。

> **知识拓展**

品牌口号与广告口号的不同

品牌口号与广告口号是一对容易混淆的概念，因为在大部分情况下，品牌口号是通过广告传播的，有时，广告口号就是品牌口号。实际上，二者有很大的差别。

品牌口号与广告口号的差异如下。

品牌口号代表了品牌所倡导的精神，强调品牌的核心竞争力与品牌文化内涵，是长期的，企业不仅要长期地传播于口，而且还要长期地付之于行。

例如，GE、飞利浦依靠一以贯之的品牌口号"梦想启动未来""让我们做得更好"与顾客沟通。又如，"美来自内心，美来自美宝莲"，英特尔标志旁边写着"超越未来"（Leap ahead），美的标志旁边是"原来生活可以更美的"，这些品牌口号并不是为配合某个广告而设计的，而是作为一种品牌的信念长时间存在下去的。

而广告口号则可以是短期行为，在大部分情况下，广告口号都定位于产品本身，强调功能与促销。

例如，雀巢的"味道好极了"、丰田的"车到山前必有路，有路就有丰田车"等是广告口号，它们都不能传递品牌精神，当雀巢发展乳品、丰田延伸到非汽车领域时，原来的广告口号便不再适用。

（二）品牌口号的作用

一个优秀的品牌口号能够起到以下作用。

1. 向顾客诠释品牌核心价值

品牌口号最主要的作用是向顾客诠释品牌核心价值，使抽象的品牌内涵更容易传递出来。

例如，飞利浦的品牌口号"精于心，简于形"，向顾客传递出产品设计的精心和使用的简便;海尔"真诚到永远"的品牌口号突出了海尔是一家真诚为顾客服务的企业。

又如,阿迪达斯不但传播"Impossible is Nothing",还尽量传播该公司为其赋予的丰富内涵:"不可能"对于那些懒得依靠自我力量去改变世界的小角色们来说,只是他们安于现状的一个借口。"不可能"绝非事实,而是观点;"不可能"绝非永远。

▶ **案例**

"理想生活上天猫"

2017 年 5 月 23 日,天猫的品牌口号正式对外更改为"理想生活上天猫",相对之前的"上天猫就够了"变得更加聚焦。天猫希望从一个卖货平台的形象逐渐升级为一个理想生活方式的倡导者形象,通过倡导丰富、多元、理想的生活方式来引领中国的消费升级。

2. 增强品牌的记忆点

一句朗朗上口的品牌口号能够帮助顾客更牢固地记住某一品牌。

例如,中国联通的"让一切自由连通"增加了顾客对品牌名称的记忆程度。

世界最大的钻石商戴比尔斯的品牌口号"钻石恒久远,一颗永流传"已使用了 70 多年。

美团外卖以"美团外卖,送啥都快"作为自己的品牌口号,并将其印在配送员的工作服上,时刻都在展示自己作为外卖平台的快速准时性与品类广泛性,从而增强了顾客对美团外卖的信心。

▶ **案例**

锅圈食汇,好吃不贵

锅圈食汇是一家以火锅、烧烤食材为主,涵盖休闲零食、生鲜、净菜、饮食、小吃等商品的便利店连锁系统。锅圈食汇以"互联网+食材"的 B2B、B2C 运行模式,线下门店与线上商城并行;为广大中小型餐饮企业提供 B 端食材供应,为顾客提供原料或半成品。其品牌口号是"锅圈食汇,好吃不贵",目标人群是年轻消费层。营销策略上,锅圈食汇牵手知名艺人"小岳岳"推出该品牌自创立以来的首轮营销传播,登录 CCTV2 财经频道《经济信息联播》,知名艺人代言+央视报道背书,快速提升了锅圈食汇的品牌知名度。

(三)品牌口号的设计

首先,在设计品牌口号时,最重要的是对品牌本质和价值的把握,赋予品牌口号深刻的内涵。

其次,品牌口号的设计要注意向顾客诠释品牌核心价值,宣传品牌精神、反映品牌定位、丰富品牌联想。

再次,品牌口号的设计要注意增强品牌的记忆点,所以,简洁、顺口、易懂是对口号的基本要求。

最后,出于品牌延伸的考虑,一个好的品牌口号应当能够适用于多个行业。

例如,宝洁公司的"亲近生活,美化生活"使它的产品顺利跨越了洗发、美容、个人护理、食品等多个日用品行业。相反,立白集团当年的品牌口号"不伤手,立即白"使它很难进入牙膏领域,后来只好淡化这一口号,同时将"立白"牙膏更名为"珍亮"牙膏。

"携程在手，说走就走"

"携程在手，说走就走"这句口号巧妙地契合了携程的移动互联网战略。"说走就走"是一句顾客熟知的流行语，所以"携程在手，说走就走"很容易理解，传播成本很低，可以说是携程的超级品牌标识。

无论在哪里、无论在何时，用手机里的携程 App，都能"说走就走"，不用受限于时间、地点，携程丰富的旅行产品可以帮你顺利完成旅行预订。"说走就走"代表了携程为顾客提供"方便、省心、自由旅行"的承诺。

此外，携程一系列的"说走就走"广告给人留下了很深的印象，因为每个广告都传达了在移动场景下可以用携程 App 轻松预订旅行的意思，内容的一致性强，表达清晰。

二、品牌音乐

（一）品牌音乐的概念

品牌音乐是指那些用以传递品牌内涵的声音效果，或描述品牌需要借助的声音，是用音乐的形式描述品牌。

（二）品牌音乐的作用

首先，用音乐的形式描述品牌，可以加深顾客的记忆，助推并强化目标受众对品牌的联想。即使是处于不同文化背景、不同地理区域，人类对音乐也有着共同的天然偏好。

其次，品牌音乐能有效调动目标受众对品牌的情感认识，进而将品牌核心价值与内涵传递给顾客。

再次，朗朗上口、旋律优美的品牌音乐在提升品牌知名度、增加品牌联想等方面也很有优势。

例如，近年来火爆的饮品连锁品牌蜜雪冰城，就通过一首"你爱我，我爱你，蜜雪冰城甜蜜蜜"的"洗脑"歌曲，成功地"引爆"了该品牌在社交媒体的传播。将品牌形象通过欢快的音乐节奏表达出来，非常便于顾客记忆，能够有效提升品牌知名度。

刘畊宏直播间配乐《本草纲目》

不同的直播间、不同的直播流程要选择不同风格的配乐，有的适合于播放节奏感较强的流行音乐，有的适合于播放旋律优美而舒缓的古典音乐。

刘畊宏减肥操的配乐主要是周杰伦的一些传唱度比较高、发行时间比较久的歌曲，以及一些在抖音或网络上较火的歌曲，其中让刘畊宏爆火的就是以《本草纲目》为背景音乐的一套毽子操。《本草纲目》原本是 2006 年由周杰伦发行的流行歌曲，在当年也是一首火遍大街小巷的曲目。如今刘畊宏将其与毽子操结合，让歌曲重新"翻红"，形成"全网级现象"，火爆程度估计连歌曲原唱周杰伦也难以料想到。

周杰伦的歌曲本身节奏感较强、传唱度较高，"洗脑"的歌词加上"魔性"的动作，不由得激发了大众的参与愿望，让大家都开始跟风参与进来。同时，周杰伦本身就拥有一大批"粉丝"，利用他的歌曲作为背景音乐能够很好地利用到他的"粉丝"流量，再加上刘畊宏与周杰伦是多年的好友，用他的歌曲也不会让受众感到突兀或是蹭流量。有了背景音乐的加持，让本身枯燥的健身氛围更加欢快，熟悉的背景音乐与简单的健身动作，带来了很高的关注度与话题度。

此外，刘畊宏在直播过程中会不停地喊口号，如"动起来""腰间的肥肉咔咔掉，人鱼线马甲线我想要"。他的口号押韵、有记忆点，能成功地抓住"粉丝"想要甩掉肥肉的心理，与"粉丝"产生情感共鸣。通过不断重复这些口号，刘畊宏促使"粉丝"制定起锻炼目标，让彼此的情感处于同一频率，建立起与"粉丝"的紧密联系。

动感的运动曲风搭配刘畊宏夫妇的口号，音乐与口号双倍加持，让健身这件事似乎容易了许多。这套欢乐又带点"魔性"的健身操，使刘畊宏的健身直播流量飞涨。

通常，品牌音乐会以广告形式进行传播，如百事可乐的《百事可乐恰到好处》，及绿箭口香糖的《开心加倍，欢乐成双》。有时，品牌音乐会融入产品，直接和使用者接触，如微处理器英特尔的音乐会伴随个人计算机的开启而悠扬响起。

本章练习

一、判断题

1. 品牌标识是品牌接触顾客的第一线，顾客与品牌的第一次亲密接触就是通过品牌标识达成的。（　　）
2. 一个好的品牌名称必须同时包括描述性含义和说服性含义。（　　）
3. 品牌名称使用的字数越少，越易记忆、识别和传播。（　　）
4. 品牌口号的设计要注意向顾客诠释品牌的核心价值，宣传品牌精神、反映品牌定位、丰富品牌联想。（　　）
5. 品牌音乐能有效地调动目标受众对品牌的情感认识，进而将品牌核心价值与内涵传递给顾客。（　　）

二、选择题

1. 品牌标识是指品牌中能够让顾客感官容易认知的部分，包括（　　）。
   A. 品牌名称　　B. 品牌标志　　C. 品牌口号　　D. 品牌音乐
2. 品牌命名要遵循（　　）等原则。
   A. 新颖独特原则　　　　　B. 暗示功能属性原则
   C. 通用原则　　　　　　　D. 自由延伸原则
3. 品牌命名不仅要考虑到（　　），而且要考虑到目标市场的文化环境、价值观、风俗习惯与信仰，以及法律、政治环境与民族情结等因素。
   A. 产品属性　　B. 行业历史　　C. 品牌定位　　D. 品牌联想
4. 品牌标志的设计应当遵循（　　）等原则。
   A. 易识别和记忆原则　　　B. 新颖别致原则
   C. 体现品牌个性原则　　　D. 艺术性与延展性原则
5. 品牌命名的类型有（　　）。
   A. 地域命名　　B. 人物命名　　C. 数字命名　　D. 形象命名

三、填空题

1. _____是品牌的外在表现形式，是品牌传播的基本内容，也是品牌接触顾客的第一线，顾客与品牌做第一次亲密接触的就是它。

2. 一个好的品牌名称必须同时包括描述性含义和_____。

3. 品牌标志设计的首要原则就是容易_____。

4. _____即以产品的发明者、企业创始人或者与产品相关的某个明星的名字作为品牌的名称。

5. _____是一种经过提炼和美化的图案造型与色彩组合的具体形象，可以表现品牌名称的丰富文化内涵，可以有力地提升品牌的知名度。

四、思考题

1. 品牌命名有哪些原则？
2. 品牌命名有哪些类型？
3. 品牌标志的设计有哪些原则？
4. 什么是品牌口号？有什么作用？
5. 什么是品牌音乐？有什么作用？

本章实训

一、实训内容

分享一些品牌的名称、标志、口号、音乐，并分析它们的作用。

二、实训组织

1. 将全班分为 12 个小组，各组对应完成 1 ～ 2 个实训。

2. 小组内部充分讨论，认真分析研究，并且制作一份 3 ～ 5 分钟能够演示完毕的 PPT 文件在课堂上进行汇报。

3. 教师对每组的分析报告和课堂讨论情况即时进行点评和总结。

第六章
品牌形象管理

【学习目标】
➢ 熟悉产品形象、服务形象
➢ 理解价格形象、终端形象
➢ 了解企业形象、顾客形象

> 📖 **引例：我们唯一不变的是我们一直在改变**
>
> 　　为了在手表市场上站稳脚跟，斯沃琪始终保持与时俱进的风格。最关键的是，斯沃琪的设计师并不是坐等灵感，跟随潮流，而是洞悉先机，预测未来的潮流。事实上，整个创作过程于前一年已经开始：首先产生基本的意念，然后按照大家达成共识的工作原则加以发展。这种由生产上的要求主导的创作动力，是斯沃琪享有"潮流先锋"美誉的原因之一。正如斯沃琪一直强调的风格："我们唯一不变的是我们一直在改变。"公司每年都要向社会公开征集手表设计图，根据选中的图案生产不同的手表系列，其中包括儿童表、少年表、少女表、男表、坤表、春天表、夏天表、秋天表、冬天表，后来又推出了每周套表，从周一到周天，每天一块，表面图案各不相同。由于公司的产品不断翻新，迎合了社会不同层次群体、不同年龄群体、不同爱好群体的需要，因此深受广大顾客的欢迎和喜爱，销售量年年攀升，市场份额不断扩大，公司的效益自然也越来越好。
>
> 　　在新品推广上，斯沃琪同样显示了它的独到之处，其新产品发布会简直是一场无比精彩的"腕上时装秀"。优美的音乐、绚丽的灯光、宏大的场面、千挑万选的模特、精心设计的时装……所有这一切都是为了衬托斯沃琪的风采——青春、时尚、与众不同。
>
> 　　如今，斯沃琪手表已经不再简单地发挥计时作用，而是代表了一种观念、一种时尚、一种艺术和一种文化。正如赫雅克所说："斯沃琪最叫人心悦诚服的，是它使瑞士的制表工业一直凌驾于先进的欧洲及北美洲等地，同时又保留了瑞士传统的制表技艺。凭借着想象力、创造力及誓要成功的意志，斯沃琪制造出了优秀而实惠的产品，现在，斯沃琪肩负了明确的使命，将继续发展和推出更多有意思的产品。"
>
> 　　【思考】斯沃琪手表展示了什么样的品牌形象？

　　品牌形象是顾客对品牌的综合看法，是顾客对品牌的所有联想的集合体，它反映了品牌在顾客记忆中的图景。

品牌形象是品牌的根基，企业必须十分重视塑造和管理品牌形象，具体可以从"产品形象""服务形象""价格形象""终端形象""企业形象""顾客形象"着手。

第一节　产品形象

品牌形象最核心的载体是产品，顾客更多的是通过体验品牌所涵盖的产品来对品牌进行评价与感知。

产品形象是品牌形象的物质基础，产品形象的好坏直接影响着品牌形象的好坏，只有具备良好的产品形象，才能形成良好的品牌形象，才能得到市场的认可，在竞争中立于不败之地。

产品形象包括产品的质量形象、功能形象、包装形象、创新形象，是产品的造型、品种、规格、款式、花色、档次等因素共同作用的结果。

一、质量形象

产品质量是满足人们需要的关键，是品牌的内核、基石、生命线，是品牌长盛不衰的支柱之一。人们之所以购买名牌产品，最主要的就是看中其过硬的质量，而一个质量有问题的产品即使白送也没有人愿意要，人们会唯恐避之不及。

通用电气公司前总裁韦尔奇说："质量是通用提升顾客忠诚度最好的保证，是通用对付竞争者的最有力的武器，是通用保持增长和赢利的唯一途径。"著名品牌专家阿克认为，品牌首先向公众承诺的是保持并不断提高产品的质量，这就如植物的根必须深深地扎根于泥土中才能使植物屹立不倒那样。

没有质量这一基础和坚强后盾，品牌无从谈起，只能是无源之水、无本之木，是没有生命力的，即便有高超的营销手段，从长远来看也存在流量反噬和口碑崩塌的风险。为此，企业必须建立完善的质量管理和质量保证体系，牢牢坚持"质量第一，以质取胜"。企业应积极采用国际国内先进质量标准，对产品的设计、制造、销售等全过程进行严格、全面的质量管理。

例如，美国哈雷摩托车公司始终坚持质量第一的信念，其对产品质量的要求是苛刻的，在工业化批量生产、追求规模效应的今天，哈雷公司仍然坚持手工工艺和限量生产，从而使每一辆哈雷车的品质都十分过硬，给每一个车迷都留下了坚固、耐用、物有所值的满足感。

劳斯莱斯的创始人亨利·莱斯曾说过："车的价格会被人忘记，而车的质量却长久存在。"劳斯莱斯的成功得益于它一直秉承着英国传统的造车艺术：精练、恒久、巨细无遗。特别值得一提的，劳斯莱斯还十分讲究豪华的车内装饰——车内的仪表板是从意大利和美国进口的胡桃木，木材由公司精心挑选，连纹路的颜色都要一致，因此拼缝接口处几乎看不出接缝的痕迹，经过精心打磨的木料，表面光亮如镜；座椅及顶篷则选用丹麦和英国的上等牛皮，其下脚料为巴黎高级首饰店的皮包面料，经过多道工序加工的牛皮光滑柔软，表面涂有既耐磨又防水的涂料；车内地毯选用威尔顿纯羊毛制成，连行李厢也铺满地毯……

苹果手机能持续保持对用户吸引力的关键原因是其"致高"的产品品质。自1976年创立至今，苹果始终坚持技术领先、创新为本的企业理念，开创性发掘和最大化满足顾客需求。无论是最核心的中央处理器（Central Processing Unit，CPU），还是其他快迭代、易复制的软硬件，苹果始终坚持以"致高"品质面向顾客。

吉野家

有人曾这么评价吉野家：厅堂"干净明亮"，服务"快捷周到"，食物"原汁原味""营养健康"，牛肉饭"最经典"，肉"又嫩又香"，米饭"粒粒分明"。此外，吉野家餐厅椅子的高度、硬度、座位之间的间隔都是经过科学测算的，高度不让客人用餐时胃部感到受压迫，硬度不让客人身体感到劳累，间隔不因为节省空间而过于亲近和拥挤，让客人感到舒适，同时也不浪费空间。另外，吉野家橙色的标志很刺激人的胃口，器具用的是很有古韵的大花瓷碗，给人一种在家吃饭的感觉……种种细微入心的考虑成就了吉野家"中国餐饮连锁市场消费者喜爱第一品牌"的声誉。

LV是一个有着一百多年历史的皮具品牌，传奇的故事背景使其成为奢华品牌的"代名词"。LV对产品质量精益求精的动人故事在业界和顾客中传颂：LV皮具在加工成形后，要进行耐腐蚀、红外线、紫外线及高处摔下等破坏性实验；LV皮具使用的所有拉链在出厂前，都要经过数千次的破坏性试验；LV皮具的原材料严格选用上好牛皮，以至于连宝马公司都以其车内座椅选用的是LV皮革为荣，这些都为LV品牌增光添彩。

喜茶有自己的茶园，且很早就溯及上游茶叶供应商，与原产地茶园深度合作。喜茶和上游茶园签订独家协议，出资改良土壤、改进种植和制茶工艺。因此，在供应链上获得先发优势。喜茶先是确定了"压低苦涩、提高回香"的需求，并联系了多家茶叶供应商，最终选择了台湾南投的包括极品乌龙茶王等多款茶叶，并投资进行生产工艺改良，创新出一款对普通人也很友好的涩味极低、茶香馥郁、回甘极久的茶，即店内的明星产品"金凤茶王"中的"金凤"。

麦当劳肯德基的质量标准

尽管世界各国的市场都无一例外地在不断变化，尽管不同国家的市场环境存在着极大的差别，但整个麦当劳无论是美国国内的连锁店还是遍布世界各地的连锁店，几乎都采取了一种高度程式化的相同的服务模式。

麦当劳对食品的标准不仅有着定性的规定，而且有着定量的规定。例如，汉堡包的直径统一规定为25厘米，食品中的脂肪含量不得超过19%，炸薯条和咖啡的保存时间不得超过10分钟和30分钟，甚至对土豆的大小与外形等都有规定。汉堡包有精确的制作公式、每种食品有标准化的烹调时间、烹调步骤和保存时间，所有的原料必须向经过核准的供货商购买。此外，麦当劳对食品的温度有明确规定：所有的食品冷的要冷，热的要热；冷的以4℃为宜，热的则以40℃为宜。在品质控制方面则更严格，对所有的产品进行全面的核查，严格统一。麦当劳的炸薯条被认为是最好的，除了重视土豆的形状、颜色、质地，麦当劳还规定，如炸薯条7分钟内未出售，则全部扔掉。牛肉类食品要经过40项质量检查，所有的产品均须抽样分析以求口味纯正、新鲜。麦当劳老板自信地说："全世界麦当劳汉堡包的品质都是一样的。"

可以说，麦当劳卖的不是产品，而是一套系统。麦当劳在不断地探索中采用流水线作业、标准化操作、大批量生产、低成本运作，从而实现了四无理念：无论何时、无论何地、无论何人来操作、无论在哪个地方，麦当劳食品的大小、分量和味道都一模一样。

肯德基的成功也与其质量标准分不开。首先，肯德基严把原材料质量关。从质量、技术、财务、可靠性、沟通5个方面对供应商进行星级评估并实行末位淘汰，坚持进货索证，从源头上控制产品品质。其次，严把工艺规格关。肯德基的所有产品均有规范和数字化的操作生产程序。例如，可乐的平均温度为4℃，面包厚度均为17毫米，炸鸡的中心温度必须达到65℃。最后，肯德基严把产品保质期。例如，炸鸡出锅后1.5小时内销不出去，就必须废弃；汉堡的保质期为15分钟；炸薯条的保质期只有8分钟。如此种种措施充分保证了肯德基的品质，也确保了顾客可以在任何一家肯德基餐厅享受到同一品质和口味的炸鸡。

此外，肯德基还在全球推广"CHAMPS"冠军计划：C-Cleanliness（保持美观整洁的餐厅）；H-Hospitality（提供真诚友善的接待）；A-Accuracy（确保准确无误的供应）；M-Maintenance（维持优良的设备）；P-Product Quality（坚持高质稳定的产品）；S-Speed（提供快速迅捷的服务）。"CHAMPS"冠军计划有非常详尽、操作性极强的细节，要求肯德基在世界各地每一处餐厅的每一位员工都严格地执行统一、规范的操作。

二、功能形象

产品功能是吸引顾客最基本的立足点，功能越强、效用越大的产品对顾客的吸引力就越大。

宝洁公司设计出了满足顾客不同需求的产品系列，如洗发水，宝洁公司设计出了满足顾客营养头发需求的潘婷洗发水，满足顾客去头屑需求的海飞丝洗发水，满足顾客柔顺头发需求的飘柔洗发水，满足顾客保持发型需求的沙宣洗发水等。因此，宝洁公司的产品被不同需求的顾客竞相追捧。

▶ **案例**

海尔的功能冰箱

为适应各地消费群体的不同需求，海尔为广西市场开发了有装水果用的单列保鲜室的"果蔬王"冰箱；海尔冰箱从"大王子"到"小王子"再到"双开门"，为的就是适应上海居民住房较小的现状，后来又为上海家庭生产了瘦长体、外观漂亮的"小小王子"冰箱。由于满足了不同顾客群体的需求，顾客对海尔的美誉度和满意度得到了大幅度提升，海尔也得到了丰厚的回报。

海尔在做市场调研时，一个顾客随意说到冰箱里的冻肉拿出来不好切，海尔立刻意识到这是一个未引起冰箱生产企业重视的共性问题。于是，根据食品在-7℃时营养不易被破坏的原理，海尔很快研制出新产品"快乐王子007"。这款冰箱的冷藏冻肉出箱后可即时切，于是很快走俏。

此外，四川的顾客反映，海尔的洗衣机洗地瓜时经常阻塞出水道，为了满足四川农民轻松洗地瓜的需求，海尔又为四川市场开发了"地瓜洗衣机"，能洗土豆、地瓜。

喜马拉雅作为专业的移动音频综合平台，汇集了有声小说、有声读物、有声书、儿童睡前故事、相声小品、鬼故事等数亿条音频。喜马拉雅不仅能够满足用户学习成长的需求，也能够满足其休闲娱乐的需求。喜马拉雅已拥有 3 000 位知识网红和超过 30 万条的付费内容，涵盖了商业、人文、外语、音乐等 16 个类目。目前，喜马拉雅付费知识产品包括系列课程、书籍解读等，平台大多采取邀约制邀请优质内容生产者入驻，并全面参与其付费知识产品的生产。此外，喜马拉雅还将直播、社群、问答等与课程体系相结合，完善了知识服务的体系化运营。

薇姿化妆品 1998 年进入中国市场时，面对的是一个已经饱和的化妆品市场，且呈"三足鼎立"之势，洋品牌、合资品牌、国产品牌三分天下。薇姿要想在这些化妆品中脱颖而出，让中国的顾客感觉到自己的与众不同，必须另辟蹊径。于是薇姿以药房为主要渠道进行销售，避免与其他国际知名品牌的正面冲突。此举开创了中国化妆品药房销售的先河，在中国顾客心目中建立了专业护肤的品牌形象，获得了极大的成功。

案例

三家电商的功能

叮咚买菜是一款自营生鲜平台及提供配送服务的生活服务类 App，以"品质确定、时间确定、品类确定"为核心原则，利用前置仓为用户提供新鲜、便捷的生鲜即时配送到家服务。叮咚买菜提供"线上运营＋前置仓配货＋即时配送＋顾客"的买菜送到家服务，围绕一日三餐的生活场景，以生鲜产品为主要品类，对标菜市场，致力于为一、二线城市中没有时间或者懒得去菜市场的年轻顾客提供高品质的到家产品和一站式服务。

唯品会是一家做特卖的网站，网站卖的产品大多数都按原价的 70% 左右售卖，另外，唯品会通过和品牌合作方或者一级经销商直接合作，保证了产品的质量。同时，唯品会里大多数是自营产品，这样就可以保证产品是正品，就可以让追求高品质生活的女性白领群体放心购物，同时还可以提高网站的复购率。唯品会还开创了"名牌折扣＋限时抢购＋正品保障"的创新电商模式，并将其持续深化为"精选品牌＋深度折扣＋限时抢购"的正品特卖模式。

近几年，Z 世代年轻人逐渐成为互联网新消费的主力军，他们并不一味追随大品牌，而是对新品牌、新产品、新体验更感兴趣，而且对价格也十分敏感，极致性价比的产品更符合他们的消费需求。完美日记通过绑定欧莱雅、香奈儿等国际一线美妆品牌同款代工厂，一方面塑造品牌形象，赋能产品大牌品质；另一方面压缩毛利率，通过节日营销进行大折扣优惠，打造 Z 世代心目中的"大牌平价替代"产品。完美日记正是靠着绝大多数产品价格集中在 100 元以内的优势，从而吸引了一大批追求时尚但是又不愿意花费太多的年轻顾客。

当然，对于不同行业的不同产品而言，顾客关注点有很大的不同。例如，家庭耐用产品，如冰箱、洗衣机等，顾客更看重的是功能和质量；时尚饰品类产品，顾客看重的是其外观设计是否符合时代潮流。

三、包装形象

包装是指为产品设计并制作容器或包扎物的一系列活动，是不属于产品本身的，但又与产品一起销售的物质因素。包装的要素包括规格、形状、用材、色彩、文字说明等。

俗话说"人靠衣装马靠鞍"，包装是"无声销售员"——产品给顾客的第一印象，不是来自产品的内在质量，而是来自包装外观。例如，"酷儿"儿童果汁饮料包装上可爱的蓝色卡通人物吸引了很多小孩子。

当产品被放到自选柜台或自选超市时，好的包装能够吸引顾客的视线，引起或加强顾客的购买欲望。美国杜邦公司研究发现，63%的顾客是根据产品的包装来选择产品的，如好的食品包装可以引起人们的食欲，并能够提示产品较高的口感和质量，令人垂涎欲滴。据英国的一项市场调查，去超市购物的妇女，由于受精美包装等因素的吸引而购买物品的数量常常超出原来计划购买数量的45%。

可见，包装外观是品牌认知的一个重要载体，一个好的包装不仅可以提升产品的形象，还可以提升品牌的价值、品牌的形象，还能够建立或加强品牌联想。

马克·戈贝（Marc Gobe）把包装称为"一部半秒钟的商业广告"。品牌专家大卫·艾克说："人类有一个共同的脾性，就是经常通过物品的外在来判断实质。通过物品外表给人的第一印象来推测它的价值，并且越是华丽的东西，人们越是偏向于把它的价值往高的方向推想。"

四、创新形象

创新是企业运用新知识、新技术、新工艺，来开发新产品、提供新服务的过程。

创新形象、技术领先是品牌形象与市场竞争优势的重要基础，是在激烈的市场竞争中保持品牌活力的利器。技术落伍必将导致品牌竞争优势的丧失、品牌形象的衰弱。

企业要站在顾客的立场上去研究和设计新产品、创造新价值，不断对产品进行改良和更新，不断丰富和提高产品的性能及技术含量，不断对产品进行更新迭代，才能塑造良好的产品形象、品牌形象。

例如，海底捞高举"绿色、健康、营养、特色"的大旗，在继承川渝餐饮文化原有的"麻、辣、鲜、香、嫩、脆"等特色的基础上，不断创新，以独特、纯正、鲜美的口味和营养健康的菜品，赢得了顾客的推崇并在众多的顾客心目中留下了"好火锅自己会说话"的良好口碑。

品牌形象的丰富与发展也依赖于新产品的推出，谁率先把产品推向市场，谁就能成为新品类的开拓者和首席代表。

例如，喜之郎果冻——第一种具有皮冻样口感、晶莹剔透、口味清香的果冻；旺旺雪饼——第一种由大米面做的饼干，有着爆米花的香味；波力海苔——第一种用海藻做成的零食；露露杏仁露——第一个把原来只能嚼的苦涩的杏仁，变成能喝的杏仁；护舒宝女用卫生巾——第一个让妇女扔掉厚厚的并不卫生的卫生纸；朗科U盘——第一个代替原来时刻担心读不出文件的3.5寸软盘；恋衣牌晾衣架——第一个使人晾衣不用竹竿挑，只需轻轻摇一摇。

知识产权是塑造品牌形象的重要力量，包括科研成果、技术专利在内的知识产权不仅仅是一种竞争利器，更是塑造产品形象、品牌形象的关键因素。如果一个品牌缺乏属于自己的知识产权，在市场上就很容易被其他品牌取而代之，高科技产品尤其如此。例如，个人计算机平均每3～6个月就需要一次技术升级，技术的快速发展催促着计算机厂商加速抢占市场，因此，相关企业必须不断地、及时地改良和创新，否则就会被市场淘汰。

例如，特斯拉汽车颠覆了人们对电动汽车的传统认知，用超级跑车的标准定位电动车，给用户带来前所未有的体验。以Model S为例，其最大的特色在于"绿色"，作为纯电动汽车，它能有效降低全球的碳排放量，而且更像是酷炫的高科技产品——车主甚至可以通过手机应用软件来检查车的情况。特斯拉汽车不仅成功地规避了传统民用电动车车体笨重、续航里程短等缺点，同时也解决了豪华跑车排量大、环保性差等难题。

第二节　服务形象

服务是指伴随着产品的出售，企业向顾客提供的产品介绍、送货、安装、调试、维修、技术培训等。

优质服务不仅能保证优质产品的正确使用、使其质量优势充分体现出来，提升品牌的市场竞争力，还能够在服务过程中架设起情感的桥梁，赢得良好的口碑，建立良好的顾客关系。因此，良好的服务形象对品牌形象的塑造也是非常重要的。

服务形象是由服务项目、服务特色、服务定制、服务承诺等因素共同作用的结果。

一、服务项目

服务项目是指提供给顾客的服务种类、服务内容与服务功能。通俗地说，就是能够为顾客做什么。

例如，售前，及时向顾客提供充分的关于产品性能、质量、价格、使用方法和效果的信息；售中，为顾客提供准确的介绍和咨询服务；售后，重视信息反馈和追踪调查，及时处理和答复顾客的意见，对有问题的产品主动提供退换服务，对故障迅速采取措施排除或者提供维修服务。

一般来说，服务种类越多、服务内容越丰富、服务功能越强大，服务形象就越好。

例如，当你走进海底捞，在排队等待用餐的过程中，服务员首先会给你送上免费的饮料、水果，你也可以用海底捞的计算机上网，和朋友一起打牌、下棋。同时，海底捞有专业人员给你擦皮鞋、做美甲。如果食客是即将考试的学生，服务员不但会说一些吉祥话，还会送一份"一帆风顺"果盘。

▶ **案例**

海尔"全程管家365"服务

海尔集团是世界第四大白色家电制造商、中国最具价值品牌之一，海尔推行的"全程管家365"服务为之立下了汗马功劳——在全年365天里，海尔"全程管家"星级服务人员24小时全天候等待海尔顾客的来电，无论一年中的哪一天，只要顾客打电话到海尔当地的服务热线，"全程管家"服务人员会随时按顾客的需求上门服务。"全程管家"的服务内容包括售前上门设计、售中咨询导购、售后安装调试、定期维护保养等，这些优质的服务使顾客购买海尔产品的信心大大提升了。

此外，海尔维修人员上门维修时，统一穿着有海尔公司标志的工作服。进门前，穿上自备的鞋套，拆卸的零件放在专用垫布上，维修完后，还为顾客建立顾客台账，并请顾客签名确认。海尔星级服务在为海尔赢得巨大市场份额的同时，也为海尔品牌赢得了美誉。

中国移动的服务项目包括通话服务、数据服务、增值服务等核心服务；选号入网、停机关怀、手机商城、专属 SIM 卡等便利服务；全球通 VIP 机场高铁贵宾服务、全球通会员专区、全球通会员专刊等配套服务。

Keep 的服务

Keep 于 2015 年 2 月 4 日上线，致力于提供健身教学服务、健身饮食指导服务、社交服务、装备购买服务等一站式运动解决方案。

目前 Keep 为用户提供的健身教学服务主要是健身技能培训和真人视频指导。对于已有健身计划的用户而言，Keep 所提供的是健身技能的培训，如针对跑步有跑步减脂、距离提升、速度提升 3 类目标的不同等级指导，对跑前热身及跑后拉伸等必要项目也有指导培训。Keep 有单独的"动作库"，在这里针对锻炼的不同部位有专门动作的文字及视频指导，以此保证用户在运动健身过程中动作的标准性，让健身给用户带来的益处最大化。不同层次、不同需求的用户在 Keep 内都能找到符合自己需求的视频课程，视频中的运动者与其说是教练，更像一个陪练者，适时给予鼓励，加上背景音乐，很容易让用户产生兴趣。

Keep 在《快乐大本营》《向往的生活》等综艺和线下场景进行大规模品牌推广，"自律给我自由"这一文案击中了许多立志于减肥、健身用户的心。在社交媒体上，Keep 由明星效应打造话题热度，并联合 KOL 接力挑战，投放大量原创优质 PGC 内容作为种子，引导用户使用 Keep。

对于新注册的用户，Keep 会推荐其使用科学、客观的运动能力测试功能，全面了解自己的运动水平，然后通过算法推荐相应的训练计划及课程，减轻用户初次接触运动时的无措与茫然。Keep 会根据用户的运动历史、训练偏好及用户输入的身体数据，结合专业的教练建议，每日向用户推荐个性化的运动方案，包含运动建议、精选日报、饮食建议。

二、服务特色

服务特色是指所提供的服务比较独特、与众不同、别具一格。

如今市场上同类同质的服务越来越多，因此，要想在激烈的市场竞争中脱颖而出，必须有足够的特色才能吸引顾客的注意或光顾。服务越独特，越不容易被模仿，就越有价值，服务形象也越好。

例如，日本航空公司曾一度为缺乏竞争特色而伤透脑筋，因为各航空公司在业务上的竞争大同小异，面对这样的情形，日本航空公司决定追求高雅服务——其制作了一连串身穿和服的日本女性表现出的种种优雅仪态的广告形象：笑盈盈的双手托盘捧茶；进餐时指导旅客用筷子时的表情和动作；注目微笑，纤手半掩樱嘴的低声答问；斟酒分菜时的细心姿态。这一组画面，充分表现了日本女性的柔美、温情。自 1955 年以来，日本航空公司始终以这一形象出现在各种媒体上，使其优雅的服务深深地印在各国顾客的心中。

佰草集直播间

佰草集直播间堪称 2021 年最具创意的直播间之一，其将古装剧与直播带货相结合，无论是场景搭建还是主播话术，都经过精心设计，给受众带来一种"沉浸感"，让受众身临其中。在回答受众问题时，拒绝了以往的回应方式，而是采用一些古代常用的称呼，如公主、娘娘、王爷、主子、格格等。除此之外，佰草集直播间还将这类创意产品化，产出了一系列宫廷剧视频，在抖音平台上传播。

"现在下单，本官再加送一盒面膜""娘娘大气"……，进入抖音平台的佰草集直播间，仿佛跻身在清朝宫廷剧中。"娘娘"与"嬷嬷"的斗嘴，让万千网友着迷，开始在直播间里"追剧"。毫无疑问的是，佰草集直播间的这出宫廷戏，足够吸人眼球，为佰草集直播间品牌入驻直播带货渠道，开了个好头。

佰草集直播间的成功，不仅是因为主播的颜值高、专业性强、幽默风趣，更离不开整个团队的密切配合。例如，主播的打扮已经足够吸引受众的关注和讨论，但副播还配了一个嬷嬷的角色，而且嬷嬷又是男性扮演的，像喜剧演员一样呆萌，这样便形成了自然的冲突；而且嬷嬷无论是临场应变、护肤专业知识储备还是捧哏能力都不错，敢于出丑。这种一美一丑，一慢一快，一高一低的组合，无论视觉效果还是互动效果都很好。每款产品上架的时候，场控团队场外音特别有趣，像恭迎皇后娘娘出场一样，容易烘托气氛。每个人都不紧不慢地介绍产品、抛梗、接梗，动作、眼神都很有戏，别有新意。

又如，乐购为女性购物者和注重健康的顾客特别推出了"瘦身购物车"，这种"瘦身购物车"造价是普通推车的 7 倍，装有设定阻力的装置，顾客可自主决定推车时的吃力程度，阻力越大，消耗的卡路里就越多。推车购物过程中，顾客的手臂、腿部和腹部肌肉都会得到锻炼。手推车上还装有仪器，可测量使用者的脉搏、推车速度与时间，并显示推车者消耗的热量。为此，乐购受到了顾客的热烈欢迎，因为顾客得到了其他商场没有提供的"健身服务"。

▶ **案例**

三家旅行品牌的服务特色

携程旅行网是一个在线票务服务网站，拥有国内外 60 余万家会员酒店可供预订，是在中国领先的酒店预订服务中心。作为中国领先的综合性旅行服务公司，携程旅行网向超过 2.5 亿会员提供集无线应用、酒店预订、机票预订、旅游度假、商旅管理及旅游资讯在内的全方位旅行服务，被誉为互联网和传统旅游无缝结合的典范。

飞猪旅行是阿里巴巴旗下的旅行品牌，是一家主要提供机票、酒店、门票、签证等旅游服务的网络交易平台。由于飞猪旅行这一平台采取的是各旅行社直接开店模式，使得旅行社能够直接与消费群体接触，深入了解顾客需求和偏好，处理顾客问题和投诉。

马蜂窝旅游网是一家基于个性化旅游攻略信息构建的自由行交易平台，该网站提供了旅游攻略、游客游记评论、网上旅游路线预订等多种业务。

三、服务定制

服务定制是指针对不同顾客的需求差异，为顾客提供量身定制的、有针对性的服务。

随着社会的进步、生活水平的提高，人们对个性化的要求越来越高，越来越多的顾客追求品质生活，不愿被动地接受大众化服务，更愿意选择能够最大限度满足自己个性化需求的服务，希望自己得到特殊对待。

例如，在美国有这样一个快餐品牌，名为 In-N-Out，它的资历比麦当劳还深，店里卖的菜品只有汉堡、薯条、饮料。在 In-N-Out，你仿佛并不是活在机械化时代，连冰箱、微波炉、紫外线杀菌这些快餐店的标配，在 In-N-Out 店里都看不到，因为肉饼都是新鲜非速冻、现点现煎的，所以根本用不着那些设备。In-N-Out 坚持客人点餐之后才开始制作，切薯条、撕蔬菜、烙牛肉，绝不提前做好。In-N-Out 的菜品虽然少得可怜，却是通过做少达成了做精。In-N-Out 的每一代继承人，都铭记着其创始人曾说过的"专注做一件事，把它做好"这句话。另外，为了保证每家店都能给予食客最好的产品与服务，In-N-Out拒绝加盟，坚持所有的分店都是直营店。

▶ **案例**

瑞蚨祥的高端定制服务

在瑞蚨祥各大门店的高端定制区，顾客都可以零距离体验高端定制服务的全过程。瑞蚨祥高端定制服务围绕"九大流程"开展，即由专属助理、形象顾问、量体师、制版师、裁剪师、缝纫师、整烫师、盘扣技师及刺绣技师等组成定制团队，为每一位顾客提供"一个团队为一个人服务"的贴心体验。

其中，专属助理全程跟进定制过程，负责解答顾客的各种疑问并协调其他流程，以满足顾客的需求；形象顾问根据顾客的身形和个性化需求提供产品外形设计意见；量体师负责测量顾客与服装定制相关的各个部位，为服装定制提供精准数据；制版师根据专属助理反馈的顾客需求、形象顾问提供的设计意见、量体师提供的数据，绘制出定制服装的版型；裁剪师和缝纫师根据制版师提供的版型进行服装的剪裁和缝制；整烫师、盘扣技师和刺绣技师则以精湛的技艺为成衣锦上添花。

此外，瑞蚨祥还通过开发高端定制 App 软件，为顾客提供线上量体、个性化搭配、购买专属定制产品、送货上门、掌上跟踪产品进度等服务。

服务定制体现了"以顾客为中心"的服务理念，满足了不同顾客对服务的不同需求，使顾客感到被尊重，因而能够提升服务形象。

▶ **案例**

南航为特别旅客提升出行体验

南航"四优关爱"服务的对象为特殊关注的旅客群体。该服务通过优先值机、优先安检、优先登机、优先行李交付等，消除特殊旅客在外出行时的担忧和焦虑，让其感受到更多体贴和关爱。

"木棉童飞"是南航针对无人陪伴的儿童提供的一项增值服务，在家长将儿童托付给航空公司后，地服系统工作人员会全程护送小朋友值机登机，并且拍下每个流程，将照片及时上传系统。系统会向家长预留的手机号码发送短信和验证码，家长可通过南航微信公众号查看和下载孩子乘机的照片。

"心信相印"服务的对象是无人陪伴乘机的旅客。该服务通过短信、电话等方式向申请成功的旅客家属传递所乘航班涉及延误的相关信息，让旅客感到更贴心、更暖心、更温馨。

四、服务承诺

服务承诺是对服务的各个环节、各个方面实行的承诺，可起到降低顾客心理压力的保险作用，从而增强顾客的安全感，因而也能够提升服务形象。

例如，航空公司承诺保证航班准点，承诺当航班因非不可抗拒因素出现延误、延期、取消、提前时保证补偿乘客的损失，这样便可降低乘客的心理压力，增强对航空服务的信心。

例如，宜家的《商场指南》里写着："请放心，您有 14 天的时间可以考虑是否退换。"美国肯德基公司的两条服务标准——"顾客在任何一家肯德基快餐店付款后必须在两分钟内上餐"；"炸鸡 15 分钟内没有售出，就不许再出售"。

> **案例**
>
> ### 睡不着我买单
>
> 位于纽约曼哈顿市中心的本杰明酒店推出"睡不着我买单"的计划——酒店保证，顾客如果无法入睡可不支付房费。该酒店在履行让顾客安睡的使命方面，可谓一丝不苟：酒店客房设在五楼以上，并安装隔音玻璃，远离了道路噪声；酒店内除设有特别定制的床垫外，还提供十多种不同类型的枕头供顾客选择，枕头的填充物各有不同，有荞麦、绒毛等。酒店创立了睡眠礼宾司，设"睡眠管家"职位，专门解决顾客的各种睡眠问题。"睡眠管家"会根据顾客的个人习惯，提供最舒适的床垫、床单和被褥等床上用品。此外，顾客还可以支付额外费用享用睡前按摩服务，或食用有助于睡眠的小点心（如香蕉面包）。

服务承诺通常包含两部分内容：一是向顾客承诺其能够从服务中得到什么，即向顾客承诺服务的具体内容及服务标准；二是向顾客承诺，如果承诺没有实现，将如何弥补顾客的损失。当然，承诺应该量力而行，一旦做出承诺就要不折不扣地兑现，切不可给顾客"开空头支票"。

> **案例**
>
> ### IBM 就是服务
>
> "IBM 就是服务！"是美国 IBM 公司的一句响彻全球的口号。IBM 从用户的需求出发，帮助用户安装调试、排除故障、定期检修。公司技术人员及时解答用户提出的各种技术问题，向他们提供产品说明书和维修保养的技术资料，听取其使用产品后的评价和意见等。通过多种多样的服务，IBM 使用户满意度达到 100%，从而建立起企业的信誉，营造出独特的 IBM 文化。
>
> 在美国纽约华尔街停电事件中，所有证券交易所都关闭了，银行一片混乱。在这个紧要关头，IBM 纽约分部的每个员工都忘我地工作，争取把用户的损失降到最低限度。在 25 小时的停电期间，户外温度高达 35℃，空调、电梯、照明一概没有，IBM 的员工不辞辛苦地攀爬一些高层大楼，包括一百多层的世界贸易中心大楼，他们带着各种急需的部件为用户维修设备。

在费城信赖保险公司大楼失火事件中，当时所有的导线被烧坏，计算机上的其他主要部件及设备也被破坏时，IBM立即调来服务小组，进行24小时不停顿的抢修。经过连续3天的昼夜抢修，IBM终于使信赖保险公司恢复了正常业务。

正是IBM这种优质、及时的服务赢得了顾客的满意，奠定了公司繁荣兴旺的基础。

第三节　价格形象

对顾客而言，价格不是利益的载体，而是顾客为获得某种产品或服务而付出的经济代价。

价格是顾客在购买前可利用的、有限的参考信息之一，是顾客判断产品或服务的质量和档次的重要线索和信号，特别是当顾客没有其他信息可以依赖时，顾客常常将价格视为档次和质量的指示器，认为"一分价钱一分货""便宜没好货""好货不便宜"。

一、高价形象

高价形象是指高价格给品牌形象带来的影响。

人们通常认为，高价意味着高档，也就是说，高价会给品牌带来高级的形象。

例如，劳斯莱斯、奔驰以其高价格为起点、高品质为基础，建立了尊贵、豪华的品牌形象。百达翡丽的手表，在同样镶钻或者参数近似的情况下，价格却要比别的品牌高很多，但它依旧可以在手表年度销售品牌中位列第二，被视为全世界最好的表，坐拥"表王"的称号。

▶ **案例**

BBBK灭虫公司的高价服务

美国BBBK灭虫公司生产的杀虫剂的价格是其他同类产品的5倍，它之所以能够获得溢价是因为它把销售重心放在一个对质量特别敏感的市场——旅店和餐馆上，并且提供了它们认为最有价值的东西，即保证没有害虫而不只是控制害虫。BBBK灭虫公司对酒店承诺：在房间中所有害虫被灭光之前，无须支付一分钱；如果您对我们的服务不满意，您将收到相当于12个月服务的退款，外加第二年您选择新的灭虫公司的费用；如果您的客人在房间中看到一只害虫，我们将支付客人本次和下次住宿的全部费用，并送上一封道歉信；如果您的酒店因为害虫存在而停业，我们将赔偿全部罚金和利润损失，并再加5 000美元。BBBK灭虫公司提供给这个特定市场的优质服务使它能够制定出这样的价格，而这样高的价格又使它有能力培训服务人员并支付其较高的工资，激励员工为顾客提供优质的服务。

二、整数价格

整数价格形象是指将价格以整数定价而给品牌形象带来的影响。

一般来说，整数价格意味着不妥协、没商量，隐含一种高贵的气质。所以，人们通常认为，整数价格会给品牌带来高级的形象，可以吸引对质量敏感而对价格不敏感的顾客。

例如，酒店推出一桌宴席的价格是 3 000 元、5 000 元等。

三、低价形象

低价形象是指低价格给品牌形象带来的影响。

虽然人们一般认为低价意味着低档，但是低价也意味着省钱，也就是说，低价可以给品牌带来实惠、经济的形象。

例如，全球最大零售企业沃尔玛，长期坚持"低价销售，保证满意"的经营特色，打造一种朴实、节约的品牌形象。

四、零头价格

零头价格形象是指带有零头的价格给品牌形象带来的影响。

虽然人们一般也认为零头价格意味着便宜、低档，但是零头价格也会使顾客产生定价认真、严谨的印象——有尾数、有零头的价格是经过认真的成本核算才得出的结果，价格没有水分，这样，就可能使顾客对价格产生信任，吸引对价格敏感的顾客购买。

例如，餐厅的菜单上列出 56 元、89 元的菜式价格，就是对这种方法的运用。

需要注意的是，价格定位一旦确定就不宜随意改变，应一贯坚持以保持品牌的形象，否则可能会导致品牌形象混乱。

例如，派克成立初期价格较贵，定位为总统用的钢笔，后来为了抢占低端市场推出了 3 美元一支的派克笔，品牌形象急剧下滑，原来的高档笔也受到牵连。

五、价格促销对品牌形象的影响

企业处在激烈的市场竞争中，为了生存和发展，有时候可能需要降价促销，但是，如果降价促销不当或者过度，如降价活动被顾客视为没有充分理由，或者降价过于频繁，就不仅可能达不到促销的目的，反而会降低品牌的格调，损害品牌形象，相当于把品牌扔进了泥潭，越陷越深。因此，必须对降价促销加以控制，慎重降价，最好不直接降价。

不直接降价的形式有：价格不变，馈赠礼品；价格不变，加大各种折扣；价格不变，提高产品的质量或性能；价格不变，增加服务项目，如实行送货上门，或免费安装、调试、维修。这样既提升了销售量，又能够维持品牌形象。

在非降不可的情况下，要给降价一个恰当的理由，千万不能让顾客认为是产品卖不出去或质量不好才降价。合理的降价理由通常有：季节性降价、重大节日降价、商家庆典活动降价（如新店开张、开业周年、开业 100 天、销售突破若干元或若干件等）、特殊原因降价（如店铺拆迁、店铺改变经营方向等）。另外，即使降价，也应尽量使用"折扣优惠价""特卖""让利酬宾"等字眼。

总之，良好的品牌形象要求企业不要推销，另外降价促销要谨慎，并且不能过于频繁，因为，不管怎么说，任何促销和推销手段都会使品牌有失身份，让品牌掉价。

第四节　终端形象

终端形象指的是顾客与品牌直接接触的路径或渠道的形象。

终端渠道由于直接与顾客进行接触,除了展示、销售等传统功能,还是顾客获得品牌体验的重要渠道。因此,终端类型、终端位置、终端密度、终端活力等方面都将直接影响品牌形象。

例如,法国品牌皮尔·卡丹、梦特娇曾一度作为法国奢侈品牌风靡全球,但由于对全球分销终端控制不严,因此其产品在众多低档终端都能买到。其结果是皮尔·卡丹的品牌形象一落千丈。

一、终端类型

传统的终端类型包括折扣店、便利店、超市、专卖店、直营店、百货公司、购物中心等。传统的终端类型比较接地气,顾客可以现场购买,与品牌亲密接触。当然,不同的传统终端类型仍然会使顾客产生不同的感觉,如折扣店、便利店、超市让人感觉到低档廉价,而百货公司给人感觉高档些,购物中心则更显高档且品位也高。

一般来说,品牌的专卖店、直营店也显得高档。例如,世界知名时尚品牌 LV 把直营店当作品牌露脸的"门面",店面设计上力求极致,通过直营店的形象来提升品牌形象,也是 LV 品牌极好的广告宣传点。

▶ **案例**

索尼巧借"带头牛"打开美国市场

日本索尼公司的彩色电视机,在 20 世纪 70 年代进入美国市场的时候,起初仅在寄卖店里销售,被美国顾客称为"瘪三"产品。卯木肇先生是新任索尼公司国外部部长,其首要任务是打开美国市场的销路。他风尘仆仆地来到美国芝加哥市,不免大吃一惊:索尼彩电竟在当地无人问津。在日本国内畅销的优质产品,为什么一到美国就落得如此凄凉的下场呢?面对如此尴尬的局面,卯木肇先生愁肠百结,日日夜夜思考这一问题,但依然一筹莫展。

一天,卯木肇先生偶然经过一处牧场。当时夕阳西下,飞鸟归林,一个稚气的牧童牵着一头雄壮的大公牛进牛栏。公牛的脖子上系着一个铃铛,叮当叮当地响着。一大群牛跟在这头公牛的屁股后面,温驯地进入牛栏……看着看着,卯木肇先生忽然大叫一声:"有了!"

原来是卯木肇先生触景生情,灵感突发,悟出一种推销索尼彩电的办法——眼前这一群庞然大物被一个不满三尺的牧童驯服,是因为牧童牵着一头"带头牛"。索尼彩电在芝加哥要是能找到一家"带头牛"商店率先销售,不是很快就能打开局面了吗?想到这里,卯木肇先生高兴得跳了起来,急忙驱车赶回驻地。

经过研究,卯木肇选定当地最大的电器零售商马歇尔公司作为主攻对象。由于卯木肇先生的不懈努力,加上每一次说的话都站在经理的立场上,处处为马歇尔公司的利益着想,合情合理,态度诚恳,这位经理终于动心了,同意代销两台试试。但他提出的条件十分苛刻:如果一周之内卖不出去,请把产品搬回去。

卯木肇先生满怀信心,回到驻地后立即选派两名能干的推销员,送两台彩电去马歇尔公司,并告诉他们:这两台彩电是百万美金订货的开始。要他们送货后,留在柜台上,与马歇尔公司的店员并肩推销。要求他们与店员搞好关系,休息时轮流请马歇尔公司的店员到附近咖啡馆喝咖啡。当天下午 4 点钟,两名年轻人回来,报告两台彩电已销出,马歇尔公司又订了两台。卯木肇先生大喜。至此，索尼彩电终于挤进了这个芝加哥"带头牛"商店。

有马歇尔公司这头"带头牛"领路，芝加哥地区一百多家商店纷纷要求经销索尼彩电。不到3年，索尼彩电在芝加哥地区的市场占有率达到30%；又由于有了芝加哥这头"带头牛"的引路，索尼彩电在美国其他城市的局面也打开了。

随着信息技术的成熟与互联网、新媒体的蓬勃发展，当前，越来越多的企业开始利用互联网来为顾客提供服务。新近的终端类型主要是互联网、新媒体销售终端。一般来说，互联网、新媒体终端会让顾客感觉比较时尚、便捷。

例如，当前生鲜的网上分销渠道就有京东到家、每日优鲜、超级物种、盒马鲜生等平台，以及兼做网上到家服务的连锁超市、天猫、淘宝等综合性电商平台等。

南航e行是中国南方航空股份有限公司通过移动端官方平台，将移动互联网和航空出行的全流程服务结合起来，整合航空旅游上下游行业资源，为旅客及合作伙伴提供全流程一站式电子化服务的总称，包括南航App、南航微信公众号、南航e行小程序等，帮助旅客及合作伙伴实现"一机在手，全程无忧"的目标。

网易严选的线上终端有天猫、京东、拼多多等电商平台。其与海外平台，如入驻北美的最大亚洲产品购物平台——亚米网合作：网易严选负责提供优质的产品及物流，亚米网负责销售及售后服务。此外，网易严选还自建App将服务提供给顾客，为顾客带来良好的购物体验。

喜茶布局了线下体验店、"喜茶GO"小程序、微信公众号、微博、天猫旗舰店、抖音直播及美团外卖等这些触点，并且使线上、线下营销传播无缝连接，如通过小程序下单，可以去线下实体店进行提货，同时也通过线下活动吸引"粉丝"到线上。打开喜茶微信公众号，文案、海报、色调等内容元素精致、有趣，而且具有很浓的艺术气息，十分走心，特别是，其内容一般采用漫画的方式，将喜茶的故事娓娓道来，和年轻顾客群体的心灵达到情感共鸣。如此一来，喜茶不仅使"粉丝"产生精神依赖感，而且促使他们主动将喜茶分享给其他兴趣相投的人。

二、终端位置

终端渠道的地理位置不仅影响顾客消费的便利程度，还会影响品牌形象。例如，终端坐落在繁华闹市区与坐落在偏僻小巷的品牌在顾客心目中的形象自然会有所不同，终端处在繁华地段的品牌会使顾客感到档次较高。

▶ **案例**

瑞蚨祥的线下实体门店

瑞蚨祥的线下实体门店各具特色：前门总店侧重高端定制服务和非遗文化体验；金源燕莎MALL门店重点打造现代时尚生活方式和体验式营销模式；地安门门店主打经典复古风格，侧重服务"老北京"群体。

例如，位于北京前门大街的瑞蚨祥总店吸收了"巴洛克"式的西洋建筑风格，店面装饰融入中国传统建筑文化元素，入口两侧的石柱雕刻着爱奥尼克式涡卷，造型自由、追求动感；八开间的门面外墙寓意"聚四方之才，揽八方来客"；外墙底端雕刻着荷花图案，"荷"与"和"谐音，寓意"和气生财"；上方雕刻着"牡丹"图案，寓意"富贵"；门楣上雕刻"松鹤延年"图案，寓意"生意兴隆、长盛不衰"。作为中西合璧的商业建筑典范，瑞蚨祥前门总店门楼于 1995 年被列为"北京市市级文物保护单位"，于 2006 年被列为"第六批全国重点文物保护单位"。

又如，瑞蚨祥在金源燕莎 MALL 开设的直营门店，店内分为产品展示区、试衣区、柜台区、休憩区和网络购物区。产品展示区根据产品类别细分为旗袍展示区、礼服展示区、中式成衣展示区、配饰展示区和床品展示区，各展示区域进行差异化陈列，多而不乱，颇具层次感。休憩区摆放整套中式木质骨架和棕色软包坐面的沙发椅，不仅营造了典雅的氛围，还能让顾客在小憩时感受到尊重与呵护。

三、终端密度

一般来说，终端密度越大，连锁终端、销售网络越多，品牌与顾客接触的机会越多，顾客会感觉品牌有实力、有规模，从而形成较好的品牌形象。

▶ 案例

茶颜悦色

茶颜悦色于 2014 年创立于长沙，是长沙目前最火的新茶饮品牌，其在长沙的店面数累计达到几百家。茶颜悦色采用了密集分销策略：在中心商圈及人流量密集处，大量开设直营店，"十米一家，一街十店"，毫不夸张。那些门店都不大，以十几平方米的档口店为主，无论是街头巷角，还是大型商圈，茶颜悦色都是标配。这种密集型布局不但有效地提高了品牌的曝光度，还能降低空间、运营成本，便于统一管理。

与其他品牌不断挤破头想要抢占一线城市市场的套路不同，茶颜悦色反其道而行，稳扎稳打地扎根长沙，把地域局限转化为自身的特色，将劣势转化为优势。"只有在长沙才能喝到的奶茶"，既能让本地顾客有一种地域文化的优越感，也会让外地顾客产生强烈的好奇心。而在自媒体时代，这种原本主打本土化的品牌名气将会不断地在社交媒体上传播，通过区域饥饿营销刺激顾客的购买欲望。在微博、小红书等社交媒体上，很多网友都在分享自己专门为喝茶颜悦色而前往长沙旅游。茶颜悦色深耕长沙的做法还带动了长沙旅游业的发展。

此外，茶颜悦色不开放加盟，所有的茶颜悦色都是直营店，这样做可以保证品控，使茶颜悦色始终保持其风味和口感，积累起良好的用户口碑，增加顾客的好感。

但是，有时候，受"物以稀为贵"心理的影响，有些顾客会认为，随处可见、遍地开花、唾手可得的终端会使品牌"掉价"。为此，企业要联系品牌定位来进行终端设计——一般来说，对于走大众路线的品牌可以加大终端密度，而对于走奢侈路线的品牌则终端密度要小。

例如，欧莱雅集团是全球化妆品行业的领袖，拥有众多令全世界爱美女性趋之若鹜的化妆品品牌，其中，薇姿和理肤泉只在药房销售，卡诗和欧莱雅专业美发只在发廊销售，高档化妆品赫莲娜、兰蔻、碧欧泉等品牌的零售终端严格选择香水店、高档百货店、购物中心专柜、免税商店等，终端数量少而精，确保了品牌的高端形象。而欧莱雅的大众化妆品部主要通过百货公司、超市等大众化消费渠道，向顾客提供羽西、美宝莲、卡尼尔等品牌及在中国收购的小护士，确保了顾客对这些品牌的接触度。

四、终端活力

终端活力指品牌与顾客接触的终端环境与氛围给顾客的第一印象及对顾客的吸引力。

终端环境的设计、造型、布局、色彩、氛围及各种装饰等，能展示品牌定位、品牌文化，对品牌形象有着直接的影响。

例如，初次光顾某品牌餐馆的顾客，在走进餐馆之前，餐馆的外表、门口的招牌等已经使他对之有了一个初步的印象。如果印象好的话，他会径直走进去，而这时餐馆内部的装修装饰、桌面的干净程度及服务员的礼仪形象等也将影响他是否会真的在此用餐。如果餐馆环境污浊，服务人员穿着邋遢、不修边幅，显然会令顾客望而止步，至少顾客会将其定位为低档消费场所，认为其根本不可能提供优质的服务。

▶ **案例**

当大师在地铁演奏时

2007年1月12日，这是一个寒冷的上午。在华盛顿特区朗方广场（Enfant Plaza）地铁站的L入口处，一位男士站着演奏一把小提琴。他面前的地上，放着一顶开口朝上的帽子。

没有人知道，这位在地铁里卖艺的小提琴手，是约夏·大卫·贝尔（Joshua David Bell）——美国最好的小提琴手之一。他演奏的是巴赫和舒伯特最高难度的几首作品，用的是他那把著名的，1713年制成的斯特拉迪瓦里（Stradivarius）名琴——这把琴当时的市场价格是350万美元。

大约3分钟之后，演奏者迎来第一位驻足听众。那是一位看起来颇有修养的中年男子，他放慢了脚步，停了几秒钟稍微听了一下，然后就又急匆匆地继续赶路了。又过了大约1分钟之后，约夏·大卫·贝尔终于收到了他的第一块美元：一位女士把钱丢到帽子里，她没有停留哪怕一秒钟，更不用说留心这个男人指尖流动的音符，就继续往前走去。第6分钟时，一个小伙子倚靠在墙上倾听他演奏，然后看看手表，就又继续往前走了。在约夏·大卫·贝尔演奏的45分钟里，大约有2 000人从这个地铁站经过，只有7个人停下来听了一会儿，有27个人给了钱，就离开了。

要知道，在美国，贝尔是获得主流媒体一致褒奖的"古典音乐超级巨星"，《纽约时报》曾评论道："贝尔先生不站在任何人的阴影之下"，在很多乐评人眼里，约夏·贝尔就是帕格尼尼（Niccolo Paganini，意大利音乐家，史上最著名的小提琴师之一）重生。就在两天前，贝尔在波士顿一家剧院演出，而要坐在剧院里聆听他演奏同样的那些乐曲，平均得花200美元。即便票价如此高昂，市面上却依旧一票难求。根据隐藏摄影机与报道记录，45分钟内贝尔的总收入为32.17美元，扣除事先放入的25美元，大师45分钟只挣了7.17美元。投钱的27个人大部分给的是25分硬币（Quarter），甚至有人只给一美分（Penny，有人评价，这丢给乞丐都会觉得不好意思）。这与约夏·贝尔平时每分钟1 000美元的演奏酬劳相比，简直是天壤之别。

这是怎么回事？难道朗方广场地铁站位于穷乡僻壤吗？还是往来的人没有美学品位？事实上，朗方广场地铁站位于华盛顿的核心，往来的人大多是中产阶层的公务员，也就是说，多的是戴着响亮头衔的人物：政策分析师、项目管理员、预算审查官员、专家、顾问等。

终端环境舒适整洁，会使顾客产生积极的消费情绪，有利于品牌形象的提升。例如，肯德基公司在全世界 80 个国家和地区开设了 1 万多家网点，且在世界各地都通过特许专卖合同的方式拓展网点，所有网点的内外装修都按统一的 7 套图纸进行，装修的主色调都是以粉红和粉蓝为主，都有专门供小孩玩耍的乐园……这些标准无论是在肯德基的哪个门店都要严格执行，因此肯德基快餐店无论在哪里都有统一的形象，这有助于人们对肯德基的认同。

延伸阅读：第三空间

星巴克没有把自己定位为单纯的咖啡厅，星巴克的 CEO 舒尔茨描述了他的愿景：一个传达浓缩咖啡技艺真实体验的地方，一个人们可以边饮绝佳咖啡边思考和想象的地方，一个聚会畅谈的休憩之所，一个有社区归属感的舒适港湾，一个除工作和家里以外的第三空间，一个欢迎和鼓励人们再来的场所，一种能同时包容快速服务和内心平静的空间。

英国学者布西蒙说，星巴克和其他咖啡馆一样，都填补了"人们与他人建立联系的内心渴望"，但与 18 世纪伦敦的咖啡馆和 20 世纪 50 年代纽约的咖啡屋不同的是，"星巴克让你感觉同样可以在公共空间里享有独立"，即第三空间——家和办公室之外的第三个地方，一个可以休息、阅读、思考、写作，甚至发呆的地方。据调查，美国人光顾星巴克的前三大原因中，第一个是"第三空间"，第二个是会面地点，第三个是饮品。

星巴克的店面选址十分讲究，主要开在较为发达、消费水平较高的大城市，并且开在人多的商业区或是顾客质量高的办公区及机场等地，店内配备免费的 Wi-Fi 和电源，这就使商务人士在选择商务会谈地点时会毫不犹豫地选择星巴克这样一个地理位置优越、装修风格良好、氛围舒适轻松、利于洽谈的咖啡厅。

星巴克的总部有一个设计室，拥有一批专业的设计师和艺术家，专门设计全世界的星巴克店铺。在风格上，主要突出美式风格。每个新店的地点定下来之后，都要及时将店面绘成图纸发往美国，由位于西雅图的星巴克总部统一设计，然后再发回该店进行装修。星巴克一方面费尽心思去找寻具有特色的店址，另一方面在每次要增加一家新店时，他们就用数码相机把店址内景和周围环境拍下来传到美国总部，设计师和艺术家在设计时会尽量依据当地商圈的特色并结合当地景观进行设计，装饰因地制宜，不断创造新鲜感。星巴克在中国的一些门店就融入了许多本土的元素，如北京的前门店、上海的豫园店、成都的宽窄巷子店等，既透着浓厚的中国传统文化，又保持着原汁原味的美式风情，二者并行不悖，结合得天衣无缝。

在"第三空间"，精湛的钢琴演奏、经典的欧美音乐背景、流行时尚的报纸杂志、精美的欧式饰品等配套设施，营造出一种高贵、时尚、浪漫的氛围，这种独特的"星巴克体验"，让全球各地的星巴克门店成为人们除工作场所和生活居所以外的一个温馨、舒适的空间。柔和的灯光、清洁的环境，软软的大沙发与木质桌椅，随便挑一张椅子坐下，就可以让自己静静地放松在音乐混着纯净咖啡香的气氛中。如果你是常客，不用开口，店员就会送来你喜欢的饮料，在人群中，享受一点熟悉的礼遇。用舒尔茨的话说，星巴克为忙乱、寂寞的都市人提供了一片"绿洲"。在那里，顾客们心情放松，并享受交际的乐趣。

星巴克在色调上一般用的是暗红色与橘黄色，加上各种柔和略带暖色的灯光及体现西方抽象派风格的一幅幅艺术作品，再摆放一些时尚的报纸杂志、精美的欧式饰品等，写一些诸如"咖啡是你一辈子的情人"等温存的话语，那种亦真亦幻的氛围就营造出来了。重烘焙极品咖啡豆是星巴克味道的来源，加上"四禁"政策——禁烟、禁止员工用香水、禁用化学香精的调味咖啡豆、禁售其他食品和羹汤，力保店内充满咖啡自然醇正的浓香。在柔和的、暖暖的灯光下，恣意流淌在星巴克门店中的是一种悠闲和自在，尽情地享受在嘈杂和忙乱的工作和生活的节奏中偷得片刻的闲暇。

为了使咖啡文化更深入地影响顾客，星巴克在墙上运用了古色古香的壁画、演绎咖啡历史的图片、咖啡器皿的陈列……这一切的一切都在默默、持续、无形地植入顾客心中。

总而言之，星巴克用舒适的环境、特色的装潢满足了顾客的视觉体验；用音量恰到好处、舒缓浪漫的美国乡村乐及钢琴曲满足了顾客的听觉体验；用醇正浓香的咖啡豆香味满足了顾客的嗅觉体验；用以顾客为本、宾至如归的服务满足了顾客的情感体验；用柔和的灯光、带有浓厚西方抽象派风格的艺术作品满足了顾客的氛围体验……营造出一种温馨的氛围，烘托出一种"星巴克特有的环境体验"。

第五节　企业形象

企业形象是企业在顾客心目中的形象。

俗话说"严师出高徒、将门出虎子"，人们常常以这种观念通过评价品牌所有者、提供者即企业的形象去评价品牌形象。也就是说，企业形象是影响品牌形象的重要因素，企业一贯带给顾客的印象会影响顾客对其所属品牌形象的认知。一般来说，良好的企业形象有益于在顾客心中建立起成功的品牌形象。

企业形象是企业的市场形象、社会形象、企业文化、经营理念、人员形象等因素共同作用的结果。

一、市场形象

市场形象是指企业的经营表现和盈利水平，主要由行业排名、市值、市场占有率、销售额、利税、经营场所及面积、技术的先进性及研发实力、生产经营设备的先进性等组成，它反映了企业经营能力和盈利水平的高低，是品牌经营状况的直接表现。

一般而言，企业良好的市场形象会增强投资者和顾客对品牌及其产品的信心。

例如，美国克莱斯勒汽车公司宣称自己是美国"三大汽车公司之一"，五粮液集团推出新品牌时使用"系出名门"的广告语为的是借"五粮液"的名牌效应，提升新品牌的地位和形象，赢得顾客的信赖。

二、社会形象

社会形象是指企业通过非营利的及带有公共关系性质的社会行为塑造良好的品牌形象，以博取社会的认同和好感。这些社会行为包括：奉公守法，诚信经营，维护顾客的合法权益；保护环境，促进生态平衡；关心所在社区的繁荣与发展，关注社会公益事业，促进社会精神文明建设等。

例如，苏宁易购积极践行并推动绿色采购的发展，择优选择奉行绿色营销理念的供应商，逐渐增加绿色产品的采购比例；在包装环节，持续推动直发包装、简约包装、循环包装、包装优化升级，并将零胶纸箱、可降解包装袋、瘦身胶带等减量，减少包装消耗；在运输环节，苏宁易购在全国百城推广投入使用新能源汽车，逐步提高新能源汽车的使用比例；在消费环节，通过开展以旧换新活动、发放节能补贴、上缴废料回收激励等方式，持续促进循环经济发展，推动绿色消费。

此外，企业通过展示政府、行业协会等权威机构或第三方评审结果，如行业排名、获奖证明、荣誉证书、被确定的等级，以及顾客的口碑，如顾客赠送的锦旗、表扬信、感谢信等，特别是名人接受服务时的照片、题词等，都有利于树立良好的社会形象，从而增强顾客对品牌的信心。

三、企业文化

文化难以复制，没法拷贝。

企业文化是企业经营观、价值观、审美观的总和，是企业自创品牌的基因。

塑造品牌形象，企业文化具有灵魂作用。从表面上看，品牌展现的是名称、符号和标志，但事实上，品牌所表达和传递的是价值观、理念和精神。一个品牌最持久的影响源于企业文化，品牌形象只有生长于企业文化的土壤中才能枝繁叶茂、活力持久，知名品牌就往往是靠优秀的企业文化来支撑的。

例如，中国邮政 EMS 的"全心、全速、全球"，麦当劳的"质量、清洁、价值"，家乐福的"开心购物"，七匹狼倡导"挑战人生、永不回头，相信自己、相信伙伴"的"狼文化"，中国银行做的"止，而后观；竹动、风动、有节、情义不动"和"源远流长"的储蓄广告，以"竹"为喻和以"江河"为喻，生动地体现了中华民族传统文化中节俭的美德。星巴克的产品不单是咖啡，咖啡只是一种载体，通过咖啡这种载体，星巴克把一种独特的文化传达给顾客。从咖啡馆到咖啡王国，星巴克证明了文化与看得见的资产一样重要。

> ▶ **案例**
>
> ### 如家酒店的文化
>
> 如家的品牌定位清晰，即经济型酒店，且提供给顾客一种宾至如归的家的感觉，同时也契合了汽车文化、背包客文化、互联网文化等。
>
> 汽车文化：今天人们生活方式和价值认同的巨大转变，使汽车日益成为生活热潮，如家酒店所提供的汽车旅馆概念也被顾客所接纳。
>
> 背包客文化：背包客大多是指那些尽管穿着时尚，但没有什么积蓄的年轻人，因而，物美价廉、方便快捷的如家就成为他们的首选。
>
> 互联网文化：互联网文化是现代科技的代名词，它的快捷方便促进了如家酒店的系统服务质量和资源整合效率的提高。如家酒店利用网络建立起与顾客的零距离沟通与交流，及自动化的订单服务体系。

通观全世界的"老字号"品牌，无一不具有魅力十足的企业文化。例如，北京同仁堂走过三百多年历程，始终没有放弃"炮制虽繁必不敢省人工，品味虽贵必不敢减物力"的规训，坚持传统的制药特色，以"质量优良、疗效显著"的口碑使其品牌延绵流传。

▶ 案例 ━━━━━━━━━━━━━━━━━━━━━━━━━━ ●

沃尔玛的企业文化

首先，沃尔玛提出了"帮顾客节省每一分钱"的宗旨，而且实现了价格最便宜的承诺。因此，在早期经营中，沃尔玛创始人山姆·沃尔顿亲自去寻找便宜的货物，然后用车拉到店里来卖。在他的商店里，每天都有大量"超低价"的产品零散地堆放于店面，这种极度简单的做法给了顾客最直接的冲击，超低的价格使他的产品得以在最短时间内自货架上一扫而空。

其次，走进沃尔玛，店员立刻就会出现在你面前，笑脸相迎，顾客便可以亲身感受到宾至如归的周到。店内贴有这样的标语"我们争取做到每件产品都保证让您满意！"顾客对在这里购买的任何产品如果觉得不满意，可以在一个月内退还商店，并获得全部货款。沃尔玛把提供超一流的服务看成自己至高无上的职责，这源自沃尔顿的成功经营法则之一：超越顾客的期望，他们就会一再光临！

最后，沃尔玛还有许多"超值"理念，包括"日落原则""比满意还满意原则""10步原则"等。"日落原则"是指当天的工作必须在当天日落之前完成，对于顾客的要求，要在当天予以满足，决不拖延。对于"比满意还满意的原则"，公司创始人沃尔顿对此的解释是，"让我们成为顾客最好的朋友，微笑着迎接光顾本店的所有顾客，尽可能地提供帮助，不断改进，甚至超过顾客原来的期望"。"10步原则"是指只要顾客出现在沃尔玛员工10步距离的范围内，员工就必须主动上前打招呼，并询问是否需要帮助。

总之，沃尔玛的文化在于不断地了解顾客的需要，设身处地为顾客着想，最大限度地为顾客提供方便。在很多沃尔玛店内都悬挂着这样的标语：①顾客永远是对的；②顾客如有错误，请参看第一条。这是沃尔玛顾客至上原则的一个生动写照。

通常，诞生时间较晚的品牌具有年轻、时尚、创新的个性特点，而诞生时间较早的品牌则常常给人以成熟、老练、稳重的感觉。例如，百事可乐较之可口可乐由于上市时间较短，而更具有年轻的个性特点。

一般而言，对于高科技类品牌，年轻的个性特点比较吸引人，而对大多数品牌而言，历史越悠久越容易令人信服。顾客都有这样一种惯性思维，对于历史悠久的产品容易产生信任感，认为其产品和服务质量应该是可靠的，而且给人一种神秘感，让人向往。

▶ 案例 ━━━━━━━━━━━━━━━━━━━━━━━━━━ ●

电商品牌李子柒

李子柒成功建立起了"乡村古风生活""传统美食""传统文化"的身份标签，在集聚了一定的流量之后，开创了自己的同名电商品牌——李子柒，主要运营符合其自身定位的中华美食产品。

随着中国文化的崛起，人们对于中国传统文化的喜爱度迅速提升，"国风"与"国货"成为热门新词。加之"国货"的质量水平也在不断提高，促使越来越多的国风品牌进入人们的视野。

李子柒受到大家的关注源于其制作桃花酒的视频：穿着汉服的李子柒在落满桃花的院子里酿桃花酒，这种古风田园美景，很快就获得了大家的关注。其后期制作的短视频都是关于中国传统文化的，借助短视频来传递自身的品牌文化，深受顾客的喜爱。在李子柒的短视频里，有朴实治愈系的美食、静谧温暖的田园风光，有时还会重现中国古代的传统技艺，如酱油制作、活字印刷等，更有李子柒和奶奶的温情互动。借助这些元素，李子柒讲好了"旧"国风故事。其以东方传统饮食文化为背景，打造具有东方风情的新传统美食品牌，表达出了其将"传统文化时尚化，地方美食全球化"的奋斗愿景。

李子柒电商品牌在淘宝上有官方旗舰店，旗舰店首页是中国风的画面，其中有很大的版面用来宣传李子柒牌螺蛳粉，使用了"嗦一口地道柳州味"的宣传语及产品周围出现的中国传统元素——仙鹤。李子柒的店铺也运用了大量"古风古色"的语言来传递品牌文化，如"与卿相伴，共品清欢""人生大事不过吃喝二三事""一日三餐，食之有味"等，无一不传递出其"旧"国风的魅力。此外，李子柒还在店铺装饰上添加了自己的动漫人物形象。该动漫人物形象身披黑色长发、穿着红色汉服、手拿葫芦酒，生动地展现了一位活泼的古代女子形象。

四、经营理念

企业经营理念是指企业用语言文字向社会公布和传达自己的经营思想、管理哲学和服务文化，主要包括企业的宗旨、精神、使命、原则、目标、方针、政策等。

一个具有先进经营理念的企业，容易树立起良好的企业形象，从而提高品牌的形象。

例如，IBM 的"IBM 就是服务"，菲利普的"让我们做得更好"、招商银行的"因您而变"，以及 TCL 所倡导的"为顾客创造价值、为员工创造机会、为社会创造效益"等。

中国国航的服务理念是"放心、顺心、舒心、动心"，远景和定位是"具有国际知名度的航空公司"，其内涵是实现"竞争实力世界前列、发展能力持续增强、顾客体验美好独特、相关利益稳步提升"四大战略目标，服务精神强调"爱心服务世界、创新导航未来"，使命是"满足顾客需求，创造共有价值"，价值观是"服务至高境界、公众普遍认同"。

安踏为了向顾客传达一种体育精神，提出 keep moving——不是每个人生来就有荣耀，不是每个人都能像运动员一样在国际赛场上为国争光，但生活就像一个竞赛场，只要你努力工作，就永远不会停止实现梦想的脚步，同样可以书写精彩的人生乐章。

在美国最大的百货公司纽约梅西百货的店堂里，有一个小小的咨询服务亭。如果你在梅西百货没有买到自己想要的产品，可以去那个服务亭询问，它会指引你去另一家有这种产品的商店，即把你介绍到它的竞争对手那里。这种一反常态的做法收到了意想不到的效果：既获得了广大顾客的普遍好感，招徕了更多的顾客，又向竞争对手表达了友好和亲善，从而改善了竞争环境。

📢 延伸阅读：苹果营销哲学——共鸣、专注、灌输

苹果的品牌营销离不开"共鸣""专注""灌输"这 3 个关键词，这是早在 1977 年苹果公司成立时就定下的"苹果营销哲学"。彼时，乔布斯雇用了迈克·马库拉，写了一份商业计划书。马库拉告诉乔布斯，你永远不该怀着赚钱的目的去创办一家公司，你的目标应该是做出让自己深信不疑的产品，并创办一家生命力很强的公司。

为此，马库拉写下最重要的 3 点营销理念，后来也被称为"苹果营销哲学"：共鸣，

紧密结合顾客感受，比其他任何公司都更好地理解用户需求；专注，为了做好决定要做的事情，必须排除所有不重要的机会；灌输，一家好的公司要学会灌输，从包装到营销，必须竭尽所能地传递它的价值和重要性。正是"苹果营销哲学"一直贯穿始终，创造了苹果的"品牌神话"。

五、人员形象

企业的人员形象包括经营者形象和员工形象。

（一）经营者形象

经营者形象是指品牌管理者集体，尤其是经营者的知识、气度、能力、魄力、言行、品德、风格及经营业绩给公众留下的印象，其形象的好坏直接影响到品牌的形象。

当经营者参加各类访谈、论坛、颁奖典礼等社会活动时，都会成为镁光灯的焦点，顾客会不自觉地将经营者的个人形象与品牌形象进行关联。因此，良好的经营者形象将提高公众对品牌的积极态度。

▶ **案例**

主播刘畊宏

刘畊宏是一名演员和歌手，出演过周杰伦多部 MV，携女儿"小泡芙"参加过亲子户外真人秀节目《爸爸去哪儿》，具有一定的名人效应。刘畊宏具有 30 年的健身基础，对于健身方面的专业知识十分了解。作为好友，他曾与团队为周杰伦量身打造健身计划。他还是彭于晏、吴京等武打演员的健身私教。这些专业的健身背景让受众们能够放心地跟着他进行练习。已经 50 岁的他尚有一身肌肉，老婆 ViVi 在跟随他锻炼一段时间后瘦身效果明显，这引起了受众对于好身材的向往，期待跟随刘畊宏健身的效果。

刘畊宏直播间主要提供的直播内容为云健身、云带操，作为全体观看直播的受众们的教练带领大家一起跳操、运动、减肥……以人们常听的一些歌曲作为背景音乐，将动作编排成减肥操，再通过直播教授给受众并陪伴受众一起居家运动。这样的直播内容相对于带货直播来说弱化了商业性，增添了可看性；相对于纯娱乐直播，更富有实用性与教学性。刘畊宏所编的减肥操动作简单，无须其余器械进行辅助，只需要足够的空间就能参与，对于受众来说门槛很低。

在刘畊宏爆火之前，已经有如帕梅拉、韩小四等健身博主在网络上进行健身教学视频与内容的发布，但是往往动作难度高，有的还需要专业的器械帮助完成。仅仅是看到这些高难度的动作，人们就望而却步，更不要说进行正式的动作尝试。刘畊宏直播间内看起来就很简单的动作，大大降低了参与健身的门槛，让更多的人愿意进行尝试并坚持下来，从而集聚了大量的粉丝受众。尽管减肥操的动作简单，但是为了让粉丝们达到更好的减肥效果，同时为了避免在运动的过程中受伤，刘畊宏会对动作进行反复讲解，并在每周六早上的直播时间里，特意详细地讲解每个动作的要领，并制作了相关动作讲解的视频供粉丝们观看。对于运动的注意事项，刘畊宏也会反复强调，如孕妈不能做、经期不能做、要量力而行……这些关切的话语在他的直播间内总能听到，这些细致到位的服务大大提升了受众们的感受价值，给予了受众们除了动作教授以外的关心与体贴。

（二）员工形象

员工形象是指员工的工作作风、工作能力、工作态度、工作效率、职业道德、行为规范、精神风貌、文化水平、内在素养和装束仪表等给外界的整体形象。

员工是企业接触顾客的最前线，品牌通过员工向顾客提供服务，通过他们把服务理念生动、形象地传递给顾客，其行为、素质和形象代表着品牌，肩负着给顾客留下良好印象的重任。一般来说，整洁配套的制服、落落大方的仪表、训练有素的举止，会说服顾客相信品牌能够提供优质的服务。相反，若员工头发杂乱、不修边幅，顾客往往会质疑其所提供服务的质量。当顾客接受由技术精湛又有礼貌的员工提供的服务时，他们的整体感受是舒适、安心的；而如果接受由仪表邋遢、态度粗暴的员工提供的服务，顾客就会觉得不舒服，甚至想尽快离开。

例如，门卫的精神状态、仪表衣着、言行举止能够被顾客直接感知。设想，若门卫服装散乱、举止无礼、态度恶劣，那他们一定会给顾客留下负面印象。顾客往往会对服装统一、站姿规范、举止有礼、态度亲切的门卫产生良好的印象，并联想到企业具有较高的管理水平，进而提升品牌形象。

总之，员工形象对提高品牌形象有重要意义，员工形象好可以提升社会公众对品牌的信任度，可以为品牌的长期稳定发展打下牢固的基础。为此，企业要重视员工形象的管理，注意招聘高素质的员工，并且加强对员工进行培训，规范其言行，提高其素质，提升其能力。

例如，希尔顿酒店有一套人才选拔的标准，包括基层服务人员和管理层服务人员的选拔标准。希尔顿酒店对基层服务人员的要求为：注重人际沟通，因为酒店是服务性行业，人际沟通能力显得尤为重要；注重服务业绩、产出业绩，包括通过有效的工作控制浪费，在不影响服务质量的前提下降低成本，在可接受的成本许可下增加更多收入等等；注重顾客需求和服务质量。对管理层服务人员的核心能力要求为人员管理能力、影响力、沟通能力、发展关系能力、计划能力、信息分析能力、决策能力、商业意识及推动力和顺应力。严格的招聘、选拔体系既可以使希尔顿酒店招聘到高质量和合适的人才，同时又能为希尔顿酒店的服务质量管理提供坚实的基础。

又如，迪士尼的大量着装整洁、神采奕奕、训练有素的"舞台成员"对于这个"梦幻王国"至关重要。迪士尼十分注重对服务人员的外貌管理，制定了严格的个人着装标准，所有迎接顾客的公园职员每天都被要求穿着洁净的戏服，迪士尼对职员的头发长度、首饰、妆容和其他个人修饰因素都有明确的规定且被严格地执行。

▶ **案例**

星巴克的"合作伙伴"

星巴克是价值增长最快的品牌之一，不过，星巴克品牌引人注目的并不是它的增长速度，而是它的广告支出之少。星巴克每年的广告支出仅为营业收入的1%，这些广告费用通常用于推广新推出的咖啡饮品和店内新服务，如店内无线上网服务等。与之形成鲜明对比的是，星巴克非常重视员工形象。

星巴克认为，在服务业，最重要的促销就是分店本身，而不是广告。如果店里的产品与服务不够好，做再多的广告吸引客人来，也只是让他们看到负面的形象。为此，星巴克不愿花费庞大的资金做广告与促销，但特别重视"合作伙伴"（在星巴克，员工被称作"合作伙伴")在为顾客创造舒适、稳定和轻松的环境，提升星巴克品牌形象等方面所起的关键作用。为此，星巴克对"合作伙伴"进行深度的专业培训，使每位"合作伙伴"都成为咖啡方面的专家，他们被授权可以和顾客一起探讨有关咖啡的种植、挑选和品尝，向顾客详细解说每一种咖啡产品的特性。"合作伙伴"还可以讨论有关咖啡的文化甚至奇闻、轶事，还要预测顾客的需求，并在解释不同的咖啡风味时与顾客进行目光交流，以及回答顾客的各种问题。

另外，企业应当重视宣传员工技能、水平、信誉等，还可以让员工做品牌代言。例如，美国联邦快递公司的"快腿勤务员"广告宣传的就是该公司的员工。

第六节　顾客形象

顾客在购买前，关注的不仅仅是产品或服务本身的质量好坏，同时也关注品牌当前顾客的情况，如当前顾客的数量、年龄、性别、职业、收入、个性、气质、受教育程度、生活状态、社会地位等。这些当前顾客的特征会影响顾客对品牌形象的认知。

例如，如果面对一辆车，让你进行品牌形象联想，你可能会根据车本身的外形、构造等来展开联想；如果提示这辆车是"××座驾"，让你再进行品牌形象联想，你肯定马上会联想到这辆车的高档奢华品质……这就是品牌当前顾客的形象对于品牌形象塑造的意义——如果品牌的当前顾客是顾客羡慕的对象，顾客就会对品牌高看一眼。

总之，品牌当前顾客的身份、素质、地位、数量、外表、行为都会影响顾客对该品牌的判断。有时候是正面的："哇！高朋满座哦！不要太好哦！"有时候却是负面的："怎么他也在用？那这个肯定不上档次！"所以，酒店在开业时进行优惠大酬宾可以吸引大量顾客，制造"人气"；而酒店谢绝衣冠不整的顾客可以避免其给其他顾客带来的负面感受。

在特斯拉汽车的顾客名单中，既有好莱坞著名影星布拉德·皮特、乔治·布鲁尼、施瓦辛格，也有商业界领袖人物、谷歌创始人拉里·佩奇和谢尔盖·布林。这些拥有巨额财富和高贵身份地位的社会名流，符合人们对于豪华跑车使用者的定义，他们对于特斯拉的喜爱，极大地增强了该品牌的知名度和社会关注度，从而促进了品牌形象的建设。

本章练习

一、判断题

1. 服务定制体现了"以顾客为中心"的服务理念，使顾客感到被尊重，因而能够提升服务形象。（　　）
2. 服务承诺可起到降低顾客心理压力的保险作用，能够提升服务形象。（　　）
3. 一个好的包装不仅可以提升产品形象，还可以提升品牌价值、品牌形象。（　　）
4. 企业一贯带给顾客的印象会影响顾客对其所属品牌形象的认知。（　　）
5. 终端环境舒适整洁，会使顾客产生积极的消费情绪，有利于品牌形象的提升。（　　）

二、选择题

1. 品牌形象的塑造和管理可以从（　　）等着手。
   A. 产品形象　　　B. 价格形象　　　C. 终端形象　　　D. 顾客形象

2. 产品形象是产品（　　　）等因素共同作用的结果。

  A. 质量形象   B. 功能形象   C. 包装形象   D. 创新形象

3. 服务形象是由（　　　）等因素共同作用的结果。

  A. 服务项目   B. 服务特色   C. 服务定制   D. 服务质量

4. 终端渠道是顾客获得品牌体验的重要渠道，（　　　）等方面都将直接影响品牌形象。

  A. 终端类型   B. 终端位置   C. 终端密度   D. 终端活力

5. 企业形象是由企业的（　　　）等因素共同作用的结果。

  A. 市场形象   B. 社会形象   C. 企业文化   D. 人员形象

三、填空题

1. _____是顾客对品牌的综合看法，是顾客对品牌的所有联想的集合体，它反映了品牌在顾客记忆中的图景。

2. _____是品牌形象的物质基础，直接影响着品牌形象的好坏。

3. 品牌形象的丰富与发展也依赖于_____的推出，谁率先把产品推向市场，谁就成为新品类的开拓者和首席代表。

4. _____是指针对不同顾客的需求差异，为顾客提供量身定制的、针对性的服务。

5. _____是指企业通过非营利的以及带有公共关系性质的社会行为塑造良好的品牌形象，以博取社会的认同和好感。

四、思考题

1. 什么是品牌形象？管理品牌形象可以从哪些方面着手？

2. 产品形象是由哪些因素共同作用的结果？

3. 服务形象是由哪些因素共同作用的结果？

4. 价格形象对品牌形象有什么影响？

5. 终端形象对品牌形象有什么影响？

6. 企业形象对品牌形象有什么影响？

7. 顾客形象对品牌形象有什么影响？

 **本章实训**

一、实训内容

分享某品牌是如何通过"产品形象""服务形象""价格形象""终端形象""企业形象""顾客形象"塑造品牌形象的。

二、实训组织

1. 将全班分为 12 个小组，各组对应完成 1 ～ 2 个实训。

2. 小组内部充分讨论，认真分析研究，并且制作一份 3 ～ 5 分钟能够演示完毕的 PPT 文件在课堂上进行汇报。

3. 教师对每组的分析报告和课堂讨论情况即时进行点评和总结。

第七章

品牌传播管理

【学习目标】
➤ 熟悉广告传播、公关传播
➤ 了解口碑传播、网络传播
➤ 理解故事传播

📖 引例："农夫果园，喝前摇一摇"

　　两个身着沙滩装的胖父子，在一家饮料店前购买饮料；看见农夫果园的宣传画上写着"农夫果园，喝前摇一摇"，于是父子举起双手，滑稽而又可爱地扭动着身体，美丽的售货小姐满脸狐疑地看着他俩；（镜头一转，口播）农夫果园由3种水果调制而成，喝前摇一摇；（远景）两个继续扭动屁股的父子走远。

　　"摇一摇"最形象、直观地暗示顾客，它是由3种水果调制而成，摇一摇可以使口味统一，另外，这句话还传达了果汁含量高的隐含意义——因为我的果汁含量高，摇一摇才能将较浓稠的物质摇匀。"摇一摇"的背后就是"我有货"的潜台词。

　　在农夫果园打出这句广告词之前，许多果汁饮料甚至口服液的产品包装上均会有这样一排小字，"如有沉淀，为果肉（有效成分）沉淀，摇匀后请放心饮用"。这排小字是为了打消顾客的顾虑，这样的表达在各种包装上已经存在很多年了。农夫果园发现了这只"丑小鸭"，并把它装扮一新，包装成为"白天鹅"，一句绝妙的广告语"喝前摇一摇"，变成了一个独特的卖点，并以其独有的趣味性、娱乐性加强顾客的记忆度。

　　【思考】"喝前摇一摇"广告对农夫果园的品牌传播起到什么样的作用？

　　品牌传播是指通过有效的传播方式提高品牌的知名度、美誉度、忠诚度而采取的一系列行动。

　　品牌传播的方式包括广告传播、公关传播、口碑传播、网络传播、故事传播等。

第一节　广告传播

　　广告传播作为一种品牌传播手段，是指品牌所有者以付费方式，通过传播媒介，对目标顾客所进行的传播活动。

一、广告的作用

广告的作用主要是可以大范围、迅速地进行传播、创造知名度、防止忘却。

（一）大范围、迅速地进行传播和造势

广告是大众传播的一种形式，它可以大范围地进行传播，触及广泛的公众，并且传播迅速、易于造势，而且发布的媒体、内容、时间完全由出资人控制。

例如，联邦快递公司曾经推出几轮重要的广告。第一轮广告，建立公众意识——"美国，你有了一家新的航空公司，但不要激动，除非你是一个包裹。那里没有头等舱、没有食品、没有电影，甚至也没有乘客，有的只是包裹。"第二轮广告，在竞争中占上风——"我们比最优的还要优好几倍。"第三轮广告，强调服务的可靠性——"保证一夜递送到位。"第四轮广告，增强顾客对联邦快递的认识——各种幽默的广告语，如"一投到位的空中运输""全球快节奏"等。联邦快递公司通过以上几轮宣传活动，提高了自身的影响力，也从已有的快递公司手中争得了大量的市场份额，获得了巨大的成功。

（二）创造知名度

广告最简单的作用机制是通过重复创造知名度。

"酒香也怕巷子深"，再好的品牌也需要重复传播，才能使之成为顾客耳熟能详、铭记于心的品牌。

例如，恒源祥的广告"恒源祥，羊羊羊"，简简单单的 6 个字，让无数顾客记住了"恒源祥"这个品牌，大大提高了恒源祥的品牌知名度。"羊羊羊"不仅让顾客产生了对羊和羊毛的联想，也记住了恒源祥是生产羊绒线、羊毛衫的。就这么一条简单的广告语，让恒源祥成为国人想忘也忘不了的品牌。

（三）防止忘却

广告还可以防止顾客忘却品牌，使顾客对品牌印象常新，不被忘却。

当然，广告的效果与广告的展露次数有关，展露次数越多，影响力越大。

二、广告媒体

广告需要通过一定的媒体才能进行传播。

（一）传统广告媒体

广告媒体的类型有很多种，传统的广告媒体有报刊广告、广播广告、电视广告、户外广告、车身广告、店头广告、礼品广告、电梯广告、印刷品广告等。

例如，集视、听于一体且动静结合的电视广告就具有较强的影响力，而印刷精美的期刊广告要比报纸广告更具有影响力。

（二）网络广告媒体

伴随着信息技术及移动互联网的发展，以搜索引擎、社交网络、微博、微信、团购等形式出现的网络广告媒体层出不穷，这些新型传播媒体具有以下优点。

首先，网络广告不受时空限制，传播迅速、范围极其广泛，通过互联网可以 24 小时不间断地把广告信息传播到世界各地，只要具备上网条件，任何人在任何地点都可以随时随地地浏览广告信息。

其次，网络广告是多维的，它能将文字、图像和声音有机地组合在一起，其载体

基本上是多媒体、超文本格式文件，广告顾客可以对其感兴趣的产品信息进行更详细的了解。

再次，网络广告的投放更具有针对性，通过众多的免费服务网站建立的用户数据库，包括用户的地域分布、年龄、性别、收入、职业、婚姻状况、爱好等，这些资料可帮助广告主有针对性地投放广告，并根据用户特点进行定点投放和跟踪分析，对广告效果做出客观、准确的评价。

最后，网络广告具有可重复性和可检索性，可以将文字、声音、画面结合之后供用户主动检索，重复观看；另外，互联网广告的时间持久，并且可以准确地统计顾客数量。

例如，宝马在官方网站中，展示了宝马近30年来的汽车产品，顾客在浏览网站的过程中，会不知不觉地将积极的情感转移到品牌上。

可口可乐公司中国网站的品牌标识、色彩、标准字形等都围绕可口可乐品牌识别系统来设计，网站的鲜艳色彩和可口可乐独享的字体很容易让网民过目不忘。此外，可口可乐还在官方网站上展示可口可乐品牌的发展沿革、员工形象、公益活动等。

（三）选择广告媒体应当考虑的因素

无论是传统媒体还是新媒体，各种广告媒体都有其各自的特点、优势和缺陷，它们在传播效果、传播面及传播成本等方面各有所长。选择广告媒体应当考虑以下因素。

1. 产品性质

不同的产品对广告传播效果的要求是不一样的。科技含量高的产品需要对产品进行专业化的说明，可以采用在专业期刊上刊登广告的方式。一般生活用品适合选用能够直接传播给大众的媒体，如广播、电视、新媒体等。以服装广告为例，最重要的是展示其式样、色彩，最好在电视或新媒体等表现效果好的媒体上用彩色画面做广告，以增强美感。

2. 顾客接触媒体的习惯

选择媒体要考虑目标顾客的生活习惯，要在目标顾客经常接触的媒体上做广告。对儿童用品的宣传，宜选择电视媒体；对女性用品的宣传，宜选用女性喜欢阅读的杂志或电视节目，也可在女性用品商店布置橱窗或展销。

此外，要注意节目选择，如电视节目可分为时事要闻、影视音乐、财经、卫生、教育、体育等类别，目标群体喜欢看什么类型的节目，就应该在那类节目里做广告。另外，还要注意选择恰当的广告时间，因为不同的时间段，观看的群体不一样，广告播放时间要与目标顾客观看的时间段同步。

3. 媒体覆盖区域

选择媒体时要使媒体覆盖区域与销售区域保持一致。前者大于后者，会浪费广告资源；后者大于前者，会影响产品销售的进度。此外，在全国各地销售的产品，可选全国性的报刊、广播、电视等作为广告媒体；在某些地方销售的产品，可通过地方性报刊、广播、电视、霓虹灯传播信息。而在任何区域销售的产品都可以通过互联网广告进行传播。

4. 媒体成本

不同的媒体有不同的广告价格。选择不同广告媒体时应该认真核算成本，以获得尽可能大的效益。成本核算，最主要的是要核算预选的几种媒体的每千人成本。

例如，美宝莲是一个大众化的品牌，所以在覆盖面最广的电视媒体做广告，可以让更多的顾客知道。宝洁的目标顾客也大都是大众顾客，因此它花巨资在覆盖面最广的央视黄金时段投放广告的行为也就不难理解了。而薇姿和理肤泉仅在药房销售，卡诗和欧莱雅专业美发在发廊销售，兰蔻等高端品牌只有在高档商店才有，这几种品牌的网点都不像美宝莲那么多，那么在这种情况下，做大规模的、昂贵的电视广告既不合适，也不合算。

5. 广告的触达率、接触频率和展露效果

进行媒体选择时，还要考虑广告的触达率、接触频率和展露效果。触达率指在特定的时间段内，在特定媒体上做一次广告最少能覆盖的个人或家庭的数目。接触频率指在特定的时间段内，平均每个人或家庭接触广告的次数。展露效果指广告在媒体上对顾客展露的程度。广告接触人数越多、接触频率越高和展露效果越好，广告效果就越好。

三、广告传播的策略

为了更好地传播品牌形象，企业应当充分重视广告策略。分众传媒创始人江南春说，好的广告要表明你的产品优势点在什么地方，跟你竞争对手的差异点在什么地方，是否能解决顾客的痛点。它必须三点合一，即"顾客认、销售用、对手恨"。

主要的广告传播策略如下。

（一）生动地传播品牌形象

顾客面对铺天盖地的广告，记忆能力是有限的。为此，广告要将品牌最具差异化的核心诉求提炼出来，集中传播品牌的核心利益与价值，努力让这一点渗透到顾客的记忆深处。

通过广告进行品牌传播的关键点在于，要将广告创意与品牌形象联系起来，注意传播品牌独特的"产品形象""服务形象""价格形象""终端形象""企业形象""顾客形象"，帮助顾客认识品牌，增强顾客对品牌的信心与兴趣。

例如，瓜子二手车宣称"没有中间商赚差价"，意味着车主可以花更低的价格买到质量相同的车。

在纯净水刚开始盛行时，所有纯净水品牌的广告都说自己的纯净水纯净。当顾客不知道哪个品牌的水是真的纯净，或者更纯净的时候，乐百氏纯净水在各种媒介推出卖点统一的广告，突出"乐百氏纯净水经过27层净化"，对其纯净水的纯净提出了一个有力的支持点，给顾客留下了深刻印象，很快家喻户晓。

力士润肤露广告："全新力士润肤露有3种不同滋润配方和香味，充分呵护不同性质的肌肤……白色力士润肤露含有天然杏仁油及丰富滋养成分，清香怡人，令肌肤柔美润泽，适合中性和油性肌肤。"这则广告简单明了，准确阐述了产品的特性和由此产生的功效，可以使顾客对这种产品产生全面认识。

引用数据可以令顾客对产品产生更具体的认知，因为翔实的数据远比空洞的、概念化的陈述更有力量。例如，瑞士欧米茄手表的广告创意是这样的："全新欧米茄蝶飞手动机械表，备有18K金或不锈钢型号；瑞士生产，始于1848年；机芯仅2.5毫米；内镶17颗宝石，价值非凡，浑然天成。"这样精确的描述，使顾客对产品有了更细致的了解，这里的每个数字都使这则广告更具说服力。

对比是形象地传达信息的重要方法。对比的基本思路是：选择对象熟悉的、与产品有相似或者相反特性的事物同产品特性并列呈现，从而准确地点出最重要的事实。

例如，农夫山泉为了证明天然水更好，专门做了对比实验，用天然水和纯净水分别培育水仙花，想都不用想，天然水培育的水仙长得更快。看得见的实验让天然水的"优势"变得可视化，含有营养的天然水由此成功打入了市场。

百事可乐最初步入市场时，以挑战者的身份使用"Me Too"（我也是）的传播策略，这样很容易让顾客产生模仿的印象。而可口可乐推出"只有可口可乐，才是真正的可乐"，强化了顾客对可口可乐的印象，同时显示了自己在竞争中不可动摇的霸主地位，给百事可乐以迎头痛击。

> **案例**
>
> ### 宝洁的广告
>
> 宝洁广告经常采用"专家法"——首先，宝洁会指出你面临的问题来吸引你的注意；接着，便有一个权威的专家来告诉你，有一个解决的方案，那就是用宝洁产品；最后，你听从专家的建议，问题就得到了解决。
>
> 宝洁广告还常用"比较法"。例如，宝洁公司飘柔洗发露的广告文案，就是与演示图一并出现的，画面左边的图片是干枯难梳的头发，梳子放在散开的头发上被卡住了，由于发质干枯无法向下滑。画面右边的图片是柔顺易梳的头发，因为头发柔顺，梳子已经滑到了头发的底端。画面的中间是由左往右的箭头。广告的文案是："柔顺易梳的秘密，尽在新一代飘柔。它的领先滋润配方，让秀发体验意想不到的柔顺易梳的感受。全新自信，从头开始。"
>
> 在舒肤佳的营销传播中，以"除菌"为轴心概念，诉求"有效除菌护全家"，并在广告中通过踢球、挤车、扛煤气罐等场景告诉大家，生活中会感染很多细菌，用放大镜下的细菌"吓你一跳"。看得见的污渍洗掉了，看不见的细菌你洗掉了吗？然后，舒肤佳再通过"内含抗菌成分'迪保肤'"之理性诉求和实验来证明舒肤佳可以让你把手洗"干净"，并通过"中华医学会验证"增强了品牌信任度。

（二）以新取胜

广告要令人难忘，最好的办法就是别具一格、与众不同。新颖独特的广告，可吸引顾客的注意力，给顾客以一定的震撼。

例如，香港国泰航空公司以一棵大树自比，以显示自己的安全性形象；IBM 公司则以大象带领小象穿过崎岖不平的荒漠，暗示 IBM 对中小企业全心提供照顾的形象。

新锐服装品牌蕉内的 TVC 广告《凉皮之夏》，让王一博在大漠开凉皮铺。这个广告巧妙地利用了品牌防晒产品与国民小吃的谐音梗，悄悄地给大众定下了心理锚点。通过突出"入口的凉皮"与"上身的凉皮"的清凉透气、夏日必备的共同特点，激发顾客的感知记忆，从而将蕉内凉皮系列产品"凉感防晒"的亮点凸显出来。

> **案例**
>
> ### 农夫山泉有点甜
>
> 当年，在娃哈哈和乐百氏面前，刚刚问世的农夫山泉显得势单力薄，另外，农夫山

泉只从千岛湖取水，运输成本高昂。农夫山泉在这个时候切入市场，并在短短几年内抵抗住了众多国内外品牌的冲击，其成功要素之一在于"有点甜"的概念创意——"农夫山泉有点甜"。

农夫山泉的水来自千岛湖，是从很多大山中汇聚而来的，并经过千岛湖的自净、净化，完全可以说是甜美的泉水。但怎样才能让顾客直观、形象地认识到农夫山泉的"出身"，怎样形成美好的"甘泉"印象？这就需要一个简单而形象的营销传播概念。

"农夫山泉有点甜"并不要求水一定得有点甜，甜水是好水的代名词，正如咖啡的味道本来很苦，但雀巢咖啡却说"味道好极了"。中文有"甘泉"一词，解释就是甜美的水，"甜"不仅传递了良好的产品品质信息，还直接让人联想到了甘甜爽口的泉水，喝起来自然感觉"有点甜"。

当年中国移动受到中国联通 CDMA 的低价攻击时，中国移动召开了一次持续 24 小时的会议，讨论如何应对联通的低价策略。中国移动不想低价跟进，不想打价格战。它需要做的是从感知价值上略胜一筹，于是它把焦点放到了顾客身上。随后，中国移动拍了一个广告：一艘船在海上出事了，就是因为一个乘客带着"全球通"，通过"全球通"发出求救信号，结果全船的人都得救了。打通一个电话，就能提供最高的价值——生命。广告语也说："关键时刻，信赖全球通。"这个广告归根结底就是在讲述一个故事，表述全球通信号好，甚至能够拯救生命这一优势，这是对竞争对手"信号弱"的绝地反击。

（三）以情感人

好的广告能以情感人，能够唤起顾客美好的联想，引起情绪与情感方面的共鸣，给顾客以美的享受。

例如，德芙巧克力在进行一系列广告策划设计的过程中，通过情景设置，展现了其独特的丝滑口感及人们在享用巧克力的过程中的美好体验，使整个场景中融入了更多的情感，如爱人、朋友和家人的温暖等，各种元素充分融入其中，让顾客在观看的过程中感受到了情感的丰富及味觉的美妙，能够为顾客带来一种情感上的满足。

泰康人寿曾连续 3 年在首都机场全部廊桥发布 1 000 多块广告，累计发展顾客上亿人次，加深了公众对泰康人寿及所倡导的现代"新生活"的理解。"真情爱家，国泰民康"的广告赢得了公众的共鸣。此后，泰康人寿再次在机场发布悬挂式看板广告，广告直面人流，视觉冲击力强，"一张保单保全家"的口号深入人心，公众反响强烈。后来，泰康人寿在央视黄金时段发布了持续全年的"幸福时光"新版广告，激发了大众对幸福的思考和渴望。广告语"一张保单，一辈子的幸福"表达了让人们过上有保障而无忧无虑的幸福生活的美好愿望。

美国贝尔电话公司的电视广告也非常让人心醉。傍晚，一对老夫妇正在用餐，电话铃响了，老妇去接。老妇回来后，老先生问："谁的电话？"老妇答："是女儿打来的。"老先生又问："有什么事？"答："没事。"老先生惊奇地问："没事？没事还从几千公里外打来电话？"老妇哽咽着说："她说她爱我们。"两位老人相视无言，激动不已。此时旁白响起："用电话传递您的爱吧！"简单的几句广告语给顾客营造了一个非常温馨的氛围，把人间美好的亲情渲染得淋漓尽致。

（四）名人代言

名人或公众人物对顾客往往具有巨大的影响力和号召力。

1. 名人代言的传播作用

品牌所有者为了提高品牌的知名度及影响力，可选择与品牌内涵相一致，能够代表品牌形象的公众人物作为品牌的形象代言人。借助名人的名气和光环效应，可以传播品牌形象，带动喜爱名人的顾客对品牌产生兴趣和信任。

例如，耐克公司请著名的职业篮球名人迈克尔·乔丹为耐克品牌代言，大大提升了耐克品牌的无形资产。耐克的 CEO 菲尔·谢特曾经说："在 60 秒内我们不可能解释太多，但只要乔丹一出现，什么解释都是多余的。"

又如，安踏公司请著名的职业篮球名人、金州勇士队的克莱·汤普森做广告代言人，吸引了无数崇拜他的年轻球迷购买安踏运动鞋。联想公司在其世界杯的广告中，选择巴西球星罗纳尔迪尼奥作为形象代言人，提高了联想在全球的知名度。蒙牛集团作为 2018 年世界杯赞助商选择阿根廷球星梅西作为形象代言人，提高了蒙牛在全球的知名度。

运用名人代言的方式多种多样，如可以用名人作为品牌代言人，即将名人与产品或公司联系起来，使其在媒体上频频亮相；也可以用名人做证词广告，即在广告中引述产品的优点和长处，或介绍其使用该品牌的体验；还可以采用将名人的名字使用于产品或包装上等做法。当然，要注意品牌代言人的选择，以及加强对名人代言的管理。

▶ **案例**

郎朗代言招商银行

招商银行与世界著名钢琴表演艺术家郎朗签订了"因您而变"品牌代言协议。郎朗代言的招商银行产品包括一卡通、信用卡及金葵花等。众所周知，郎朗出生在中国，但享誉世界，国际认同度非常高；另外，郎朗年轻、富有活力，其演奏风格充满激情，与招商银行"创新、领先"的品牌个性相吻合。同时，郎朗作为联合国儿童基金会国际亲善大使，符合银行一直提倡的"社会责任"理念。郎朗的音乐才华与其热情奔放的表演形式相得益彰，使他成为成功的诠释者和年轻人心中的偶像，他的成名与成功是天才、勤奋与机遇的完美结合，也正是这种价值取向让郎朗成为适合的品牌代言人。

2. 选择名人代言的基本原则

企业应注重名人自身的形象、亲和力、可信度、专业度、受欢迎程度等因素，各方面均表现出众的名人才有利于传播品牌形象。此外。选择名人代言时还要注意以下原则。

（1）匹配性原则

匹配性原则是指品牌代言人要与品牌定位、品牌形象匹配和契合。

例如，周杰伦代言中国移动旗下的动感地带、葛优代言中国移动旗下的神州行，这两位代言人的个性与他们各自所代言的品牌都十分吻合，因而对这两个品牌形象的建立发挥了积极作用。

相反，如果代言人与其所代言的品牌定位及品牌形象不吻合，则代言人所反映的气质，难以转移到品牌上去，那么名人的名气再大也不能实现有效传播，反而会损害品牌资产。

（2）避免"一女多嫁"原则

名人代言长久以来存在"一女多嫁"的问题，即一个名人同时为几个品牌代言，此时会产生"稀释效应"，很难在顾客心中留下深刻的联系，有时甚至代言的品牌存在价值观或主题的冲突，其结果会使被代言的品牌之间互相削弱，从而模糊、淡化品牌形象。

（3）连贯性原则

连贯性原则是指品牌在不同时代的代言人之间应该在个人形象、内涵、个性等方面存在连贯性、一致性。

例如，美国歌坛的兄妹迈克尔·杰克逊和珍妮·杰克逊先后都代言了百事可乐，他们在气质、个性特征上都代表了"新一代"顾客，都能体现百事可乐品牌渴望无限、独立、创新、进取的精神气质。

（4）本土化原则

选择当地名人作品牌代言人对本土市场的顾客具有亲和力，有助于培养当地顾客对品牌的情感认同。例如，百事可乐为开辟中国市场，相继邀请张国荣、刘德华、郭富城、王菲、陈慧琳等为其代言，这些巨星们在音乐演唱方面中西合璧的风采、魅力，让百事可乐既彰显其国际品牌形象，又收获了中国市场的销售业绩。

案例

赵丽颖为燕之屋代言

2022年1月5日，燕之屋正式官宣演员赵丽颖为品牌代言人。回顾赵丽颖的作品角色，从坚韧聪慧的陆贞、灵动可爱的薛杉杉，到英姿飒爽的楚乔，通透智慧的盛明兰，再到腹黑莫测的沈雨……在这条塑造作品的发展路径上，赵丽颖始终努力钻研每一个角色。赵丽颖凭借正面、积极的个性为大众所熟知并收获观众的众多好评。赵丽颖对于演艺事业始终保持热爱与专注、求知与探索，这种精神与"专注高品质燕窝"的燕之屋十分契合，也让彼此的合作相得益彰。

3. 名人代言的管理

名人代言对品牌形象可能有加法效应，也可能有减法效应。因而，要注意名人代言的管理。

（1）对品牌代言人进行适时的更换

为防止顾客"审美疲劳"，也防止品牌代言人的"老化"，品牌需要适时为品牌更换品牌代言人。当然，更换品牌代言人时，新的代言人要在形象、气质、个性等方面与原有的品牌代言人保持整体上的一致性。

（2）名人代言的危机管理

名人是一群长期生活在镁光灯下的特殊人群，有些名人是非多、绯闻多，很可能突然面临意料之外的负面新闻或丑闻，防不胜防。此外，花无百日红，如果名人声名日降，也将拖累品牌形象。

知识拓展

卡通人物代言

品牌的形象代言人只要是个性化人物就行，并非一定要请名人代言，关键是人物要与品牌形象相吻合。由于名人代言的风险大、成本高，因而，卡通人物代言也成为许多品牌采用的办法。

例如，"全聚德"推出了憨态可掬的"萌鸭宝"，"北京同仁堂"设计了一个年轻的御医形象——"同大仁"，"牛栏山"推出了寓意"三牛精神"的"工匠牛""创新牛""智慧牛"。

又如，三只松鼠以坚果起家，松鼠形象和坚果品类高度契合。三只松鼠针对不同系列产品推出不同的 IP 形象，以积极、健康、快乐的动漫角色为品牌形象代言，如"小酷"代言干果类产品，"小贱"代言休闲零食类产品，"小美"代言茶类产品。

小米的吉祥物是具有中国青年文化特色的一款米兔的形象，有着专注的眼神和坚定的信念。米兔戴着雷锋帽子和红领巾，颇具中国特色，代表国产产品含义。该形象更深一层的含义是希望通过科技创新，担起民族未来的一份责任，表现出了小米的方向和定位。

总之，名人代言是一把"双刃剑"，可能导致"一荣俱荣，一损俱损""成也萧何，败也萧何"的结果，具有一定的风险性。品牌应该建立一套名人代言的危机管理机制，以便在出现危机时能快速做出科学应对，将可能带来的负面影响最小化。

延伸阅读：USP理论与品牌形象理论

20 世纪 50 年代末期，基于科技的发展，企业之间在产品上的模仿度逐渐增大，产品之间的差异性逐渐缩小。在此情况下，产品优势逐渐丧失，各企业转而重视推销。对此，罗塞尔·瑞夫斯（Rosser Reeves）提出了 USP（Unique Selling Proposition），即独特的销售主张。

罗塞尔·瑞夫斯在他出版的《实效的广告》（*The Reality of Advertising*）一书中系统地阐述了 USP 理论：①每一个广告必须向顾客提出一个主张，不是对产品的吹嘘，而是一个实在的利益点，即购买这个产品将得到特定的好处；②这个主张必须是竞争对手不能提供或没有提出过的，它必须独一无二，是品牌的专有特点或是在特定的广告领域中没有提出过的说辞；③这个独特的主张必须能够打动成千上万的顾客，也就是说，能够把顾客吸引到你的产品上来。将 3 点总结为一句话便是要向顾客传递一个独特的、唯一的、有销售力的主张和卖点。这 3 个要件对应的就是产品、竞争和顾客 3 个层面。在产品层面，商家要有独特的利益卖点；在竞争层面，商家要有独一无二的站位；在顾客层面，这件产品要能吸引顾客前来购买。

瑞夫斯特别强调顾客从广告中仅能记住一件事，如一个强有力的宣称、一个强有力的概念等，这是为什么在一个广告中只能有一个 USP 的原因。此外，他认为广告应该抓住人们的注意点，并且在此基础上对 USP 不断地重复，这样才能让人们牢牢记住。USP 理论认为，在产品生命周期内，其广告战略总体不应该改变，要改变的只是形式而已。

19 世纪 60 年代，USP 理论遭到了挑战。科技的创新，加快了产品的生产速度，也加快了竞争对手的模仿速度。你今天抛出一个独特的主张，我第二天就能模仿甚至超越这个主张。因此，让顾客从产品上找差异越来越困难。同时，随着顾客经验的增加，人们开始追求产品以外的其他价值。针对这种境况，大卫·奥格威（David Ogilvy）在《一个广告人的自白》一书中提出了品牌形象论。

大卫·奥格威认为，广告对产品的销售作用巨大。他打比喻说：一个产品可能需要上百个科学家经过两年的努力才能开发成功，而我只要用 30 天为这个产品创造一种个性，并制定一个广告计划。如果我的工作做得足够好的话，我的贡献将不亚于百位科学家的贡献。奥格威认为，当产品趋向同质化时，顾客经验增加，人们开始不注重产品本身的差异，他们对品牌的理性选择减弱了，而是追求超出功能需要的感性价值。为此，企业应当通过广告宣传等手段，建立起良好的、有独特感性利益的品牌形象，以吸引顾客购买。

奥格威还认为，一个好的广告应该不让人们认为这是一个广告，不应该强卖，而是应该让顾客在无意识的情况下去购买你的产品。广告要力图使品牌具有并维持一个高知名度的品牌形象；广告应重视运用形象来满足顾客的心理需求；每一则广告都是对品牌的长期投资，广告必须保持一贯的风格和形象。影响品牌形象的因素有很多，如它的名称、包装、价格、广告的风格、投放市场的时间长短等。品牌形象是一种长期的战略，因此不能仓促推出，同时，也正因为它的长期性，所以要改变一个已在多年时间里形成的旧形象是一件极不容易的事。

USP 理论倾向于在产品本身寻找差异，强调的是一个独特的产品利益点，而品牌形象理论强调的是一个独特的、由创意广告打造的品牌个性形象。

四、广告词、广告曲

广告词、广告曲是广告的重要表达形式。

（一）广告词

押韵、短小精悍、朗朗上口的广告词易于传播品牌，也易于使顾客记住品牌。

例如，娃哈哈果奶的"甜甜的，酸酸的，有营养，好味道"，乐百氏纯净水的"27层净化"，高露洁牙膏的"我们的目标是没有蛀牙"，农夫山泉的"农夫山泉有点甜"，金嗓子喉片的"保护嗓子，请选用金嗓子喉宝"，百事可乐的"新一代的选择"，李宁运动产品的"一切皆有可能"，以及"怕上火喝王老吉""困了累了喝红牛""飞鹤更适合中国宝宝体质""生活白科技　居家小确幸""奶牛养得好，牛奶才会好""这一代爱上这一袋"，等等，都在顾客心中留下了深刻的印象，这些成功的广告语不仅在语句上编排得当，而且还传递了产品价值。

又如，可口可乐推出歌词瓶："蝉鸣的夏季，我想遇见你""最初的梦想，绝对会到达""我不愿一生晒太阳吹风，咸鱼也要有梦"，这些文艺、青春的文字，触动了"90后"的内心。

厦门航空公司的"人生路漫漫，白鹭常相伴"，简单易记，朗朗上口，而且以"白鹭"

来借代"厦门航空公司",起到画龙点睛的作用。

香港麦当劳有一首绕口令"双层牛肉巨无霸,酱汁牛肉加青瓜,芝士生菜加芝麻,人人食过笑哈哈"。虽说没有太多的文采,但是非常形象生动,把食品的特色都展现出来了,另外,这道绕口令用广东话读起来朗朗上口、容易记忆。

又如,强生公司的护肤霜、膏等系列护肤品在开拓上海市场时打了一则广告"除了妈妈,最爱护我的就是强生""蔚来,来自未来",很容易让人联想到产品的科技感和领先性;宝洁公司曾经针对头皮屑较多的顾客推出"海飞丝"洗发水,其所使用的"头屑去无踪,秀发更出众"的广告词,强调了该产品的特色和亮点,精准地锁定了有这类需求的顾客。

运用富有煽动力的品牌语言会强化品牌形象。例如,"动感地带"的品牌口号亦令人称道:"一起玩吧""年轻人的通信自治区""密友套餐——绑住5个死党,秘密联络""随你品味,想点就点——手机菜单自由点""我的彩铃我做主""我的地盘听我的"等一系列品牌口号的创造与使用,为树立其品牌形象发挥了不小的作用。

> ▶ **案例**
>
> ### 1:1:1
>
> 当初,金龙鱼在引进国外已经很普及的色拉油时,发现虽然有市场,但并未完全被国人接受,原因是色拉油虽然精炼程度很高,但没有太多的油香,不符合中国人的饮食习惯。后来,金龙鱼研制出将花生油、菜籽油,与色拉油混合的产品,使色拉油的纯净卫生与中国人的需求相结合。
>
> 为了将"金龙鱼"打造成为强势品牌,"金龙鱼"在品牌方面不断创新,由最初的"温暖亲情·金龙鱼大家庭",提升为"健康生活金龙鱼"。然而,在多年的营销传播中,这些"模糊"的品牌概念,除了让顾客记住了"金龙鱼"这个品牌名称,并没有引发更多联想。2002年,"金龙鱼"开始传播"1:1:1"概念。看似简单的"1:1:1"概念,配合"1:1:1"最佳营养配方的理性诉求,既形象地传达出金龙鱼由3种油调和而成的特点,又让顾客认为,只有"1:1:1"的金龙鱼才是最好的食用油。

(二)广告曲

音乐跨越了文字的壁垒,让传播更加通畅、更加感人。

脍炙人口的广告曲能加速品牌的传播:首先,朗朗上口的广告曲生动地介绍了产品及其特点,给顾客留下了深刻印象;其次,优美的旋律和歌词能够令人快速记忆,并在不损害原有风格的情况下传播;最后,简单而富有趣味的歌曲形式吸引了众多用户真正参与到品牌传播共创之中,有趣的内容让重复本身变得不那么乏味。

例如,妙可蓝多选择《两只老虎》这首家喻户晓的儿歌,将其改编成妙可蓝多的广告歌曲:"妙可蓝多,妙可蓝多,奶酪棒,奶酪棒,高钙又营养,陪伴我成长,真美味,真美味。"然后聚焦火力,将广告片在各大城市的分众电梯媒体上高频次滚动,并辅以央视及省级卫视频道的反复传播,成为奶酪行业里最容易被想到的品牌。

"蜜雪冰城甜蜜蜜"

提到"洗脑"神曲，自然少不了蜜雪冰城的"你爱我，我爱你，蜜雪冰城甜蜜蜜"……该曲取自一首传唱已久的美国乡村民谣，配上简单却朗朗上口的歌词，成为 2021 年最流行的歌曲之一。

蜜雪冰城的主要消费群体是学生、年轻打工人，主攻我国的三、四线城市等下沉市场。蜜雪冰城基于品牌调性和流量的考虑，选择以抖音、B 站为主要宣传阵地。2021 年 6 月 3 日，蜜雪冰城选择在 B 站的官方账号首次发布主题曲 MV，凭借着简单易记的歌词、活泼轻快的旋律、可爱的动画形象，受到了大多数人的关注，激发了用户热情。

B 站虽然获得了不错的宣传效果，但真正让蜜雪冰城的主题曲出圈的渠道还是抖音。抖音作为一个拥有 6 亿日活大体量的 App，其裂变能力和传播速度都很惊人。

五、形象广告、公益广告

形象广告、公益广告是两种非商业性质的广告。

（一）形象广告

形象广告是以展示企业的精神风貌、树立品牌美好形象为目标的广告。

例如，耐克 2020 年春节的营销主题为"新年不承让"。这一主题既紧扣了新年这一时间节点，又表达了耐克的品牌精神。这个主题帮助耐克在众多同质化的春节营销里脱颖而出。2021 年，耐克又设计了一个营销主题，叫作"心决事成"。过去，我们春节祝福都会说"心想事成"。但是耐克说，光想是不够的，你必须下定决心去做，真的行动起来，这样才能事成。

（二）公益广告

公益广告是品牌为社会公众利益服务的非商业性广告，是体现品牌对社会、对环境关爱的一种最有效的表达方式，可以提升品牌的形象。

"新年心声"

可口可乐 2021 年的春节营销主题叫作"新年心声"。它拍了一组短片讲述了 3 个年轻人的故事，表达了他们对于春节的心声。

一个女生说，过去，她一到春节就嫌家里好吵，到处挤满了亲戚，自己还被拉着表演才艺，晚上还要跟亲戚家的小孩挤一张床。而现在，她很怀念这种吵闹，觉得这才是年味。

另一个小男孩的心声则是，过去一到过年就要帮爸妈跑腿，一会儿要下楼买酱油，一会儿要去买葱蒜，一会儿要去买可乐，自己都没办法好好打游戏。而现在，他则很怀念这种帮爸妈跑腿的日子。

还有一个故事，讲的是过去回一趟家很辛苦，飞机换火车、火车换大巴，山里的土路颠簸几小时，屁股都要抽筋了。现在则觉得能回家，吃到外婆亲手做的小点心，回家的路再远、再辛苦也值得。

可口可乐拍的这组故事很应景，很真实，也很符合当下人们的心理，因而很容易打动人，也充分体现了可口可乐的人文情怀。

当然，企业除了通过广告媒体进行传播，还可以通过参加展销会、展览会、博览会、订货会等来提高品牌的知名度；也可以通过体验店、体验馆、展销中心向顾客提供体验机会，给顾客以真切感受，其效果不亚于广告。

第二节　公关传播

公关是公共关系的简称。

公关传播是指品牌所有者通过公益活动、赞助活动、庆典活动、展览活动、新闻报道等公共关系活动来传播品牌的活动。

作为品牌传播的一种手段，公关传播可以提高品牌知名度、美誉度，树立良好的品牌形象，建立或改善品牌与社会公众的关系，控制和纠正对品牌不利的舆论，并且引导各种舆论朝着有利于品牌的方向发展。与广告相比，公关传播较客观、可信，对顾客的影响较为深远。

一、公益活动

公益活动即通过开展、支持、参与大至国家小到社区的公益事业、社会活动来传播品牌形象的活动。

当年麦当劳发现北京有 600 多万人使用月票乘公交车，而发售月票的网点只有 88 处，乘客深感不便，于是推出一项新举措——在所属的 57 家麦当劳餐厅内代售公交月票。麦当劳与公交公司的这一合作打动了公众的心，广大北京市民从麦当劳的"好事"中获得便利。一直以来，麦当劳在中国很难赢得一些成年顾客、老年顾客的青睐，在成为月票代售点后，不少中老年顾客在买月票时会选择顺便在麦当劳就餐。此外，高考前夕，麦当劳面对只要一杯饮料就在餐厅待上好几个小时的高考考生，不仅不驱赶，反而特意为他们延长了营业时间——秉承了麦当劳"博爱，为任何人服务""视顾客为家族成员"的服务文化。北京麦当劳"代售月票""为高考考生延长营业时间"的真实故事被许多媒体津津乐道，博得了顾客的好感，提升了麦当劳的品牌形象。

又如，春节前后，各类网购引发包裹量猛增，民营快递公司进入了"春节模式"，或放慢投递脚步，或服务网点停止收件。而中国邮政的广大员工 365 天坚守岗位，用心服务每一天，确保全年邮政通信的畅通。节日无休、春节不打烊，为市民提供正常收寄服务，已经成为邮政人工作的一种常态。每逢节假日，邮政网点照样开门营业，身披绿衣的邮递员在大年三十、新年第一天仍然坚持将包裹等邮件捎上浓浓的新春祝福送给阖家团圆的人们。各级邮政企业都在利用邮政主渠道优势，合理调配人力、运力资源，做到"不休网、不拒收、不积压"，全力保障市民节前和春节期间的寄递需求。中国邮政，春节无休，服务不停，有担当，有情怀，赢得了公众的赞誉，传播了良好的品牌形象。

调查显示，对于一家积极承担环保责任和社会责任的品牌，66% 的环保响应者愿意支付更多的钱去购买其相关的产品和服务。

三棵树加码冬奥战略，助力品牌升级

北京 2022 年冬奥会是世界竞技体育的最高舞台，也是品牌形象展示的优质平台，对于三棵树品牌也是一次机遇。

在北京冬奥会"绿色、共享、开放、廉洁"的办赛理念中，"绿色"被排在第一位，而表层涂料是控制竞赛场馆有害气体排放的关键一环。三棵树作为北京 2022 年冬奥会和冬残奥会官方涂料独家供应商，以"中国时刻 一起出色"的信念，积极响应绿色办奥理念，参与北京冬奥工程项目的建设。

为了将绿色环保与体育精神相结合，三棵树打造了涂料、保温、防水、地坪、辅材、施工"六位一体"的绿色建材一站式集成系统。在国家跳台滑雪中心"雪如意"的建设中，三棵树针对场馆的高寒特点定制了解决方案，达到了"全线净味"的效果。

三棵树先后签约平昌冬奥会首金获得者、短道速滑世界冠军武大靖和自由式滑雪世界冠军谷爱凌为品牌代言人；又与素有夺金传统的中国短道速滑队签订合作协议，为全体队员定制了特别款的比赛头盔：图案自主设计，并喷涂具有绿色环保、低 VOC、光亮平滑特质的自主研发水性双组分聚氨酯工业涂料，同时采用特殊表面添加材料，以降低风阻。

在北京冬奥会倒计时 100 天之际，三棵树推出"凯旋装""决胜装""励志装"3 种纪念款产品，与顾客共同为运动员送上祝福，并启动"出色冰雪季，冠军品质家"主题直播促销活动，通过赠送限量款冬奥纪念金章、短道速滑国家队纪念头盔，在顾客的心目中加深"奥运品质"的烙印。从顶级赛事到冠军代言、金牌团队，三棵树用具有科技含量的产品和方案，传递出"绿色生活"的健康理念，让顾客通过冬奥与品牌产生广泛的情感共鸣。

二、赞助活动

赞助活动是通过免费提供资金、产品、设备、设施、服务等形式来传播品牌形象的活动。

赞助活动形式多样，主要包括赞助体育事业、赞助文化教育事业、赞助社会福利事业等。

赞助活动有助于树立品牌热心社会公益事业、有高度的社会责任感等形象，有利于提升品牌的知名度和美誉度，赢得人们的信任和好感。

例如，耐克公司长期以来一直坚持赞助体育活动，塑造了耐克充满活力的品牌个性。

妙可蓝多赞助的活动形式多样，覆盖了综艺、节日活动、体育赛事、电影节等。例如，《青春有你》，妙可蓝多作为该综艺的官方赞助商之一，为选手们提供了饮料和零食；2018年"中国女排粉丝节"，妙可蓝多作为该活动的赞助商之一，为现场观众提供了饮料和礼品；2019 年上海国际马拉松，妙可蓝多作为赛事的官方饮料赞助商之一，为选手们提供了饮料；《名人大侦探》第五季，妙可蓝多作为该综艺的官方赞助商之一，为选手们提供了饮料和零食；2020 年 KPL 春季赛，妙可蓝多作为该赛事的官方饮料赞助商之一，为选手和现场观众提供了饮料和礼品；2020 年北京国际电影节，妙可蓝多作为该活动的官方赞助商之一，为现场观众提供了饮料和礼品。

三、庆典活动

庆典活动是品牌利用自身或社会环境中的有关重大事件、纪念日、节日等举办各种庆祝会、纪念活动、典礼仪式来传播品牌形象的活动。

借助庆典活动的喜庆和热烈气氛可以强化品牌的影响力，从而提高品牌的知名度和美誉度。例如，2021年端午节期间，"五芳斋"为庆祝创办100周年，在上海等地的地铁口投放大屏海报，覆盖面广且瞄准顾客营造了节日氛围。"五芳斋"还携其粽子制作技艺参加中国国际进口博览会，向世界展示文化魅力和国际化的品牌形象。其入驻的"有间国潮馆"主题快闪店、与王者荣耀联名的沉浸式峡谷主题快闪店配合线上的直播带货，线上线下两面开花，构建多元化的传播链条。

四、展览活动

展览活动是通过实物、文字、图片、多媒体来展示品牌的成就和风采，传播品牌形象的活动。

（一）品牌展览的优点

1. 直观性

展览会是一种非常直观、形象的传播方式，它把实物直接展示在公众面前，给人以真实、观之有物的感受。

2. 复合性

展览会又是一种复合性的传播方式，通常会同时综合运用多种媒介、手段进行交叉混合传播，往往以实物展出为主，配以文字宣传资料、图片、幻灯片、计算机等，再加上动人的解说、友好的交谈、优美的音乐、生动的造型艺术，具有很强的渲染力和吸引力。

3. 新闻性

展览会是一种综合性的大型活动，除本身能进行自我宣传外，往往能够成为新闻媒介追踪的对象，成为新闻报道的题材。通过新闻媒介的报道，展览会的宣传效应将大大增加。

例如，走进张小泉位于浙江杭州市河坊街的品牌直营店，就像走进了一个刀与剪的世界。店面装修古朴又不失简约明快，展示柜里紧凑地陈列着数百种产品。从竹节剪、镂空古典剪到仙鹤剪，从水果刀、切刀到料理刀，从咖啡勺、甜品勺到儿童勺，琳琅满目、应有尽有。最吸引人眼球的，是店里专门设置的古法制剪工艺展示区。"一只风箱一把锤、一块泥砖一只盆、一把榔头一条凳"，开槽、镶钢、打磨、淬火……流传了几百年的七十二道制剪工序，向人们讲述着张小泉的品牌历史。

（二）建立品牌博物馆

实物形式可视、可读、可触，因此，实物的陈列往往比语言的描述更具可信度和震撼力，非常有利于品牌形象的传播。

品牌博物馆的建立需要品牌管理者在品牌创立之初就有意识地对资料和具有历史价值的各类实物、文字、图片等进行保存。例如，第一款产品、第一笔合同、第一批员工名录、每一代新产品，甚至第一次实验数据和未能成功上市的样品，等等，都是品牌博物馆里最为珍贵的物件。

2012 年年初，历史上最负盛名的汽车工厂之一——法拉利摩德纳工厂正式作为法拉利品牌博物馆对公众开放。意大利的摩德纳是法拉利创始人恩佐法拉利的故乡。这座新建的博物馆被命名为恩佐法拉利博物馆，其外观造型采用了赛车发动机盖的设计，亮黄色的主打色彩让这间博物馆从上空俯视下来时极具动感。博物馆里面有大量的展品，包括法拉利历史上的经典车型实物、图片和文字资料。

斯沃琪的第一块手表诞生于 1983 年，与很多瑞士悠久的手表品牌相比，它算不上具有历史价值，但是这个以时尚、轻便、现代设计取胜的手表品牌，在日内瓦建立了自己的品牌博物馆，并成为很多游客的必游景点。斯沃琪博物馆的设计大量运用了齿轮这一元素，这是手表必备的设计元素之一，呆板单一的齿轮在这里变得形状多变、色彩斑斓，它的演示资料也重点讲述了这个品牌如何改变了整个世界对于手表的刻板印象。斯沃琪博物馆通过对其品牌的第一款手表到最新款的限量版手表的逐一展示，丰富地阐述了自己的品牌文化。

五、新闻报道

在"硬广告"越来越被顾客质疑其可信度并被排斥的情况下，新闻报道作为一种由第三方撰写和发布的传播形式，更容易使人信服和接受。为此，品牌一方面要和各方新闻媒体建立良好关系，另一方面要有意识地制造一些有利的新闻线索，让媒体主动来帮助品牌做宣传。

例如，法国白兰地在美国市场上没有贸然采用常规手段进行销售，而是借当时的美国总统艾森豪威尔 67 岁寿辰之际，把窖藏达 67 年之久的白兰地作为贺礼，派专机送往美国，同时宣布将在总统寿辰之日举行隆重的赠送仪式。这个消息通过新闻媒介传播到美国后，一时间成为美国的热门话题。到了艾森豪威尔总统寿辰之日，为了观看赠酒仪式，人们从全国各地赶来目睹盛况。就这样，新闻报道、新闻照片、专题特写，使法国白兰地在欢声笑语中昂首阔步地走上了美国的国宴和家庭餐桌。

记者招待会又称为新闻发布会，是品牌为公布重大新闻而邀请新闻记者参加的一种专题活动。记者招待会是一种两级传播：品牌将信息告知记者，再通过记者所属的大众传播媒介告知公众。但是，记者招待会比其他新闻发布所耗费的成本高，对发言人和主持人的素质要求也比较高。

此外，主办晚会、游园活动，冠名各类研讨会、演讲会、论坛、高峰会、博览会，实施开放日、参观日、纪念日等接待顾客参观等，也可使顾客有更多的机会了解品牌，有利于品牌形象的传播。

第三节　口碑传播

口碑传播是一种顾客群体内部互相交流对品牌的认知、感受、态度、评价等的非正式沟通行为。

随着互联网的发展，口碑传播不再只局限于人与人之间面对面的交流，而是将意见、经验与评论等通过讨论区、聊天室、留言板等网络空间来发布和传播，形成新形态的网络口碑传播。网络口碑传播，指互联网用户借助互联网各种同步或异步沟通渠道发布、传播关于组织、品牌、产品和服务的信息，其表现为文字、图片、符号、视频等或是它们的组合。

网络口碑传播是对传统口碑传播模式的一种颠覆。首先，网络口碑传播突破了信息传播的空间局限。其次，在所传递的信息内容上，网络口碑超越了原先的口头模式，文字、图像、视频、音频和动画等都可以通过网络口碑的途径来传播，同传统的口碑传播相比，网络口碑拥有覆盖率高、精准性强、速度快、范围广、价格低廉、广告内容形式多样、阅读率高等特质。最后，网络口碑产生的平台主要是新媒体平台，如论坛、微博、微信等，它既是平台，又是社区，更强调开放性、交互性和共享性。

知识拓展

自传播

自传播指依靠事件、产品或推广活动中种种吸引人的因素，引起个人或者机构的自发、多级传播。自传播强调的是自发分享传播，而不是企业用金钱激励用户。对企业来说，产品拥有自传播属性，等于拥有很强的获取流量的能力，可以降低获客成本。

熊猫不走蛋糕是自传播的成功案例，其主要流量来自"熊猫"在生日现场为顾客唱生日歌、跳舞、变魔术、送祝福等表演。熊猫不走创造了100多种不同的用户体验方式，制造了热闹的现场氛围，给顾客惊喜，为其创造了一种独特的生日仪式感和快乐情感体验，让顾客和参加生日宴会的人感到荣耀和满足，同时给顾客创造了美好时光和品牌回忆点。这种表演的生日仪式都会被顾客记录并分享，自传播让熊猫不走品牌的获客成本非常低。

一、口碑传播的作用

一般来说，顾客对品牌的态度，会受到口碑的影响，当好的口碑不断出现时，品牌形象也会更好。显然，口碑传播有利于品牌形象的传播。口碑传播的作用体现在以下几个方面。

（一）可信度

在今天这个信息爆炸、媒体泛滥的时代里，顾客对广告具有极强的免疫能力，而作为顾客亲身使用后给出的评价，口碑传播比广告传播更容易赢得顾客的信任，具有极高的可信度和极大的影响力。

这是因为，口碑传播是顾客自发的，顾客的亲朋好友、周围熟识的人在介绍、推荐、评论时，一般是不含利益关系和商业意图的，因而从一定意义上讲，他们的意见与建议比较客观、可靠，值得信赖，而且容易进入顾客的记忆系统。

（二）针对性

由于口碑传播是顾客之间的信息交流，传播者可以随时调整信息内容，满足口碑接收者的需求，增强传播效果。特别是顾客在如今的社交媒体平台上一对一留言和互动，可以让顾客之间的口碑传播更具有针对性。

例如，小红书是一个完全自主交流的分享平台，因为在平台社区中分享的内容全由顾客亲自创建，可信度相对较高。顾客本身就是分享者，根据自己的亲身经历对产品做出客观的评价，在一定程度上帮助潜在顾客完成了对产品的认知，为平台用户提供了有效的参考，对提高用户转化率及重复购买率都提供了有效的帮助。

（三）低成本

与传统品牌传播方式相比，口碑传播要廉价得多，口碑所运用的人际传播是不需要成本的，或只需要很小的成本，但却能形成巨大的传播效应。

▶ **案例**

秋天的第一杯奶茶

2020年9月23日，社交媒体被一则"秋天的第一杯奶茶"的帖子刷屏，该话题热度瞬间攀升，最终话题热度超过了20亿，讨论次数突破100亿。该事件的起因是一个女生在社交媒体分享了男友给她发了52元的红包，用于购买秋天的第一杯奶茶。之后网民也纷纷跟风喝奶茶，并在社交媒体晒图，相关话题迅速发酵，引起了广泛的关注和讨论。许多奶茶店的销量因此得到了大幅度的增加，各大茶饮品牌纷纷开始蹭话题热度，借势在品牌官方微博发起"请你喝秋天的第一杯奶茶"的相关抽奖活动。

借此话题，奈雪的茶顺势推出了"奈雪923奶茶节"，寻找100位地表最强奶茶王者锦鲤，霸气派送10 000杯宝藏鲜奶茶，实力宠粉。同时，奈雪的茶还展开品牌联名活动，与农夫山泉等品牌进行互动，进一步引燃了大家参与的热情，相关话题的阅读量累计达到了3 400多万，产生了裂变式的传播效果。

奈雪的茶通过这次事件营销增强了用户黏性，成功建构起"秋天的第一杯奶茶＝奈雪的茶"的品牌联想，强化了顾客对品牌的认知，品牌形象也得到了提升。

二、口碑传播的相关者

在口碑传播过程中，意见领袖、既有顾客、参照群体是对潜在顾客产生影响的关键人物。

（一）意见领袖

"意见领袖"这一概念最早是由拉扎斯菲尔德提出的，是指那些经常能影响他人态度或意见的人。

在人际传播过程中，有些顾客会比其他顾客更频繁或更多地为他人提供信息，从而在更大程度上影响他人的购买决策，这样的顾客被称为"意见领袖"。

意见领袖最早可能出于纯粹的好奇心而试用新产品和服务，他们通常是社区的活跃分子，不甘寂寞，而且，一般具有公开的特性，这让他们更可能以与众不同的方式去尝试那些未知的而又让人感兴趣的产品或服务。

意见领袖也可能积极地从大众媒体和其他来源收集相关的消费信息，并对消费信息进行加工，再把经过加工的信息解释、传达给群体中需要这类信息的顾客，从而对顾客的购买行为产生重要的影响。

意见领袖最大的也是最明显的特征，就是对某一类产品或服务比群体中的其他人有着更为长期和深入的介入。由于某些原因，意见领袖对某类产品或活动有更多的知识和经验，因而在其他顾客看来，他在这方面更有权威。

知识拓展

专家效应

专家是指在某一专业领域受过专门训练,具有专门知识、经验和特长的人,如医生、律师、营养学家等均是各自领域的专家。专家具有丰富的知识和经验,这使其在介绍、推荐产品与服务时较一般人更具权威性,从而产生专家所特有的公信力和影响力。另外,引用专家在独立状态下获得的实验数据与结果,比聘请专家在广告中直接赞誉企业的产品更加具有公信力。

(二)既有顾客

如果既有顾客的品牌体验是积极的、正面的,他们则有可能主动地向他人推荐。

(三)参照群体

顾客不是每时每刻都处于自主思考、自主行事的状态,他们深受周边环境及周围人的影响。参照群体指的是顾客的模仿对象,参照群体为顾客提供了可供参考的消费模式和生活模式,从而影响顾客对产品、品牌及使用方式的选择。

知识拓展

口碑营销

口碑营销是企业生成、制作、发布口碑题材,并借助一定的渠道和途径进行口碑传播,以提高企业和品牌形象为目的的管理过程。

在今天这个信息爆炸、媒体广泛分布的时代里,顾客对广告,甚至新闻,都具有极强的免疫能力,而口碑营销经常依靠亲友、同事或者顾客信任的人进行面对面的传播,因为家庭、朋友等参照群体在文化、观念、意见和价值判断上相当接近,所以让人信服的概率很高。因此,在口碑营销中,信息的传播者所传播的信息对接受者来说比较容易相信和接受;对营销者来说,口碑营销不但省去了越来越高昂的媒体投放费用和广告制作费用,而且传播送达率和投资收益更高。

作为一种传播方式,口碑营销最大的特点就是交流性强,信息反馈直接、快速、及时、集中,同时容易在较短的时间内改变接受者的态度和行为;作为一种营销手段,口碑营销所拥有的效应和发散状的扩散态势使有关的信息得以批量传播出去;同时,由于是面对面的信息交流,其针对性是显而易见的。因此,企业应当重视和利用现有顾客的口碑,如请现有顾客"现身说法",介绍自己购买产品或服务后的感受。

当然,口碑营销要建立在顾客对产品、服务及观念满意的基础上。为此,企业首先要努力保持顾客的满意度;其次,企业要通过满意的顾客让其他人知道他们的满意;最后,企业要提供一些"素材"供顾客转送、分享给潜在顾客。

例如,四川的网红"拉面小哥",将拉面动作与妖娆的舞姿相结合,再经过夸张的表演,吸引了不少顾客的围观和分享,从而使客人源源不断。

重庆有一家井格火锅店,为了吸引顾客分享传播,他们给产品增加了一系列富有仪式感的表演。例如，把菜放在轿子上，由两个人抬着轿子上菜，走到食客桌子旁时，其中的一个人敲锣喊"火锅英雄驾到"。为了吸引顾客下次再来，他们把邀请函做成"英雄帖"，并且装在信封里，信封上写着被邀请人的名字，顾客走的时候，对顾客双手送上。这些围绕产品打造仪式感的做法很容易使顾客主动分享传播。

第四节 网络传播

在互联网时代，品牌可以通过互联网平台传播信息，进而影响顾客，传播品牌形象。

一、新媒体传播

随着互联网的发展，网络论坛、社交媒体等陆续出现，这些新媒体为人们提供了一个网络空间，人们可以在这个空间内写日志、分享照片和视频，能够超越地理限制和时间局限进行信息交流。这也给品牌推广提供了一个非常好的平台，品牌的拥有者可以非常方便地使用以上工具快速地进行品牌的传播。可供顾客分享的新媒体有很多，知名的有微博、微信、抖音、快手、知乎、小红书、58同城、今日头条、大众点评、穷游网等。任何人或企业只需要在微博、微信、抖音等网络媒体平台注册一个账号，就可以随时随地通过这些平台发布信息。

相较于传统的传播媒体，新媒体有更大的影响力和更广的覆盖范围，可以有效且即时地对品牌的推广内容进行传播，传播渠道也更多样。例如，品牌可以注册自己的账号与其他博客用户互动或发起与品牌相关的活动，这能够起到提高品牌知名度、塑造积极的品牌形象的作用。内容社区是用户分享信息的平台，以豆瓣网、YouTube、土豆、优酷等为代表，它们可以成为传播品牌的媒介。社交网络是用户与朋友分享生活体验的平台，以脸书、微信等为代表，在社交网络中，品牌借助顾客的社交圈扩大信息传播的范围。

例如，"五芳斋"通过官方网站、微博入驻、自媒体、微信公众号等多端融合，构建"五芳斋"融媒体传播链条，多端联动对内容进行传播。

> **案例**
>
> **完美日记的全渠道传播**
>
> 为了让顾客能够即看即买，提高营销转化率，完美日记为顾客购买产品打造了线上线下全渠道的服务体验。
>
> 线上：在抖音平台，完美日记以新品宣传预热、妆容展示、剧情小视频3种内容与顾客进行沟通互动之后，将产品链接至淘宝、天猫，直接打通销售渠道，实现快速变现。在微信平台，"粉丝"群内每天定时有各种新品上架、折扣优惠等提醒，引导用户在完美日记小程序平台内直接下单购买，达成转化；利用企业微信外显功能，关联小程序商城，用户可直达商城进行购买；通过小程序直播，实时获取直播数据，帮助团队了解直播效果，及时调整方案，增强用户体验，提高转化率。门店附近的顾客通过小程序下单，能够当天就体验到产品，也可以在预定时间内到门店取货。

线下：实体店加深用户体验感。为了拓展触达顾客的渠道，完美日记通过线下门店立体呈现产品、体验与服务，同时将线下流量引入线上。完美日记线下门店分为体验店、概念店、旗舰店等不同类型，每种门店都能带给顾客不一样的购物体验，更直观地为顾客展示了各类产品。各门店在开店首日也会邀请知名模特和美妆时尚博主烘托气氛，以带来更大的流量。同时，完美日记采用混合业态型门店的设计，分别设置了产品展览区、体验区、会员区、具有社交功能的咖啡休闲馆及各类打卡点，让顾客有沉浸式购物体验，把顾客的探店之旅发挥到极致，使其更好地领会完美日记的品牌理念、品牌故事，增加购买背书。此外，现场配备多名彩妆师协助顾客试妆，顾客可以通过素人改造项目在线上预约线下门店的彩妆师，按时去接受彩妆师的美妆服务。总之，线下体验店作为线上的有益补充，在"爆款"产品的展示、现场服务及购物环境的营造等方面增强了品牌与用户的互动。

二、短视频传播

在移动互联网环境下，用户主要通过碎片化时间来观看视频，短视频一般时长在5分钟以内，符合用户碎片化时间利用的需求。

相对于传统的声音图像，短视频有较强的内容表现力，能通过声音、图像的方式，让用户感知更加丰富的内容。

相对于长视频，短视频有更多的应用场景，制作精良的短视频容易受到用户的喜爱，点赞及完播的用户数量增加，能强化短视频平台算法的推荐，正向的循环反馈能取得良好的营销效果。

三、直播传播

有这样一句话："顾客在哪里，营销就应该在哪里。"如今，越来越多的顾客观看直播、通过直播购物，因此，品牌商应当重视网络直播，通过直播传播品牌形象。网络直播的优点如下。

（一）直观、生动、丰富

网络直播过程就是宣传、推荐、展示产品的过程，并且十分生动，可直观传递品牌形象，直观阐述产品性能，直观展示产品形态及使用方式，真实再现品牌及产品的各种属性。品牌商可以灵活地设计直播活动，更加快捷、直观、立体式地展示品牌形象，借助多种关联记忆方式介绍品牌，使传递的品牌信息形成多维记忆点。

> **案例**
>
> **瑞蚨祥的线上传播**
>
> 首先，瑞蚨祥开通了官方微信公众号、微博等，讲述品牌故事、发布新款产品、推送最新活动信息，并提示"粉丝"到线上、线下门店关注相关产品和服务，有效提升了流量转化效率。
>
> 其次，瑞蚨祥积极探索"直播+生活+场景"新营销模式。2020年4月6日，瑞蚨祥以"丝享非遗，传承经典"为主题，亮相"京东直播"，在讲述和演示绣花、盘扣等中式

服装手工制作技艺的同时，通过服装试穿、丝巾佩戴等方式"圈粉"年轻观众，3 个小时直播获得了 12.7 万次点赞和 1 700 多条评论。2020 年 5 月，瑞蚨祥以"云上非遗，丝享生活"为主题，参与"快手国货发光"直播活动，重点介绍中国丝绸的文化内涵及旗袍等中式服装的搭配技巧，将老字号的"匠心产品"与非遗文化传承融为一体，获得包括《人民日报》在内的众多媒体的关注和好评。

（二）门槛低、成本低

品牌商要进行网络直播，只要架上直播设备实时拍摄，同时将直播的视频推送给顾客或社交平台即可，相比原来的广告投放而言成本更低。另外，以往品牌商若要开产品发布会，需要选址、租场，还要接待媒体嘉宾，一场发布会下来，花费非常巨大，传播范围也比较有限。而网络直播不用租场地、招待媒体，会场布置也可简单化，甚至可以将商场、生产车间"搬"进直播间，只要架上一部互联网移动终端设备，打开直播软件，就可以将直播的视频推送给顾客。

▶ 案例 ━

星巴克开启直播

2019 年 9 月，星巴克首次参与淘宝直播。在直播中，主播与星巴克定制版天猫精灵互动，演示语音点咖啡——"天猫精灵，来杯咖啡""为您点到一杯热美式，来自星巴克专星送……"星巴克借助直播营销不但刺激了销量，还增加了话题度和热度。同时，星巴克通过直播营销将顾客引流到线下享受服务并对咖啡口味产生忠诚度。星巴克通过与顾客交流、接触及深挖顾客需求使品牌形象得以变革。借助直播，星巴克让顾客进一步深入了解了品牌文化，传播了品牌形象。

（三）打破时空限制

网络直播可以随时为顾客提供重播、点播，有效延长了直播的时间，让品牌形象的传播"时时在线"。品牌商还可以根据不同的直播主题进行场景搭配，或者直接将线下商场"搬进"直播间，将普通的卖货直播间变成"品牌沟通＋体验"的直播间。过去，作为大件产品，房产、汽车、家具历来被视为"线上"绝缘体，但直播推动了它们的线上销售。例如，贝壳网、链家等房屋中介平台运用 VR 技术，向顾客 360° 展示房屋实况，并实时解读房屋的各项信息，让不能实地看房的顾客心里有了底，"云看房"让隔空买房成为可能。

▶ 案例 ━

理肤泉的自播

理肤泉是国际一线药妆品牌，为欧莱雅集团旗下的一个护肤品牌，致力于为顾客提供专业的护肤方案。

2020年10月，理肤泉正式入驻抖音平台，借助抖音达人迅速提高品牌知名度并增加销量，同时将品牌自播视为核心经营阵地，在直播间会有人教"粉丝"如何分析敏感肌护肤成分，分享护肤知识。理肤泉在开启自播之初，便选择了与抖音"大V"朱瓜瓜合作，借助朱瓜瓜在平台内的知名度和影响力，同时邀请了包括毛晓彤、林凡在内的艺人和付鹏等"大V"进入直播间，凭借"抖音范儿"的直播吸引了很多顾客，完成了初期"粉丝"与销量的积累。

在坚持长时长、高频率开播，培养顾客看播习惯的同时，理肤泉也十分注重参与抖音的各类营销活动和节点大促，精细化打磨直播当天的内容，完善货品组合、促销机制和投放计划，并按照直播当天的情况来灵活调配资源。同时，理肤泉也十分注重"粉丝"运营，会不定期开展面向"粉丝"的免费抽奖活动，针对"粉丝"团成员也有丰富的活动，以提升"粉丝"的购买、复购意愿。

（四）具有很强的交互性

网络直播具有高互动性和社交性，用户在直播过程中除了能够直观看到产品，还能与主播及其他观众即时互动、交流，实现了边看、边玩、边买，很好地切合了用户心理，满足了用户的多重需求，给用户带来了不同于以往的购物体验。

由于直播的互动性，品牌商可以通过直播收集到更多的意见与建议，免费获取顾客的反馈信息，及时完善产品，根据顾客的体验和需求，第一时间调整产品设计及营销策略，以达到更好的营销效果。

延伸阅读：品牌商应当选择什么样的主播

主播的人设、修养、态度、形象、专业、表达等方面都会影响直播效果。因此，品牌商应该注意选择合适的主播。

1．选择与品牌相匹配的主播

品牌商要选择符合、匹配品牌调性的主播。

曾经有一个品牌邀请某艺人在快手直播，12分钟内，他卖出了10万份面膜。但是，当另一个品牌与该艺人合作时，直播观看量虽高达42万，成交量却仅仅只有64盒干粉。为什么观看直播的顾客那么多，成交量却如此低呢？原因在于顾客产生疑问——该艺人会用干粉吗？他需要用到吗？当顾客产生疑问时，主播便带不动货了。

术业有专攻，每一个主播都有自己的专攻领域，品牌商要尽量选择与品牌相匹配、定位一致或吻合的主播，这样既能展示产品特点，又能提升品牌形象。另外，由于主播对该领域熟悉，介绍产品会更专业也更有说服力，更容易获得顾客的信任，成交转化率更高。因此，主播的专攻领域和品牌匹配才能使品牌传播的效果最大化。

2．选择拥有众多"粉丝"且与品牌目标顾客一致的主播

一个好的主播应该拥有忠实的"粉丝"群体，从一定程度上来说，"粉丝"量的多少决定了带货能力的强弱。因为"粉丝"对主播的信任很容易导致"粉丝"对主播推荐的产品产生信任，这就有利于降低产品销售的难度。当然，品牌商选择主播的时候，不但要看主播的"粉丝"多不多，还要看主播的"粉丝"画像与品牌目标顾客的画像是否一致。品牌商选择的主播只有符合目标顾客的偏好，才能达到吸引目标顾客观看、购买的目的。

3．选择与带货产品类型相匹配的主播

品牌商要根据带货产品类型的不同，挑选与带货产品类型相匹配的主播，从而增强直播间顾客对产品的信任感，提高直播间订单的转化率。例如，如果是带货运动健身类产品，则要求主播是运动达人，要懂运动健身的方法并熟知健身器材。若是体育达人带货运动产品，顾客对其推荐的产品将更有兴趣和信心。又如，销售化妆品、护肤品等美容美发产品的品牌商要选择有美容护肤行业从业经历的主播，或者形象好、气质佳的主播，或者对护肤化妆等专业知识掌握熟练，能够激发顾客购买热情的主播。而经营电子产品的品牌商可以选择信誉度较高的头部主播、企业 CEO 来进行带货，这样可以提高顾客的信任度。

4．选择带货能力强的主播

主播若带货能力强、专业度高、表达力强、形象好、受欢迎、有吸引力和号召力，则能够帮助品牌商实现直播营销的目标。

第五节　故事传播

故事作为人类古老的沟通和思维模式，是储存记忆、分享经验和传达情感的重要工具。

故事传播是以讲故事的方式来传播品牌形象、品牌内涵、品牌文化。

从本源上看，每一个中华老字号其实都是一个品牌奇迹，他们不单单是品牌，更是一种文化。例如，狗不理有 160 多年的历史，同仁堂有 300 多年的历史，京城最老的老字号鹤年堂的历史超过 600 年，当我们提起这些品牌时，最津津乐道的还是那些为人熟知的动人故事。

一、品牌故事对品牌传播的作用

（一）增强品牌的亲和力

品牌故事通过娓娓道来、形象生动的故事讲述，可以拉近品牌与顾客的距离，消除目标顾客对品牌的陌生感和隔阂感，增强品牌的亲和力，增进与目标顾客的情感交流，进而实现品牌与目标顾客的心灵共鸣。

▶ **案例**

"DOVE"（德芙）的故事

1919 年，卢森堡王室后厨的帮厨莱昂整天都在清理碗碟和盘子，双手裂开了好多口子。当他正在用盐水擦洗伤口时，一个女孩走了过来对他说："你好！你手上的伤口很疼吧？"这个女孩就是后来影响莱昂一生的芭莎公主。由于芭莎只是费利克斯王子的远房亲友，在王室里地位很低，稀罕的美食"冰淇淋"轮不到她去品尝，于是，莱昂每天晚上悄悄溜进厨房，为芭莎做冰激凌，芭莎则教莱昂英语。

20 世纪初，卢森堡和比利时为了巩固两国之间的关系，决定联姻，而被选中的人就是芭莎公主。一年后，莱昂离开了王室后厨，带着心中的隐痛，悄然来到了美国的一家高级餐厅。这里的老板非常赏识他，把女儿许配给了他。时光的流逝，平稳的事业，还有儿子的降生，都没能抚平莱昂内心深处的创伤。经过几个月的精心研制，一款富含奶油，同时被香醇的巧克力包裹的冰激凌问世了，并被刻上了4个字母"Dove"（"DO YOU LOVE ME"的英文缩写）。这就是"DOVE"品牌背后凄美的爱情故事。

（二）建立美好的品牌联想

顾客在购买产品时，除了产品本身的使用价值，还在购买一种感觉、文化、面子、圈子、尊严、地位等象征性的意义。

传奇、生动、有趣的品牌故事常常能够让品牌自己说话，使品牌润物细无声地俘虏顾客的心，从而建立美好的品牌联想。

例如，百雀羚的故事化传播成功地将国产老字号品牌拉回顾客的视线中，增强了品牌的好感度和美誉度。

案例

砸冰箱

1985年，海尔从德国引进了冰箱生产线，后来有顾客反映，海尔的冰箱存在质量问题，经检验，76台海尔生产的"瑞雪"牌冰箱不合格。

当时人们的生活水平还不高，76台冰箱对于企业而言也是很大一笔财产。厂里的职工对这些冰箱的去留看法不同：有人主张将其低价卖给职工，有人主张将其修好后重新投入市场。但新任厂长张瑞敏却力排众议，果断命令将这些冰箱全部砸掉，谁干的谁来砸，并抡起大锤亲手砸了第一锤！

当时一台冰箱的价格为800多元，相当于一名职工两年的收入，很多职工砸冰箱时流下了眼泪。正是这一砸，砸醒了职工的质量意识；也正是这一砸，砸出了海尔的信誉，为海尔砸出了一个光明、美好的未来。3年后，海尔人捧回了我国冰箱行业的第一个国家质量金奖。

这一故事的广泛传播，也使海尔"真诚到永远"的品牌形象深入人心。至于那把著名的大锤，已被收入国家历史博物馆。

特斯拉也擅长讲故事，并依托电影《钢铁侠》为其造势。电影中的主人公通过发明新的聚变能源装置，使斯塔克工业集团的科技水平领先20年。现实中，特斯拉的创始人埃隆·马斯克就是"钢铁侠"的原型，其领导的特斯拉电动汽车公司就是代表汽车未来发展方向的高科技公司。《钢铁侠》系列电影在全球的热映为特斯拉公司带来了很好的宣传效果。

案例

全食超市

"罗西是一只生活在有机农场的鸡，天天过着幸福的生活，直到被送进屠宰场，经过一道道工序，变成了摆放在全食超市冰床上的精美袋装鸡肉。罗西的一生是在加州葡萄美酒之乡的定制鸡舍中度过的。她的鸡舍通风、采光良好，陶质的地面上铺有干净的谷壳。她生前不是悠闲地啄食黄澄澄的玉米粒，就是在鸡舍外的院子中散步，和多数食品店出售的家禽不同，罗西从来没用过抗生素或生长激素。"

这样美丽的语言，竟然是在描写一只鸡。这段话出现在美国全食超市专为迎合讲究健康饮食的顾客而精心制作的宣传手册里。这些用再生纸印制的小册子摆放在禽肉制品的冰床旁边。正是因为上面所宣传的优点，罗西的肉是普通鸡肉价格的两倍多。

全食超市通过编写品牌故事的方式，把店内出售的每件商品描绘得形象、生动、有趣，让顾客对"全食"充满想象，也让全食超市获得了可观的利润，在强手如云的食品业中一枝独秀。

二、品牌故事的要件

一个完美的品牌故事，总是将情节、人物、主题和美感完美地融为一体。纵观世界品牌发展的历史进程，只有那些从字里行间飘溢着如行云流水般，充满灵动、神韵之美的品牌故事，才能拨动目标顾客情感的心弦，并使其久久回味其中的甘醇。

一则有吸引力的品牌故事具备代表性、共鸣性、感染性。

代表性即品牌故事的主题理念要与品牌定位、品牌形象、品牌文化相一致，能够代言品牌的核心，代表品牌的精神。

共鸣性即品牌故事应能使目标顾客产生共鸣，令顾客从故事中、从品牌上找到自我。

感染性即品牌故事应有感染力，能够打动顾客的情感。

三、品牌故事的挖掘

品牌故事是打开顾客情感的钥匙。企业可以从其诞生、发展历史、创始人物、动人的情感或独特的文化等方面挖掘品牌故事，如品牌诞生的故事、品牌代言人的故事、品牌与顾客的故事、品牌与社会关系的故事等。

例如，许多品牌的诞生和发展都拥有着动人和传奇的故事，让顾客记住这样的故事能帮助品牌传播，也能提高品牌的美好联想程度。

阿迪·达斯勒是一个田径运动爱好者，他在20世纪20年代中期便制造了世界上第一双带皮钉的足球鞋。1954年，在瑞士世界杯足球赛上，阿迪·达斯勒提供的全球首创嵌入式螺钉足球鞋帮助德国足球队过五关斩六将，最终成功赢得世界杯冠军。从此以后，阿迪达斯这一品牌声名大振，成为雄踞足球用品市场的霸主。

某品牌的祛斑露讲述了一个令人心动的故事：在水天一色的太平岛上，有一座著名的香丽人岛，岛上的少女不仅个个皮肤白皙，而且都散发出迷人的体香，这种现象引来了许多的猜测和传说。后来，法国调香大师比尔先生揭开了其中的秘密——这种奇特的现象和岛上的木瓜香草有关。于是，木瓜化妆品开始流行世界，成为众多艺人、名模及王公贵族的首选用品。顾客将滴滴香浓的美白露轻拍在脸上时，仿佛成了那岛上的香丽人，这种心理暗示使顾客的每一个细胞都温柔起来。

案例

褚橙的品牌故事

1979—1994 年，褚时健成功将红塔山打造成中国名牌香烟，使玉溪卷烟厂成为亚洲第一、世界前列的现代化大型烟草企业。褚时健 71 岁时因经济问题被处无期徒刑，剥夺政治权利终身，后因严重的糖尿病获批保外就医，活动限制在老家一带。2002 年，有个亲戚带了国外进口的橙子给褚时健品尝，由此，74 岁的褚时健与妻子在老家云南省玉溪市新平县哀牢山开始了二次创业——种橙。

创业的第一年，由于不懂种植技术，果树不是掉果子，就是橙子口感不好、品质不佳，销售成了一个大难题。不服输的褚时健半夜起来一本一本地阅读种橙的书籍，常常学习到凌晨三四点。他晚上学习科学种植技术，白天到果园实践，手捻鸡粪，鼻嗅肥料成为常事。白手起家困难重重，褚时健和妻子干脆在橙园搭了工棚，吃住都在果园。为了少施农药，褚时健和技术人员用烟梗、鸡粪调制有机肥，嫁接改良，研究气候温差，改进橙子口味。十年如一日，褚时健与妻子终于种出了皮薄肉厚、甘甜爽口的冰糖橙子。

在美容化妆品行业，产品原料产地及使用水质、制作工艺的不同都将带来迥然不同的使用效果和品位感受是众多顾客深信不疑的消费心理。基于此，对优美的自然风貌、地理环境、自然水源及人文景观的描述，可以带给目标顾客纯净自然、品质卓越的感受。欧莱雅旗下的碧欧泉就是通过对生物学家们在法国南部山中的矿泉中发现矿泉活性萃取精华这一独特的活性成分并加以研究、申请生物制造过程的绘形绘色的描述，为产品独特的功能、功效进行注解，并赋予产品一个神秘的光环。

本章练习

一、判断题

1. 广告的作用主要是可以大范围、迅速地进行传播，创造知名度。（　　）
2. 网络广告具有可重复性和可检索性，可以将文字、声音、画面结合之后供用户主动检索，重复观看；互联网广告的时间持久，并且可以准确地统计顾客的数量。（　　）
3. 形象广告、公益广告是两种非商业性质的广告。（　　）
4. 在互联网时代，品牌可以通过互联网平台传播信息，影响顾客，传播品牌形象。（　　）
5. 一则有吸引力的品牌故事具备代表性、共鸣性、感染性。（　　）

二、选择题

1. 品牌传播的方式包括（　　）。
   A. 广告传播　　　B. 公关传播　　　C. 口碑传播　　　D. 故事传播
2. 选择广告媒体应当考虑的因素包括（　　）、广告的触达率、接触频率和展露效果。
   A. 产品性质　　　　　　　　　B. 顾客接触媒体的习惯
   C. 媒体覆盖区域　　　　　　　D. 媒体成本
3. 选择名人代言的基本原则有（　　）。
   A. 匹配性原则　　　　　　　　B. 避免"一女多嫁"原则
   C. 连贯性原则　　　　　　　　D. 本土化原则

4. 公关传播是指品牌所有者通过（　　　　）等公共关系活动来传播品牌的活动。
   A. 公益活动　　　　B. 赞助活动　　　　C. 庆典活动　　　　D. 展览活动
5. 品牌故事是打开顾客情感的钥匙，一则有吸引力的品牌故事应当具备（　　　）。
   A. 代表性　　　　B. 共鸣性　　　　C. 感染性　　　　D. 营利性

三、填空题

1. ＿＿＿＿＿＿＿作为一种品牌传播手段，是指品牌所有者以付费方式，通过传播媒介，对目标顾客所进行的传播活动。

2. ＿＿＿＿＿＿是品牌为社会公众利益服务的非商业性广告，是体现品牌对社会、对环境关爱的一种最有效的表达方式，可以提升品牌的形象。

3. 口碑传播是一种＿＿＿＿＿＿＿＿内部互相交流对品牌的认知、感受、态度、评价等的非正式沟通行为。

4. 在人际传播过程中，有些顾客会比其他顾客更频繁或更多地为他人提供信息，从而在更大程度上影响别人的购买决策，这样的顾客被称为＿＿＿＿＿＿＿＿。

5. ＿＿＿＿＿＿＿＿＿指的是顾客的模仿对象，他们影响顾客对产品、品牌及使用方式的选择。

四、思考题

1. 什么是广告传播？广告传播的策略有哪些？
2. 选择广告媒体应当考虑哪些因素？选择名人代言要注意哪些原则？
3. 什么是公关传播？品牌展览有哪些优点？
4. 什么是口碑传播？口碑传播的作用是什么？
5. 网络直播有哪些优点？
6. 什么是故事传播？品牌故事对品牌传播有哪些作用？

本章实训

一、实训内容
分享某品牌是如何开展广告传播、公关传播、口碑传播、网络传播、故事传播的。

二、实训组织
1. 将全班分为 12 个小组，各组对应完成 1～2 个实训。
2. 小组内部充分讨论，认真分析研究，并且制作一份 3～5 分钟能够演示完毕的 PPT 文件在课堂上进行汇报。
3. 教师对每组的分析报告和课堂讨论情况即时进行点评和总结。

第八章
品牌资产管理

【学习目标】
➢ 熟悉品牌资产的特征
➢ 熟悉品牌知名度与认知度
➢ 理解品牌联想度与忠诚度
➢ 了解品牌其他专有资产

引例：马蜂窝如何建立品牌资产

首先，在早期提高知晓度方面，马蜂窝主要通过地铁车窗大面积广告覆盖来推广。地铁的使用者包括大部分学生和年轻白领，广告的内容主要是易于辨识的马蜂窝 Logo 及网站性质介绍。此外，马蜂窝也与其他社交群体网站合作，使其他社交网站的用户可以方便、直接地使用马蜂窝。例如，在马蜂窝网站注册时，可以通过合作网站登录，而免去了填写复杂的个人资料的步骤。合作网站包括新浪微博、人人网、QQ、MSN、开心网和腾讯微博，覆盖了年轻上网群体使用的主流社交网站。

其次，在提高马蜂窝的接受度和认可度方面，马蜂窝在线下并没有花费过多的资源和精力，主要是通过自身产品的特性让使用过的人满意，再通过口碑相传让更多的人接受。在网上，马蜂窝通过其微博主页、人人分享、豆瓣小站的平台发布最新的旅游攻略等新鲜事，让微博、人人、豆瓣的使用群体可以关注到这些信息，引发其产生兴趣而成为马蜂窝的使用者。

最后，在提高使用者的忠诚度和黏着度方面，马蜂窝在线下举办顾客交流活动，如马蜂窝与美国大使馆举办的"这里是美国"文化沙龙，请马蜂窝社区用户做"搭车去旅行"的分享等，使原本分散的马蜂窝用户互相认识形成一个更为错综复杂的马蜂窝社交网络，加强他们对线上社交平台的依赖。在线上，马蜂窝营造出一种创意和友爱的氛围，进一步提高马蜂窝用户的忠诚度。例如，马蜂窝曾拍摄过一个关于明信片环球旅行求婚记的微电影，这个事件的背景是一对热爱旅行的年轻情侣要结婚，于是在马蜂窝上发布了一个帖子希望收集到世界各地的朋友寄来的明信片。马蜂窝很注重这个帖子，并将其顶上了主页头条，许多人看到后纷纷响应，而这对情侣也由此收到了 200 多张来自世界各地的明信片。该微电影在网上发布后，观看分享上万次，使更多的人对马蜂窝留下深刻的印象。

【思考】马蜂窝是如何建立品牌资产的？

品牌是企业的重要资产，企业进行品牌管理的最终目的是不断提高品牌资产。

第一节　品牌资产的概念与特征

品牌虽然是一种资产，但是其有别于企业的厂房、设备等一切有形资产。品牌是给拥有者带来溢价、产生增值的一种无形资产，其载体是用以和其他竞争者的产品或服务相区分的名称、术语、象征、记号或者设计及其组合，增值的源泉来自顾客心中的品牌印象。

一、品牌资产的概念

美国加州大学的大卫·阿克教授认为，品牌资产能够为企业和顾客提供超越产品和服务之外的价值，品牌资产的构成内容包括品牌知名度、品牌认知度、品牌联想度、品牌忠诚度和其他专有资产。

品牌资产能够为该品牌提供持久的、不易被复制的差异化竞争优势。作为一种重要的无形资产，品牌资产出现在企业的会计账上，在企业并购、合资、重组、核算企业资产等活动中，成为关注的重点之一。

知识拓展

品牌资产、品牌价值、品牌权益

品牌资产又称品牌价值、品牌权益，3 个概念分别适用于不同的情景。

当强调品牌具有经济价值，在市场上估价和交易时，人们常常使用"品牌价值"一词。例如，"全球品牌百强排行榜"就是使用"品牌价值"这一概念。

当强调品牌是一种无形资产，就如同固定资产一样，对于企业是有价值的并能为企业带来收益时，使用"品牌资产"这一概念。

当强调品牌对顾客、经销商、公司等具有影响力，拥有强大品牌就拥有当期或未来的市场话语权时，使用"品牌权益"这一概念。

如果通俗地区别三者的差异，可以这样理解：品牌价值是经济学概念，品牌资产是会计学概念，品牌权益则是市场学概念。

二、品牌资产的特征

品牌资产具有无形性、专有性、收益性、增值性、波动性、难以准确计量等特征。

1. 无形性

品牌资产是一种无形资产，看不见、摸不到，无法通过实体形态表现出来，但其存在于顾客的心中。

2. 专有性

品牌资产归品牌所有人专有，受到法律保护，任何单位或个人未经许可不得使用，不能冒牌、盗牌。

3. 收益性

品牌资产可以为所有者创造价值，只要经营得当，就可以获得收益。例如，企业可以通过收取特许经营费用或是品牌授权费用来获得收益。

4. 增值性

品牌资产可以在利用中增值。对一般有形资产而言，投资会增加资产存量，利用会减少资产存量。而品牌资产则不同，其投资与利用常常是交织在一起，难以截然分开的。品牌资产的利用并不必然是品牌资产减少的过程，而且，如果利用得当，品牌资产非但不会因利用减少，反而会在利用中增值。例如，企业将成功的品牌恰当地延伸扩展到其他产品上，其品牌的影响力即会扩大，如此，品牌资产不但没有减少，反而会有所增加。

5. 波动性

品牌资产的价值并不是一成不变的，它会随着时间、空间的变化而发生变化，具有波动性。企业内外部环境的变化和所要面临的各种不确定性因素，都会使品牌存在一定的风险及不确定性。此外，企业品牌决策的失误，竞争者品牌运营的成功等，都有可能使品牌资产发生波动。

6. 难以准确计量

品牌资产难以准确计量，只能对品牌资产进行大概的评估。

知识拓展

品牌资产评估的方法

一般来说，品牌资产评估的方法有3种，分别是财务要素方法、市场要素方法和顾客关系方法。

基于财务要素评估品牌资产的方法，遵循无形资产价值计量方法，广泛应用于企业并购、商标使用权许可、商标侵权诉讼等商业事务。

基于市场要素评估品牌资产的方法，从市场占有率、市场份额、市场竞争力等角度去分析，反映品牌在市场的状况。

基于顾客关系评估品牌资产的方法，从顾客角度去衡量品牌的价值，研究品牌在顾客心中的地位。

第二节　品牌知名度与认知度

一、品牌知名度

品牌知名度，是指某品牌被公众知晓、了解的程度，它表明品牌被多少或多大比例的顾客所知晓，是评价品牌社会影响力大小的指标。

顾客总是喜欢购买自己知道、熟悉的品牌，因为熟悉意味着安全感、购买风险小。顾客决定购买某种产品后，便会收集有关产品的信息，这时顾客所熟悉的品牌会首先进入其备选库，显然，品牌知名度越高，越容易被顾客熟悉，越容易进入顾客的备选库。

（一）品牌知名度的层级

品牌知名度一般可分为 4 个层级，即无知名度、提示知名度、未提示知名度、第一提及知名度。

1. 无知名度

无知名度品牌指顾客没有任何印象的品牌。原因可能是顾客从未接触过该品牌，或者虽然接触过，但由于该品牌没有任何特色，而未给顾客留下深刻印象并已被遗忘。

2. 提示知名度

提示知名度品牌指顾客在经过提示或某种暗示后，能够想起并说出品牌名字的品牌。例如，当被问及电视有哪些品牌时，顾客可能不能马上回答上来，但如果问"知道海信电视吗"，顾客也许会给出肯定的答复，那么海信这一品牌就具有提示知名度。

3. 未提示知名度

未提示知名度品牌指顾客不需要任何提示就能够想起并说出品牌名字的品牌。例如，说到笔记本电脑，人们马上就想到 IBM、惠普、戴尔；提到运动服，人们就会想到安踏、李宁，说明这些品牌具有未提示知名度。

4. 第一提及知名度

第一提及知名度品牌指顾客在没有任何提示的情况下，所能想到的某类产品的第一个品牌。例如，提到碳酸饮料，人们立刻就会想起可口可乐；提到电冰箱，人们立刻就会想到海尔。

（二）建立品牌知名度的方法

建立品牌知名度的主要方法如下。

1. 进行有效的广告传播

广告是建立品牌知名度的主要手段，然而有效的广告传播包括两个方面：一是广告创意要新颖，因为在浩如烟海的广告中要想引起顾客注意并让其记住，新颖、出众的创意是关键；二是要持续重复播放，因为人们的记忆会随着时间的推移而淡化，而要加深顾客的记忆就必须持续不断地进行重复传播，让信息不断地冲击顾客的大脑。例如，恒源祥就是在国内率先通过使用重复的手段传播其品牌而建立起知名度的。当然，需要注意的是，不恰当的重复会引起顾客的反感。

2. 强势公关

开展系列公关活动是建立品牌知名度的另一手段，精心策划的公关活动往往更能赢得顾客的信赖。

3. 注重顾客的口碑效应

在提升品牌知名度的过程中，顾客的口碑效应作用巨大。有研究证明，一个顾客一次愉快的购物经历会影响 8 位其他顾客，而一次不愉快的购物经历则会影响 25 位其他顾客。因此，企业应把好产品质量关，提升服务水平，切实提高顾客满意度。

二、品牌认知度

品牌认知度是衡量顾客对品牌内涵及价值的认识和理解程度，包含对品牌的产品特点、产品功能、可信赖度等的整体印象。顾客对品牌的认知度越高，越能给品牌带来更大的市场空间和良好的发展机会。

（一）品牌认知度的价值

品牌认知度的资产价值体现在提供购买理由、产生溢价、提高渠道谈判能力和拓展品牌延伸4个方面。

1. 提供购买理由

顾客对品牌的认知度越高，顾客就越有理由、越有可能购买。

2. 产生溢价

顾客对品牌的认知度越高，就越愿意支付更高的价钱去购买。

3. 提高渠道谈判能力

顾客对品牌的认知度越高，企业在与代理商、分销商、零售商等渠道成员谈判时，就越有优势，原因在于：一是销量有保障；二是减少交易费用；三是可以提高渠道成员的形象。

4. 拓展品牌延伸

顾客对品牌的认知度越高，品牌延伸越可能成功。

（二）建立品牌认知度的方法

企业建立品牌认知度的方法有以下几个。

1. 提高产品品质

产品表现是一个品牌最直接的品质表现，一个品牌是否有品质，首先体现在产品的质量、性能和外观等方面。保证产品的高品质是建立顾客品牌认知的重要基础。

2. 展示产品品质

产品的内在品质必须通过外在的展示才能得到顾客的认可，若忽略这一点，它的产品品质免不了或多或少地受到质疑。

▶ 案例

雕爷牛腩

雕爷牛腩只有12道菜品，菜品数量比麦当劳还要少，虽然菜品不多，但每一道都极尽巧思，恰到好处。

雕爷牛腩所用筷子甄选缅甸"鸡翅木"，上面激光蚀刻"雕爷牛腩"标志。这些筷子是全新的，未曾被他人使用，用餐完毕会被套上特制筷套，当作礼物送给顾客。雕爷牛腩还研发了昂贵的中式菜刀，这种由"乌兹钢锭"锻造的刀非常适合切牛腩。

雕爷牛腩为这碗牛腩面，还发明了一款专利"碗"——下方很厚重、粗糙，端起来手感好。这只碗的大小、薄厚、功能，若放别的食物，别扭无比，但吃鲍鱼骨汤牛腩面，却得心应手、舒适无比。换句话说，这碗面也只有放在这只碗里，才能呈现最佳状态。炖牛腩的锅，是雕爷牛腩申请的专利发明。其还亲切地给锅起了个外号——"铁扇公主"，因为牛魔王最怕的就是她。

3. 利用价格暗示

在营销活动中，价格往往是产品品质的一种重要暗示。高品质产品采用高价格策略的重要意义是在顾客心中树立高品质的品牌形象。

4. 提供产品的品质认证证书

具有实际意义的认证证书能够提升产品质量的可信度。例如，在中国，保健食品如果获得蓝帽认证，即由国家相关主管部门批准的认证，便能得到消费大众的信任。

5. 增加接触机会，降低接触成本

顾客有时会遇到这样的尴尬——他们目前没有足够的经济实力去购买自己心仪的品牌。如果此时品牌能够提供顾客负担得起的准品牌消费，满足顾客对品牌的渴求，那么，就可以提高他们对品牌的认知，当顾客有能力时，就会自然而然地选择该品牌的产品。正因为如此，古驰（Gucci）、奔驰（Mercedes Benz）等诸多企业都纷纷跨界涉足食品餐饮行业。

例如，奔驰在北京三里屯开了一家创意餐厅——Mercedes me，集餐饮娱乐、精品购物、产品展示和试乘试驾于一身，可以说是奔驰在品牌体验方面的跨界力作。

又如，与一个价格不菲的Gucci包相比，Gucci餐厅的价格还算亲民，午餐人均150元，晚餐人均300元。对于大牌企业来说，开餐饮店能俘获另一部分人——那些暂时买不起它们产品的顾客。虽然目前他们买不起Gucci包，却喝得起Gucci餐厅的咖啡，这样可以降低顾客与该品牌的接触成本，让更广大的群体建立对Gucci的品牌认知。

案例

宝马生活方式店

宝马生活方式店的服饰向人们展示了宝马精良的品质和完美的细节，其旗下拥有男女正装、男女休闲、体育用品、首饰、皮具、香水、书写工具、腕表等15个系列。宝马注意到，人们空闲时很少到汽车展示厅闲逛，而去商业中心成为都市人的一种休闲方式。因此，宝马希望通过宝马生活方式店的服饰向人们直接展示宝马精良的品质和完美的细节，从而将人们培育成为宝马汽车的潜在顾客。

当然，宝马之所以能延伸到服饰，是因为宝马不仅象征着非凡的造车技术与工艺，还意味着"潇洒、优雅、时尚、悠闲、轻松"的生活方式，车和服饰都是诠释宝马核心价值观的载体。

第三节　品牌联想度与忠诚度

一、品牌联想度

品牌联想度是指顾客在提起品牌时所产生的关于产品特征、顾客结构、竞争对手等的所有联想，而所有的联想都会汇总成顾客对于品牌的印象。

例如，路易威登让人联想到奢华、高贵，百事可乐让人联想到青春动感、活力无限，雪碧让人联想到清澈、透亮、凉爽等。

（一）品牌联想的 3 个层次

概括起来，品牌联想大致分为 3 个层次：品牌属性联想、品牌利益联想、品牌态度。

1. 品牌属性联想

品牌属性联想是对品牌下属产品或服务的联想，包括产品的物理属性和服务特点，也包括品牌名称、标志、产品的价格、使用者、品牌原产地等。

例如，在中国市场上比普通矿泉水贵出 4 ～ 5 倍的法国依云天然矿泉水，宣称自己的产品是高山融雪和山地雨水在阿尔卑斯山脉腹地经过长达 15 年的天然过滤和冰川砂层的矿化而形成的。几乎所有奢侈品品牌都会强调其原料的产地和选材的严格，从而使奢侈品昂贵的价格合理化。

2. 品牌利益联想

品牌利益联想是对品牌下属的产品或服务属性能够带来的价值和意义的联想，包括产品功能利益联想、产品情感利益联想等。

3. 品牌态度

品牌态度是指顾客对品牌的总体评价，它是顾客对品牌属性和品牌利益充分认识后所得出的结论，直接影响顾客对品牌的选择。

（二）品牌联想度的价值

积极的品牌联想意味着品牌被顾客认知和接受，进而形成品牌偏好和品牌忠诚。品牌联想度的价值包括以下几个方面。

1. 有助于品牌认知

品牌联想的过程也是品牌认知的过程，积极的联想可以促进顾客对品牌的认知。

2. 体现品牌差异化

品牌联想的差异造就了一道有效的保护屏障，能使顾客产生好奇心，能对顾客产生足够的吸引力。

3. 提供购买理由

无论是品牌属性联想还是品牌利益联想或顾客对品牌的态度，都直接与顾客利益有关，积极丰富的品牌联想能够促使顾客购买或使用这一品牌。例如，装上一颗"奔腾"的心（芯），会让顾客联想到功能强大、高速、可靠。

4. 成为品牌延伸的基础

品牌所具有的联想可以延伸使用于其他产品上，多种产品可以共享同一种联想。通过品牌延伸，可以使这些联想更加有力，并为更多的产品所共享。例如，海尔的"高品质、零缺陷、星级服务"造就了海尔冰箱、海尔洗衣机、海尔彩电、海尔空调、海尔计算机等一系列产品。

（三）建立品牌联想的传播工具

任何一种与品牌有关的因素都能建立品牌联想。企业建立品牌联想的传播工具如下。

1. 包装

俗话讲"人靠衣装，佛靠金装"，包装的重要性不言而喻。据调查，有 63% 以上的顾客会受到包装的吸引而做出购买决策。所以，为品牌旗下的产品打造合适的包装显得尤为必要。

例如，王老吉是一个凉茶品牌，属于广药集团。1995年，广药集团将王老吉的使用权租给了香港加多宝集团，租期为20年，而广药集团自己保留了绿色纸盒包装的王老吉凉茶使用权。1995年，香港加多宝集团的红罐王老吉上市，此后，由于加多宝集团的用心经营，市场销售量不断增长，到2009年，销售额已经达到全年160亿元。在顾客心中，王老吉凉茶这个品牌有两个标示性的联想：一是红罐包装，二是广告语"怕上火，喝王老吉"。2010年，广药集团收回了"王老吉"商标的使用权，从此广药集团与香港加多宝集团针对红罐包装以及广告语使用的问题打过多场诉讼官司。

2. 广告语

广告语是企业在市场营销中的口号、主张和理念。品牌的主张或承诺就是通过广告语来承载的。简洁而有内涵的广告语有着神奇的传播力量，如动感地带"我的地盘我做主"、百事可乐"新一代的选择"等，都有着深远的影响力。当然，广告语所主张和诉求的价值理念要与目标顾客的价值理念高度和谐统一。

3. 形象代言人

形象代言人能代表品牌个性及诠释品牌的内涵。例如，阿迪达斯先后起用足球皇帝贝肯·鲍尔、拳王阿里、跳高名将哈里、大指挥家卡拉扬及一些网球巨星做广告，成功地利用名人效应传播了品牌形象。

4. 公共关系

公共关系活动可信度较高，是创造品牌联想的一个重要手段，能引发人们正面、积极的联想。

二、品牌忠诚度

品牌忠诚度是顾客愿意重复购买某品牌的产品或服务的程度，在一定程度上显示出顾客对该品牌的信任程度和依赖程度。

（一）品牌忠诚度的价值

概括起来，品牌忠诚度带给企业以下价值。

1. 确保企业的长久收益

品牌的忠诚顾客会持续购买品牌旗下的产品或服务，能给企业带来持续的收益。此外，品牌的忠诚顾客对价格的敏感度较低、承受力强，比新顾客更愿意以较高价格来购买品牌旗下的产品或服务，而不是等待降价或不停地讨价还价。

2. 获得良好的口碑效应

随着市场竞争的加剧，各类广告信息泛滥，人们面对大量眼花缭乱的广告难辨真假、无所适从，对广告的信任度大幅度下降，而口碑比广告更具有说服力。人们在进行购买决策时，往往越来越重视和相信亲朋好友的推荐，尤其是已经使用过产品或消费过服务的人的推荐。

品牌的忠诚顾客往往会成为品牌的义务宣传员，他们会将自己的体验告诉周边的亲友，这种亲身体验的经验具有强大的说服力。一项调查表明，一个高度忠诚的顾客平均会向5个人推荐企业的产品和服务，这不但能节约企业开发新顾客的费用，而且可以在市场拓展方面产生乘数效应。可见，忠诚顾客的口碑是难得的免费广告，可以使品牌的知名度、认知度和美誉度迅速提高，还能够塑造和巩固良好的企业形象。

3. 降低营销成本与服务成本

随着企业间为争夺顾客而展开的竞争日趋白热化，企业争取新顾客需要花费更高的成本，如广告宣传费用、推销费用、促销费用等，还有大量争取新顾客的人力成本、时间成本和精力成本……因此，企业开发新顾客的成本非常高，而且这些成本还呈不断攀升的趋势。比起开发新顾客，留住老顾客的成本要相对低很多。一项研究表明：获得一个新顾客的成本是维系一个老顾客成本的 5 ～ 6 倍，顾客越"老"，其维系成本越低，因为老顾客对品牌及其产品早已熟知并已形成明显的品牌态度，只需花少量的沟通、推广费用就可以说服老顾客继续购买。即使是激活一位中断购买很久的"休眠顾客"的成本，也要比开发一位新顾客的成本低得多。可见，如果品牌忠诚度提高了，就可以降低营销的压力和成本。

此外，企业服务老顾客的成本比服务新顾客的成本要低很多，这是因为新顾客对品牌及其产品或者服务还相对陌生，需要企业多加指导，而老顾客因为对品牌及其产品或者服务了如指掌，因此不用花费太多的服务成本。对于老顾客，由于企业了解和熟悉其预期和接受服务的方式，所以可以更容易、更顺利地为其提供服务，并且可以提高服务效率，从而降低企业的服务成本。

4. 降低经营风险

据统计，如果没有采取有效的措施，企业每年要流失 10% ～ 30% 的顾客，其后果是企业经营风险的增加。

品牌的忠诚顾客和稳定的顾客关系，可使企业不再疲于应付因顾客不断改变而带来的需求变化，有利于企业制订长期规划，集中资源去为这些稳定、忠诚的顾客提高产品质量和完善服务体系，并且降低经营风险。同时，企业可以为老顾客提供熟练的服务，不但意味着效率会提高，而且失误率会降低，事半功倍。此外，忠诚顾客易于亲近企业，能主动向企业提出改进产品或服务的合理化建议，从而降低经营风险。

5. 为企业发展带来良性循环

品牌忠诚度高的企业获得的高收入可以用于再投资、再建设、再生产、再服务，也可以进一步提高员工的待遇，有利于提振员工士气，提升员工的满意度和忠诚度；忠诚员工一般都是熟练的员工，工作效率高，可以为顾客提供更好的、令其满意的产品或者服务，这将进一步强化顾客的品牌忠诚；品牌忠诚的进一步提高，又将增加企业的收益，给企业带来更大的发展，从而进入下一个良性循环……美国贝恩策略顾问公司通过对几十个行业长达 10 年的"忠诚实践项目"调查，发现品牌忠诚是企业经营成功和持续发展的基础和重大动力之一。

总而言之，品牌忠诚能确保企业的长久收益，使企业获得良好的口碑效应，能节省企业的营销成本和服务成本，能降低企业的经营风险，能为企业发展带来良性循环，保证了企业的可持续发展。

（二）品牌忠诚度的判断

顾客对某品牌的忠诚度是可以科学判断的，判断品牌忠诚度大致有以下 6 个指标。

1. 顾客重复购买的次数

在一定时期内，顾客重复购买某品牌的产品或服务的次数，是判断品牌忠诚度的重要指标。一般来说，顾客重复购买的次数越多，说明其对这一品牌的忠诚度越高，反之则越低。

有些企业为了便于识别和纳入数据库管理，将品牌忠诚度量化为连续 3 次或 4 次以上的购买行为，但现实中不同消费领域、不同消费项目的购买频率有很大差别。例如，有的产品或服务，我们一生可能会消费几千次甚至更多，而有的产品或服务，我们一生可能只能消费几次甚至一次。因此，不能一概而论，更不能跨消费领域、跨消费项目进行比较。

2. 购买的比重

顾客对某一品牌的产品或服务支付的费用占购买同类产品或服务的费用总额的比值如果高，即顾客购买该品牌的比重大，说明顾客对该品牌的忠诚度高；反之，则说明顾客对品牌的忠诚度较低。例如，顾客购买了 A、B、C 品牌的比例分别为 70%、20% 和 10%，那么对 A 品牌的忠诚度为 70%。

3. 购买决策需要的时间

购买决策需要的时间长短与其对相关品牌的偏好程度密切与否相关。通常来说，品牌忠诚度越高，购买决策需要的时间越短；反之，忠诚度越低，购买决策需要的时间就越长。

4. 顾客对价格的敏感程度

一般来说，对价格的敏感程度高，说明顾客对该品牌的忠诚度低；对价格的敏感程度低，说明顾客对该品牌的忠诚度高。

品牌忠诚度高的顾客对价格的敏感程度低，即使适当提高产品的价格也不会影响顾客的购买；而忠诚度低的顾客对价格的敏感程度高，即使价格的轻微上浮也可能引起顾客的反感而放弃购买。

5. 顾客对品牌危机的承受能力

任何品牌都有可能出现诸如质量问题等危机，即使是名牌的产品或服务也很难避免。如果顾客对该品牌的忠诚度较高，当出现问题时，他们会表现出宽容、谅解和协商解决的态度；如果顾客对品牌的忠诚度较低，当出现问题时，他们会产生强烈的不满，甚至会通过法律方式进行索赔。当然，运用这一指标时，要注意区别问题的性质，即是严重问题还是一般问题，是经常发生的问题还是偶然发生的问题。

6. 顾客对竞争品牌的态度

如果竞争品牌降价促销或推出品质更好的产品或服务时，品牌忠诚度不高的顾客会很快"移情别恋"，转而购买竞争品牌的产品或服务；而品牌忠诚度很高的顾客却能对之熟视无睹、心无旁骛、自觉地排斥。

第四节　其他专有资产

其他专有资产是指除以上所提到的 4 点之外，附着在品牌上的产品质量、产品专利、产品生产或经营特许权、专有技术及特有的销售网络或特有的服务系统等资产，这些资产可以令品牌与其他品牌产生差别，也会使竞争对手的模仿变得困难。

例如，商标可以阻止竞争对手采用类似的名称、标识或包装等混淆顾客的视听，以起到保护品牌资产的作用。

自主知识产权是企业获得并保护其竞争优势的核心力量，受到法律的保护。对品牌来说，拥有自主知识产权意味着拥有别人难以模仿的独特性，唯有如此，才能形成品牌资产的核心价值。

总之，品牌资产是一种无形资产，它是品牌知名度、品牌认知度、品牌联想度、品牌忠诚度及品牌其他资产等各种要素的集合体。

本章练习

一、判断题

1. 品牌资产评估的方法有 3 种，分别是财务要素方法、市场要素方法和顾客关系方法。（　　　）

2. 未提示知名度品牌指顾客在不需要任何提示的情况下能够想起来的那些品牌。（　　　）

3. 品牌认知度的资产价值体现在提供购买理由、产生溢价、提高渠道谈判能力和拓展品牌延伸 4 个方面。（　　　）

4. 品牌态度是指顾客对品牌的总体评价，它是顾客对品牌属性和品牌利益充分认识后所得出的结论，直接影响顾客对品牌的选择。（　　　）

5. 对品牌来说，拥有自主知识产权意味着拥有别人难以模仿的独特性，唯有如此，才能形成品牌资产的核心价值。（　　　）

二、选择题

1. 品牌资产的构成内容包括（　　　）。
   A. 品牌知名度　　　　　　　　　　B. 品牌认知度
   C. 品牌联想度　　　　　　　　　　D. 品牌忠诚度

2. 品牌认知度的资产价值体现在（　　　）。
   A. 提供购买理由　　　　　　　　　B. 产生溢价
   C. 提高渠道谈判能力　　　　　　　D. 拓展品牌延伸

3. 建立品牌认知度的方法有（　　　）。
   A. 提高产品品质　　　　　　　　　B. 展示产品品质
   C. 利用价格暗示　　　　　　　　　D. 提供品质认证证书

4. 品牌联想度的价值有（　　　）。
   A. 有助于品牌认知　　　　　　　　B. 体现品牌差异化
   C. 提供购买理由　　　　　　　　　D. 成为品牌延伸的基础

5. 建立品牌联想的传播工具有（　　　）。
   A. 包装　　　　　　　　　　　　　B. 广告语
   C. 形象代言人　　　　　　　　　　D. 公共关系

三、填空题

1. 品牌价值是经济学概念，品牌资产是会计学概念，品牌权益则是 ＿＿＿＿＿＿＿＿ 概念。

2. 品牌资产评估的方法有三种，分别是财务要素方法、＿＿＿＿＿＿、＿＿＿＿＿＿。

3. ＿＿＿＿＿＿＿＿ 是指某品牌被公众知晓、了解的程度，它表明品牌被多少或多大比例的顾客所知晓，是评价品牌社会影响力大小的指标。

4. ＿＿＿＿＿＿＿＿＿是衡量顾客对品牌内涵及价值的认识和理解程度，包含对品牌的产品特点、产品功能、可信赖度等整体印象。

5. 品牌联想大致分为三种层次：品牌属性联想、品牌利益联想、＿＿＿＿＿＿＿＿。

四、思考题

1. 什么是品牌资产？品牌资产的特征有哪些？

2. 什么是品牌知名度？什么是品牌认知度？

3. 品牌知名度可分为哪几个层级？建立品牌知名度的方法有哪些？

4. 什么是品牌联想度？什么是品牌忠诚度？

5. 品牌认知度、品牌联想度分别有什么价值？

6. 品牌忠诚度有哪些价值？如何判断品牌忠诚度？

 **本章实训**

一、实训内容

分享某品牌是如何建立品牌知名度、品牌认知度、品牌联想度的。

二、实训组织

1. 将全班分为 12 个小组，各组对应完成 1～2 个实训。

2. 小组内部充分讨论，认真分析研究，并且制作一份 3～5 分钟能够演示完毕的 PPT 文件在课堂上进行汇报。

3. 教师对每组的分析报告和课堂讨论情况即时进行点评和总结。

第九章
品牌忠诚管理

【学习目标】

➢ 了解影响品牌忠诚的因素
➢ 熟悉实现品牌忠诚的策略

引例：华为的花粉俱乐部

花粉俱乐部是华为官方以服务华为"粉丝"（"花粉"）为宗旨的综合性平台，为"花粉"提供最新的华为手机产品资讯、最丰富的应用软件主题游戏资源及"花粉"活动信息，帮用户答疑解惑，通过组织丰富的线上内容和线下面对面互动交流活动，提升和延伸华为产品体验。

作为华为与"花粉"沟通的桥梁，花粉俱乐部成立以来，一直坚持"聆听用户最真实声音"这一初衷和信念，致力于和"粉丝"一起成长，不仅通过优化社区交流渠道完善社区的功能，优化"花粉"们的沟通交流体验，而且关注"花粉"们的价值需求和个人成长。花粉俱乐部经常征集"花粉"们的活动意见，根据"花粉"的需求举办多元化活动，体现出"'粉丝'的地盘'粉丝'说了算"的民主、开放氛围。也正因为如此，顾客与品牌间的情感纽带才能更加牢固。

【思考】花粉俱乐部可以起到什么样的作用？

一个品牌的知名度通常需要经过历史积淀逐渐形成，但也可以运用恰当的传播手段使其在短期内得以迅速提升。但品牌的忠诚度则不是短期内可以形成的，而是要经过长期的努力才能形成。

第一节 影响品牌忠诚的因素

影响品牌忠诚的因素主要包括品牌满意度、品牌忠诚能够获得的利益、对品牌的信任和情感、对品牌的依赖程度、顾客是否有归属感、品牌对顾客的忠诚度等。品牌忠诚有时是单一因素作用的结果，有时是多个因素共同作用的结果。

一、品牌满意度

当顾客发现某一品牌的产品或者服务总是能够很好地满足自身需求时，他便更有可能对这个品牌产生好的印象。在下次消费时，他会优先选择该品牌。久而久之，该品牌便在这个顾客心中建立起了正面的品牌形象，顾客对其的忠诚度也随之提高。

从顾客的角度来讲，没有理由让自己一再接受不满意的品牌，也就是说，品牌如果上一次不能够让顾客满意，就很可能得不到顾客的再次眷顾与垂青。

一般来说，品牌满意度越高，品牌忠诚度就会越高；品牌满意度越低，品牌忠诚度就会越低。可以说，品牌满意是推动品牌忠诚最重要的因素。

▶ **案例**

联邦快递追求顾客完全满意

早期，联邦快递将顾客满意度和服务表现定义为准时送达包裹所占的百分比。而后，通过多年的顾客投诉记录分析，联邦快递发现准时送达只是影响顾客满意度的标准之一，其他因素也会影响顾客满意度。联邦快递总结出，实现顾客满意应该避免8种服务失败，具体包括送达日期错误；送达日期无误，但时间延误；发运遗漏；包裹丢失；给顾客发送错误的通知；账单及相关资料错误；服务人员表现不佳；包裹损坏。此后，联邦快递为自己制定了两个目标：每一次交流和交易都要达到百分之百的顾客满意；处理每一个包裹都要百分之百地达到要求。联邦快递每天都分别跟踪12个服务质量指标，以从总体上衡量顾客的满意度，另外，公司每年都要进行多次顾客满意度调查。正因如此，联邦快递成为美国历史上第一个在成立后的最初10年里销售额超过10亿美元的公司。联邦快递追求顾客完全满意的做法换来的是顾客对联邦快递的高度忠诚。

二、品牌忠诚能够获得的利益

追求利益、追求稳定是顾客的基本价值取向。调查结果表明，顾客一般也乐于与品牌建立长久关系，其主要原因是希望从忠诚中得到实惠和关照，如果确实能得到这种实惠与关照，就会激发他们与品牌建立长久关系。如果老顾客没有得到比新顾客更多的优惠和特殊关照，那么就会抑制他们的忠诚，老顾客会流失，新顾客也不愿成为老顾客。所以，要让老顾客得到更多的实惠，享受更多的奖励，这样才能激励顾客对品牌保持忠诚。

例如，许多航空公司都会推出"里程奖励"活动，对乘坐航空公司班机的乘客进行里程累计，当累积到一定公里数时，就奖励若干里程的免费机票。美国西南航空公司最早推出这一活动：乘客在积累了一定的里程后可与自己的伴侣一起享受一次免费的国内飞行。活动一经推出便大获成功。许多公司纷纷效仿，推出了各种各样的奖励计划，像美洲航空公司、西北航空公司和联合航空公司等都开发了频繁飞行计划，用来奖励忠诚的乘客。忠诚的乘客通过累计的里程数可获得折扣、免费机票，以及头等舱的座位。现在国内的航空公司也纷纷推出了自己的"常旅客计划"，以奖励忠诚的乘客。

三、顾客对品牌的信任和情感

由于购买行为存在一定的风险，君子不立于危墙，顾客为了避免和减少购买的风险，往往倾向于与自己信任的品牌保持长期关系。研究显示，信任是构成品牌忠诚的核心因素，信任使重复购买行为的实施变得简单易行，同时也使顾客对品牌产生依赖。

例如，美团外卖作为国内知名的网上订餐平台，精心挑选了众多优质外卖商家，为顾客提供快速、便捷的线上订餐服务。美团外卖还制定了具有法律效应的《美团点评餐饮安全管理办法》。为了鼓励更多顾客曝光不良商家，美团外卖平台还给予相应现金红包奖励，同时与社会各界广泛合作、共同治理，并承诺所有与餐饮安全相关的投诉保证24小时内有解决方案，还划分了平台、商家、外卖配送员的食品安全责任，降低了商家因顾客误解而遭受损失的风险。此外，美团外卖规定配送人员要持有健康证明，衣帽清洁，不能直接接触餐品；配送箱清洁，配送过程中不能把餐品与有害的物品一起存放和配送；同时保证餐品安全所需的温度、湿度。在疫情防控期间推出"智能取餐柜"，保证了无接触取餐，进一步降低了顾客对安全的顾虑；推出"放心签"，保障餐品在配送过程中的完整、安全，使顾客"点得放心，吃得安心"……美团外卖的一系列努力换来了顾客的信任，也增强了顾客的忠诚度。

如今，情感对品牌忠诚的影响越来越不能忽视，这是因为顾客与品牌一旦有了情感交互，就会从单纯的买卖关系升华为休戚相关的伙伴关系。当顾客与品牌的感情深厚时，顾客就不会轻易背叛，即使受到其他利益的诱惑也会顾及与品牌的感情。

例如，星巴克最忠诚的顾客每月去店里消费的次数高达18次，因为他们把星巴克当作一种除居家和办公之外的第三场所，他们可以在星巴克体验到在别的地方无法体验到的情调和氛围——进入星巴克，你会感受到空中回旋的音乐在涤荡你的心魄。店内经常播放一些爵士乐、美国乡村音乐及钢琴独奏等，这些正好迎合了那些时尚、新潮、追求前卫的白领阶层。他们天天面临着强大的生存压力，十分需要精神安慰，这时的音乐正好起到了这种作用。星巴克会尽量选一些舒缓、优美的轻柔音乐，使人们沉醉其中，增加消费。星巴克期望你久坐在店中，然后用音乐来俘获你的心。不少人本来停留不到一小时就要走的，结果被美妙的乐曲所吸引，一下子停留了两三个小时，咖啡也从一杯可能增加到三四杯，顾客还能从星巴克的服务中感受到某种情谊和归属感，甚至能够从服务中获得某种精神的提升。

四、顾客对品牌的依赖程度

品牌旗下的产品或者服务如果具有显著的独特性或不可（易）替代性，那么顾客对品牌的依赖程度就高，品牌忠诚度也就高；反之，顾客对品牌的依赖程度就低，一旦发现更好、更合适的品牌，便会毫不犹豫地离开。

例如，360安全公司通过网上智能升级系统，及时为使用其产品的顾客进行升级，并且可免费下载一些软件，从而增强了顾客对其的依赖性，提升了品牌忠诚度。

总而言之，如果一个品牌对顾客来说是可有可无的，那怎么能够奢望顾客会对品牌忠诚？相反，如果顾客离不开品牌，那么顾客肯定会对该品牌保持忠诚。

五、顾客是否有归属感

假如顾客感到自己被企业重视、尊重，有很强的归属感，就会不知不觉地依恋企业，因而忠诚度就高。相反，假如顾客感觉自己被轻视，没有归属感，忠诚度就低。

例如，穷游网保持顾客黏性的手段是其丰富、实用的旅游咨询和服务，以及良好的社区气氛。穷游网将后台加工制作的集成式攻略单列为一个板块，将顾客生成的攻略和顾客间的问答互动一起放入了论坛板块。注册网友拥有自己的主页，可以进行发帖、上传照片、问答等，也可以与其他用户发私信。注册网友在穷游网上免费得到了其他网友提供的旅游信息，然后在自己亲身体验之后又回到网站分享自己的旅游经历，如此这样的循环往复，使顾客具有强烈的归属感，从而吸引了众多顾客持续对穷游网的关注与忠诚。

六、品牌对顾客的忠诚度

忠诚应该是品牌与顾客之间双向的、互动的，不能追求顾客对品牌的单向忠诚，而忽视品牌对顾客的忠诚。

假如品牌对顾客的忠诚度高，一心一意地为顾客着想，能够不断为顾客提供令其满意的产品或者服务，就容易获得品牌忠诚。相反，品牌忠诚度就低。

> **案例**
>
> **苹果公司以自己的忠诚换取用户的忠诚**
>
> 苹果公司规定每一个 App 商店的应用开发者和应用开发商必须重视用户的隐私，必须保护好用户的数据信息，不能保留用户数据的任何备份，在用户不再使用这款 App 的时候，必须把用户的数据删得一干二净，否则，一经发现有保留用户数据的行为，苹果 App 商场将直接下架这款 App，而且不会再一次上架。苹果保护顾客隐私的行为，为其塑造了良好的品牌形象，赢得了用户的忠诚。

第二节 实现品牌忠诚的策略

从以上影响品牌忠诚的因素分析中我们知道，企业只有废除一切妨碍和不利于品牌忠诚的因素，强化一切推动和有利于品牌忠诚的因素，双管齐下，才能实现品牌忠诚。

一、努力实现顾客对品牌的完全满意

品牌满意度越高，品牌忠诚的可能性就越大，而且只有最高等级的满意度才能实现最高等级的忠诚度。为此，企业应当追求让顾客满意，甚至完全满意。

如果企业善于把握顾客预期，并为顾客提供超预期的价值，就能够实现顾客满意。为了让顾客感知超越顾客预期，企业要努力使产品价值、服务价值、人员价值、形象价值等高于顾客预期，而使货币成本、时间成本、精神成本、体力成本等低于顾客预期。

例如，施乐公司承诺在顾客购买产品后 3 年内如果有任何不满，公司将为其更换相同或类似的产品，一切费用由公司承担，这样就确保了相当多的顾客愿意持续忠诚于施乐。此外，新加坡航空公司、迪士尼和麦当劳都对其服务质量进行全面承诺，为的就是降低顾客的精神成本，提高顾客的感知价值和满意度。

又如，作为"世界 500 强"领袖企业的沃尔玛在与供应商的关系方面，绝对站在顾客采购代理的立场上，苛刻地挑选供应商，认真地讨价还价，秉持"帮顾客节省每一分钱"的宗旨，提出"天天平价、始终如一"的口号，并努力实现价格比其他商号更便宜的承诺，这无疑是使沃尔玛成为"零售终端之王"的根本所在。

二、奖励顾客的品牌忠诚

企业想要赢得顾客的品牌忠诚，就要对忠诚品牌的顾客进行奖励，奖励的目的就是

让顾客从品牌忠诚中受益和得到激励，从而使顾客在利益驱动下对品牌忠诚。

对品牌忠诚的顾客给予奖励的形式主要有折扣、积分、赠品、奖品等优惠和好处，以此来表示对老顾客的关爱，奖励他们重复购买。此外，实行以旧（产品）折价换新（产品）也能够起到奖励忠诚的作用。

例如，华为 Mate40 系列开展了 100 元订金预订、老用户享福利、以旧换新最高补贴3 000 元的活动。

又如，苹果公司的旧机经上门评定或拿去苹果专卖店进行评定后，会有对应的折算价格，折算价格就是购买新机的减免价格。如此一来，苹果公司的老顾客就会更愿意继续购买苹果公司的产品，并不断更新换代，循环往复。

三、增强顾客对品牌的信任与感情

企业要牢牢树立"顾客至上"的观念，想顾客之所想，急顾客之所急，解顾客之所难，帮顾客之所需，所提供的产品与服务要切实满足顾客需要，增强顾客的信任，同时，还要努力加强与顾客的感情交流和感情投资，尊重和保护顾客的隐私，使顾客有安全感，这样才能巩固和强化品牌与顾客的关系。

例如，"为顾客创造最大的营运价值"是沃尔沃卡车公司始终追求的目标，每做一笔销售，沃尔沃工作人员都要为用户量身定做一套"全面物流解决方案"，算运费、算路线、算效率，甚至算到油价起伏对赢利的影响。精诚所至，金石为开，顾客当然会成为其忠诚的顾客，沃尔沃公司得到的回报是节节攀升的利润。

新加坡东方大酒店实施了一项"超级服务"计划：服务人员要尽可能地满足顾客的需要，不管是否属于分内的事。有一天，酒店咖啡厅来了 4 位客人，他们一边喝咖啡，一边拿着文件在认真地商谈问题，但咖啡厅的人越来越多，嘈杂的人声使这 4 位客人只好大声说话。受过"超级服务"训练的服务员觉察到这一点，马上给客房部打电话，询问是否有空的客房可以借给这 4 位客人临时一用，客房部立即答应提供一间。当这 4 位客人被请到这间免费的客房并知道这是为了让他们有一个不受干扰的商谈环境时，他们感到难以置信。事后，他们在感谢信中写道："除了我们自己将永远成为您的忠实顾客，我们所属的公司也将永远为您做广告宣传。"

▶ **案例**

小米增强顾客的信任与感情

在线品牌社区是维系与顾客长久关系的一种重要手段。与传统的品牌社区相比较，在线品牌社区中的用户可以不受时间、地点的限制，满足了顾客与品牌、顾客与顾客之间深入、便捷、高效交流的需求。另外，在线品牌社区能够通过网络媒介进行持续的社交互动，社区成员在不断地分享、互动的同时，逐渐产生对品牌的认同感和归属感，从而加深了对品牌的情感，形成用户黏性，培养品牌忠诚用户。

小米社区是小米公司于 2011 年成立之初创建的官方在线品牌社区，社区口号是"因为米粉，所以小米"，旨在帮助小米用户发现有价值的资源、产品、服务和人。社区功能板块涵盖了产品发布、故障反馈、新功能建议、开发者交流等。通过这些功能板块，社区用户可以参与到 MIUI 手机操作系统的开发过程之中，同小米的员工讨论功能改进方案，提供测评报告。在这里，小米用户不仅能够交流分享产品的使用体验、参与趣味话题、交流玩机心得，更为特别的是能够和 MIUI 的设计师直接对话，并有机会在第一时间测评体验小米的新产品。

小米让小米的"粉丝"（"米粉"）通过微博、微信、论坛等多个小米社群来参与讨论，让"米粉"参与产品开发和传播，不断激发和满足"米粉"的需求，不断升级产品，保持"米粉"参与热度并实时响应"米粉"反馈，打造极致的服务体验，将"米粉"的需求落实到位。总之，小米社区为品牌和用户之间搭建起了一座桥梁，使小米和顾客的关系由单纯的销售与消费关系上升到伙伴关系，角色的转换大幅提升了顾客对小米的信任，帮助企业培养了大量的忠实顾客。

参与感是提升品牌黏性和忠诚度的重要手段。雷军曾经说过："从某种程度上讲，小米贩卖的不是手机，而是参与感。"小米手机不仅将用户视为产品的使用者，在小米手机的开发者眼中，用户也极有可能成为小米手机的开发者，因此在产品的设计中，小米手机创新性地引入了用户参与机制，给予发烧友用户参与产品创造和改进的机会，并且积极吸收、采纳海量用户的意见进行软件设计和更新，与用户一起做好的手机。

在小米手机论坛上，每周都有"米粉"发布的数千篇反馈帖，其中也不乏深度体验报告和心得。在部分重要功能的设计和确定上，小米手机的工程师们充分挖掘并利用隐藏在论坛中的强大力量，通过网络问卷调查及投票的方式征询"米粉"的意见。在小米每周更新的四五十甚至上百个功能中有 1/3 都来源于"米粉"。小米借助微博、微信和论坛的力量使"米粉"与手机开发者完成零距离互动，在娱乐化的互动过程中也增强了"米粉"对产品和品牌的信任。

另外，小米手机在产品研发、营销、传播、服务等各个环节中都充分激发"米粉"的自组织参与和创造能力，先推出手机开发论坛"MIUI"，招募一百个智能手机发烧友参与功能研发，再以这一百个种子用户为中心逐步向外扩充，招募一千个测试用户、一万个体验用户，进行新功能的测试体验和反馈，再带动十万忠实"粉丝"和百万千万普通"粉丝"的口碑营销和持续消费。

小米手机以"和米粉做朋友"为己任，一方面以 MIUI 论坛为平台聚集"米粉"参与开发和传播，不断激发和满足"米粉"的需求，不断升级产品保持"米粉"的参与热度；另一方面充分利用社交互动进行营销服务，提供精细化服务体验，强化"米粉"对于小米品牌的参与度、认同感和忠诚度，从而使小米品牌在智能手机的红海大战中异军突起。小米手机这种将终端顾客的参与融入产品设计过程中的做法使"米粉"们因自身的参与而加深了对小米的忠诚。

四、加强顾客对品牌的依赖

假如企业能够凭借自身的人才、经验、技术、专利、秘方、资源、历史、文化、关系、背景等为顾客提供独特的、不可（易）替代的产品或者服务，就能够增强顾客对企业的依赖性，从而实现品牌忠诚。

例如，微软公司就是凭借其功能强大的 Windows 系列产品，几乎垄断了计算机操作系统的软件市场，赢得了顾客的忠诚。

日本的优衣库旗下有两个技术：一个是 HEATTECH，是用于冬季衣物的一种保暖面料；还有一个就是 AIRISM，是用于夏季衣物的一种凉爽透气的面料。其他品牌即使抄袭或者复制优衣库的款式，也无法去抄袭或者复制 HEATTECH 和 AIRISM 的技术，顾客想买 HEATTECH 或者 AIRISM 只能去优衣库。

又如，小米公司投资了 270 多家生态链企业，并且不断地跨界，尝试新的服务领域——第一个圈层是手机周边商品，基于小米手机已取得市场影响力和庞大的活跃用户群，手机周边是小米有先天优势的第一个圈层，如耳机、音箱、移动电源等；第二个圈层是智能硬件，小米投资孵化了多个领域的智能硬件产品，如空气净化器、净水器、电饭煲等传统白电的智能化，也投资孵化了无人机、机器人等极客互融类智能玩具；第三个圈层是生活耗材，如毛巾、牙刷、旅行箱、跑鞋和背包等。小米公司通过投资生态链不断地加强与顾客的联系，在一定程度上增强了顾客对小米公司的忠诚。

阿里巴巴集团于 2014 年正式推出天猫国际平台，直接向国内顾客提供海外进口商品。作为一个媒体平台，天猫国际有效地整合了海外卖家与国内买家的信息，解决了双方存在的语言障碍问题，以及传统海淘中支付不安全、无售后保障等问题。世界知名的百货公司和免税商店，如梅西百货、麦德龙、惠氏、花王、资生堂等全球知名零售商均在天猫入驻，并且大多数公司和天猫国际签署了独家的战略合作协议，这意味着，天猫国际拥有着其他平台无法得到的货源。在天猫国际入驻的商家大部分可以为顾客提供七天无理由退换货的服务，如果有顾客需要退换商品，可以从保税区直接发货，具有很强的时效性。而且平台还为顾客提供运费险服务，如果顾客有退换货的需要，则可由平台承担大部分运费，顾客只需承担少部分邮寄费用。天猫国际承诺所有需退换商品均为国内退货，为顾客解决了传统海淘中售后无保障的难题。显然，这些独特的服务增强了顾客对天猫国际的忠诚。

▶ **案例**

利乐通过促进顾客的成长实现品牌忠诚

在利乐公司看来，利乐提供给顾客的是整体的解决方案，而不仅仅是设备或者包材。为了给顾客提供完美的方案，利乐的增值服务是非常全面的，顾客买到的也不仅仅是产品和服务，而是一种"成长素"——拥有利乐，就拥有成长。

例如，利乐在中国市场采用了先进的关键顾客管理系统，公司的技术设备专家、包装设计人员、市场服务人员甚至财务经理都会与顾客保持紧密联系，共同深入生产和市场一线，在设备引进、产品开发、技术培训、市场信息、营销体系构建、新品上市的全过程中积极投入，帮助本地顾客发展壮大。

利乐公司的设备都是成套销售的，而且价格很高。顾客若投资一套利乐枕式液态奶生产线，需一次性投入几百万元人民币，这对于一个乳品企业而言是一个很大的投资项目。利乐公司经过调查发现，很多相关企业对这种设备及产品包装相当感兴趣，只是觉得投资数额太大，资金上有困难。

针对这一情况，利乐公司提出了"利乐枕"的设备投资新方案：顾客只要拿出 20%的款项，就可以安装成套设备投产。而以后 4 年中，顾客只要每年订购一定量的包材，就可以免交其余 80%的设备款。这样顾客就可以用这 80%的资金去开拓市场或投资其他项目。利乐公司这项投资方案一经出台，顾客就迫不及待地与利乐签订合同，从而使利乐的设备迅速扩大了市场份额，成为所有牛奶生产厂家的投资首选。由于厂家减少了投资额，节省了大部分资金以开拓市场、投入广告、积极参与公益活动，因此，顾客很快接受了"利乐枕"这种包装形式，市场局面一下子打开了。利乐这一设备投资方案既赢得了顾客，同时也提升了企业形象。

利乐在输出一流产品的同时，也输出企业文化、管理模式、运营理念，深度介入了上下游顾客的业务，与顾客一起打造共同的核心竞争力，并且无偿地为顾客提供全方位的服务。更关键的是，利乐公司通过自身的资源和组织的第三方资源，从战略决策建议、营销决策建议方面给予顾客更高层次的服务和建议，从而使利乐与顾客从交易关系变为合作伙伴关系，使一次性顾客变成长期忠诚的顾客。利乐正是在帮助和促进顾客成长的同时，达到了顾客满意的目标，获得了顾客的认可，加强了顾客对自己的依赖，从而创造和培植了一批忠诚顾客，使自己获得了更大的发展。

五、建立顾客组织

建立顾客组织可使品牌与顾客的关系正式化、稳固化，使顾客感到自己有价值、受欢迎、被重视，而产生归属感。顾客组织还使品牌与顾客之间由短期关系变成长期关系，由松散关系变成紧密关系，由偶然关系变成必然关系，因而有利于品牌与顾客建立超出交易关系的亲密关系，增强品牌忠诚。

例如，张裕公司发现国内葡萄酒高端顾客正在逐步增长和成熟，认为有必要先人一步发现这些高端顾客，然后通过提供高品质的新产品、个性化服务与文化附加值来留住他们。公司设立的张裕·卡斯特 VIP 俱乐部就是为了实现这一目标。目前，它是国内首个由葡萄酒厂商创办的高级酒庄俱乐部，旨在长期专注于为高端红酒消费群提供专业的会员服务及专有交流空间。体验式营销是俱乐部的一大特色，近百名来宾在张裕·卡斯特酒庄首席国际品酒顾问克瑞斯的指导下，一边欣赏葡萄酒的色泽和清亮度，一边轻摇酒杯，学着俯身贴鼻，让葡萄酒的香味扩散至全身，亲身感受葡萄酒文化的熏陶。除了会员关系管理、一对一体验式的会员活动，俱乐部还印制了一本会员刊物——《葡萄酒鉴赏》，能为读者提供葡萄酒鉴赏指导，同时实现个性化服务及文化附加值的功能。张裕公司的发言人表示，个性化服务与文化附加值是目前国际上通行的葡萄酒营销模式，张裕公司就是要趁洋品牌在中国展开竞争前尽快与国际接轨，并抢先占据中国葡萄酒文化的创造者和引领者的地位。

有些企业推出会员制的形式来奖励忠诚顾客。一般来说，会员一次性支出的会费远小于以后每次购物所享受到的超低价优惠，另外还可享受其他特殊服务，如定期收到有关新到货品的样式、性能、价格等资料，以及送货上门的服务等。

例如，阿里巴巴曾推出 88 会员活动，用户只需要花费 88 元就可以获得天猫、饿了么、优酷、虾米、淘票票等产品的权益，享 9.5 折优惠，而单独买这些会员则需要 626 元。而且，对于淘气值低于 1 000 的用户，要花费 888 元才能购买 88 会员权益。当用户成为 88 会员后，在购物的时候，一想到自己是淘宝会员，而且购物还享 9.5 折优惠，就会先在淘宝上购买。对整个阿里巴巴来说，88 会员还可以通用于天猫、饿了么、优酷、虾米、淘票票等产品的用户，实现用户共享。

开市客的品牌忠诚

开市客是美国最大的连锁会员制仓储量贩店，成立以来致力于以最低价格提供给会员高品质的商品。20年来，开市客的综合毛利率始终位于10%～11%，其盈利主要来自会员费收入——开市客所有商品的价格比其他零售店至少低15%，然而要想在这里购物，顾客必须交纳45～100美元的年度会员费。当顾客交了这笔年费成为会员后，如果经常来开市客购物的话就会觉得这点会员费交得太值了。因为他们只要多买一些优价、优质的商品，这笔会员费就赚回来了。另外，开市客还允许会员携带多位亲友一同购物，并提供分单结账服务，以此实现口碑相传、扩大会员基数的目的。据统计，绝大多数顾客都选择了继续交纳会员费，续费的比例惊人地达到了86%，而企业60%的利润也来自这些会员费。

六、以对顾客的忠诚换取品牌忠诚

企业不应当忽视对顾客的忠诚，而应当从自身做起，通过企业对顾客的忠诚来换取顾客的品牌忠诚。

我们知道，终端门店承载着顾客引流、样品展示、现场体验、需求挖掘、方案沟通和确定等功能，但2020年2月起受到疫情的影响，终端门店受到重大冲击。就在这个时候，许多生产厂商、卖场平台、电商平台纷纷伸出援手，帮助终端门店克服困难——红星美凯龙对自营商场的相关商户免除一个月租金及管理费，欧派家居启动10亿元补贴经销商，金牌橱柜宣布承担全国零售经销商一万多名员工一个月的工资……危难时刻见真情，这些同舟共济、共渡难关的做法密切了双方关系，终端顾客无疑会投桃报李，以自己的忠诚作为回报。

2020年，九成餐饮商户资金短缺。此时，美团和多家银行共同提供200亿元专项贷款，用以缓解商户资金周转难题，并通过"春风行动"推出外卖流量帮扶举措，让商家供货有出路、业务有活路。美团对商家危难时刻的不抛弃、不放弃换来了商家的忠诚。

华为的"顾客心"

通信产业会因为技术标准、频率波段不同，衍生出不同的产品。一个电信商为了满足顾客，可能需要用到3种技术标准，采购3套不同的机台，其中的安装与后续维修费用甚至高过单买机台本身。

从制造商的角度来看，当然希望顾客买越多套产品越好，这样才能赚取越多服务费。但华为却走了一条逆向的路：我来帮顾客省钱！华为反过来站在电信商的角度思考，主动研发出把3套标准整合在一个机台的设备，帮顾客省下了50%的成本。

通常，制造商派四五个工程师到顾客端驻点就算是比较大的投入了，华为却可以一口气送上一组12人的团队，与顾客一起讨论、研发出最适合的产品。若产品出了问题，即使地点远在非洲乞力马扎罗火山，华为也会立刻派工程师到现场，与顾客一起解决问题。

在日本福岛核灾的恐怖威胁下，华为仍然展现了服务到底的精神，不仅没有因为危机而撤离，反而加派人手，在一天内就协助软银、E-mobile 等顾客抢通了 300 多个基站。软银 LTE 部门的主管非常惊讶："别家公司的人都跑掉了，你们为什么还在这里？"当时负责协助软银架设 LTE 基站的专案组组长李兴回答："只要顾客还在，我们就一定在！"正是这样忠于顾客的企业文化，使华为的品牌忠诚度一直保持很高的水平。

本章练习

一、判断题

1. 一般来说，品牌满意度越高，品牌忠诚度就会越高；品牌满意度越低，品牌忠诚度就会越低。可以说，品牌满意是推动品牌忠诚最重要的因素。（　　）

2. 企业只有让老顾客得到更多的实惠，享受更多的奖励，才会激励顾客对品牌的忠诚。（　　）

3. 顾客如果感觉自己被轻视，没有归属感，品牌忠诚度就低。（　　）

4. 不应当忽视对顾客的忠诚，而应当从自身做起，通过企业对顾客的忠诚，来换取顾客的忠诚。（　　）

5. 建立顾客组织可使品牌与顾客的关系正式化、稳固化，使顾客感到自己有价值、受欢迎、被重视，从而产生归属感。（　　）

二、选择题

1. 影响品牌忠诚的因素包括（　　）。
   A. 品牌满意度　　　　　　　　　B. 对品牌的信任和情感
   C. 对品牌的依赖程度　　　　　　D. 顾客是否有归属感

2. 为了让顾客感知超越顾客预期，企业要努力使（　　）低于顾客预期。
   A. 货币成本　　　　　　　　　　B. 时间成本
   C. 精神成本　　　　　　　　　　D. 体力成本

3. 对忠诚顾客给予奖励的形式主要有（　　）。
   A. 折扣　　　　　B. 积分　　　　　C. 赠品　　　　　D. 奖品

4. 企业可以凭借自身的（　　）为顾客提供独特的、不可（易）替代的产品或者服务。
   A. 人才　　　　　B. 技术　　　　　C. 资源　　　　　D. 文化

5. 实现品牌忠诚的策略有（　　）。
   A. 奖励顾客的忠诚　　　　　　　B. 加强顾客对品牌的依赖
   C. 建立顾客组织　　　　　　　　D. 以对顾客的忠诚换取品牌忠诚

三、填空题

1. 品牌忠诚有时是单一因素作用的结果，有时是_____共同作用的结果。

2. 一般来说，_____是推动品牌忠诚的最重要因素。

3. 品牌旗下的产品或者服务如果具有显著的独特性或不可（易）替代性，那么顾客对品牌的_____就高，品牌忠诚度也就高。

4. 不能追求顾客对品牌的单向忠诚，而忽视 _____ 的忠诚。

5. _____ 可使品牌与顾客的关系正式化、稳固化，使顾客感到自己有价值、受欢迎、被重视，从而产生归属感。

四、思考题

1. 影响品牌忠诚的因素有哪些?

2. 品牌满意度与品牌忠诚度之间的关系是怎样的?

3. 实现品牌忠诚的策略有哪些?

4. 如何增强顾客对品牌的信任与感情?

5. 如何加强顾客对品牌的依赖?

本章实训

一、实训内容

分享某个品牌是如何实现品牌忠诚的。

二、实训组织

1. 将全班分为 12 个小组，各组对应完成 1～2 个实训。

2. 小组内部充分讨论，认真分析研究，并且制作一份 3～5 分钟能够演示完毕的 PPT 文件在课堂上进行汇报。

3. 教师对每组的分析报告和课堂讨论情况即时进行点评和总结。

第十章
品牌延伸管理

【学习目标】

➢ 熟悉品牌延伸
➢ 了解母子品牌

> **引例：云南白药的品牌延伸**
>
> 　　云南白药是我国的民族品牌，拥有国家保密配方。2000年以来，云南白药得到了快速发展，在百年云南白药散剂的基础上，先后开发了胶囊剂、酊剂、膏剂、气雾剂等多系列产品。然而，当云南白药旗下的中药类产品结构趋于稳定时，全公司如果仍旧仅依赖传统白药产品，那么增长空间就越来越有限。在此情景之下，云南白药集团必须寻找新的利润增长点。
>
> 　　我国是全球牙膏消费量最大的国家，而且，我国牙膏市场具有很大的增长空间。另外，中草药牙膏以其绿色天然、功效独特的优势吸引了众多顾客的目光，中草药牙膏的市场占有率有不断扩大的趋势。与此同时，不少日化企业都相继加入中草药牙膏的生产行列。一直以生产含氟牙膏为主的国际知名牙膏品牌高露洁也开始推出中草药概念的牙膏。正是看到深具发展潜力的牙膏市场及拥有巨大成长空间的中草药牙膏产品细分市场，云南白药组建了自己的健康产品事业部，通过充分利用品牌及白药的优势，研发人员把白药的有效成分从植物中提取出来做成牙膏。云南白药以牙膏为载体，利用患者一天多次刷牙的机会对口腔进行保健护理，成功延伸了白药的天然药物产业链。
>
> 　　【思考】云南白药开展品牌延伸有什么好处？

第一节　品牌延伸

　　品牌延伸是指利用成功品牌推出新产品的做法。

　　延伸推出的新产品被称为延伸产品。

　　品牌延伸就好比"师傅领进门"——成功品牌是"师傅"，延伸产品是"徒弟"，品牌延伸就是充分利用成功品牌的价值，来让顾客快速接受延伸产品，同时延续品牌的生命，让品牌更有活力、更有价值，这就是品牌延伸的目的。

一、品牌延伸的分类

按照延伸产品与已有产品是否属于同一产品类别，品牌延伸可以分为产品线延伸和产品种类延伸两大类。

（一）产品线延伸

产品线延伸是指利用成功品牌，推出同品类的不同产品，不同之处可能体现在成分、口味、形式、大小或用途等方面。

产品线延伸是品牌延伸的主要形式，80%～90%的品牌延伸属于产品线延伸。

例如，娃哈哈从儿童营养口服液起家，其产品逐步延伸到果奶、八宝粥、纯净水等。

上好佳以膨化食品建立和提升品牌知名度，然后再借助上好佳的品牌，进入薯片、饼干、棉花糖、软硬糖果等其他休闲食品的市场，把上好佳打造成为休闲食品市场的强势品牌。

又如，佳洁士牙刷的延伸产品包括佳洁士多合一伴侣牙刷、佳洁士洁白伴侣牙刷、佳洁士小二防蛀牙伴侣牙刷、佳洁士舒敏灵保健牙刷等。

▶ **案例**

娃哈哈的品牌延伸

娃哈哈这一品牌诞生于 1989 年。在细心研究市场后，娃哈哈发现，当时营养液的品牌虽多，但没有一种是针对儿童这一目标消费群体的。于是，娃哈哈开发了"给小孩子开胃"的儿童营养液，起名为"娃哈哈"。在强力的广告推广下，其销售额直线上升，1990 年销量破亿。

1990 年，娃哈哈集团从儿童营养口服液开始，凭借"喝了娃哈哈，吃饭就是香"的广告语，一炮打响，使"娃哈哈"享誉大江南北。随后，娃哈哈进行产品线的延伸，推出了针对儿童消费市场的第二个产品——果奶。娃哈哈儿童营养液的产品诉求是"给小孩子开胃"的"营养饮品"，娃哈哈果奶的目标消费群体仍聚焦于儿童，更突出"有营养"和"好味道"，和儿童营养液基本针对同一类诉求点。虽然当时市场上已经出现了不少同类产品，但凭借娃哈哈营养液的品牌影响、销售渠道及规模生产的优势，娃哈哈果奶上市后即迅速被顾客接受，一度占据了市场的半壁江山。从营养液向果奶的延伸是娃哈哈品牌延伸的第一步，也是成功的第一步。娃哈哈果奶的推出，拓展了娃哈哈品牌的经营空间，增强了娃哈哈品牌的价值及影响力。

娃哈哈经过营养液和果奶的发展和积累，实力逐渐雄厚。因为当时我国纯净水市场一直未出现全国性领袖品牌，这就给娃哈哈的品牌延伸带来了很大的成功机会。所以，娃哈哈在当时的背景下毅然推出娃哈哈纯净水。1995 年，娃哈哈决定延用娃哈哈这一品牌生产纯净水，进入成人饮料市场。娃哈哈原本是一个儿童品牌，其目标消费群体是儿童，品牌形象也是童趣、可爱，因此，娃哈哈推出纯净水可以说是娃哈哈品牌的一次"变脸"。娃哈哈纯净水的广告语"我的眼里只有你""爱你等于爱自己"等广告展示了其青春、活力、时尚的品牌形象，目标消费群体也随之变为成人。对这一举措当时很多人都不看好，但出乎意料的是，娃哈哈不但没有倒下，反而发展壮大。娃哈哈借助纯净水的成功，确立了自己全国性强势饮料品牌的地位，"变脸"后娃哈哈的发展空间更加宽广。

（二）产品种类延伸

产品种类延伸是指利用成功品牌推出不同品类的新产品。例如，运动鞋与可乐属于不同的产品类别，百事运动鞋就是百事可乐这个品牌向新的品类的延伸。

产品种类延伸虽然没有产品线延伸那么常见，但有时却能达到很好的效果。

例如，云南白药在生产传统白药产品的同时，充分发挥云南白药独有的产品功能和品牌形象，将云南白药品牌延伸到云南白药牙膏，进一步发挥云南白药止血的功效，一举成为国内强势的保健牙膏品牌。

二、品牌延伸的优点

品牌延伸主要有以下优点。

（一）使延伸产品迅速得到认可

品牌延伸的根本目的就是解决新产品进入市场的问题，使新产品更容易被市场和顾客接受。一个新产品进入市场的风险是相当大的，而且推广的成本也很高。品牌延伸可使新产品一问世就已经品牌化，甚至获得知名品牌赋予的勃勃生机，这可以大大缩短被顾客认知、认同、接受、信任的过程，有效地降低新产品的市场风险。品牌延伸得当，能使企业的延伸产品在短时间内得到顾客的认可，相比推广一个新产品、新品牌，成功的概率更大。

（二）减少企业的推广成本

新产品进入市场是非常不容易的，不仅要做大量的工作，还要投入巨额的资金。品牌延伸借助成功品牌的保驾护航，可以大大节省企业新产品的市场导入成本和促销费用。

例如，可口可乐公司在推出"健怡可口可乐"和"樱桃可口可乐"两款新产品时，就没有进行大规模的广告宣传，但却很快赢得了顾客的认可。

（三）扩大市场占有率

品牌延伸借助企业已经建立起来的成功品牌，利用其知名度和美誉度，可以降低延伸产品市场进入壁垒，抢占更多的市场份额。

（四）提升品牌形象

品牌延伸是企业拓展市场、推动业务成长和增收的主要战略之一。

品牌延伸一方面能够丰富成功品牌的内涵、提升品牌形象，进一步扩大成功品牌的影响力；另一方面能够不断给品牌注入新的活力，如提供多种不同功能和形象的产品，可以让顾客感受到品牌的活力与创造性，增强顾客对品牌的认知与信赖，提高品牌的声誉，还可以给顾客更多的选择余地，满足顾客不断变化的需求。

例如，海尔从洗衣机延伸到海尔冰箱、海尔彩电、海尔空调、海尔计算机等，让顾客感受到海尔的不失承诺与不断创新，这不仅体现了海尔品牌的核心价值"高品质，零缺陷，星级服务"，还丰富了品牌的内涵。

又如，美的品牌起源于小家电业务，后来进入空调、冰箱、洗衣机，这样，人们就不再将美的品牌仅仅与小家电画等号了，而是将其与更为宽广的白色家电概念等同起来。

三、品牌延伸的缺点

品牌延伸主要有以下缺点。

（一）可能淡化甚至损害品牌形象

任何一个成功的品牌都具有其特有的品牌个性，当品牌延伸到与品牌原来的核心产品有差异的产品时，必然会导致顾客对品牌认知的稀释、混乱。

例如，春兰曾经是空调行业的领军品牌，然而春兰品牌从空调延伸到了摩托车、电动车、冰箱甚至汽车等行业，延伸的跨度过大，结果淡化了顾客对春兰空调的品牌认知。

当延伸产品在市场竞争中处于优势时，顾客就会把成功品牌的心理定位转移到延伸产品上，这样无形中就削弱了品牌原来的核心产品的优势。这种品牌原来的核心产品和延伸产品竞争态势此消彼长的变化，被称为"跷跷板"现象。

例如，当皮尔·卡丹发现自己的牌子可以使很多其他品类的产品也获得很好的销量后，它的产品就从男装、女装、鞋、袜子、皮具、香水、工装延伸到巧克力、打火机、地毯、家具、饭店，直至其能进入的所有领域，导致品牌被严重透支，对品质和品牌管理能力的失控，还连累皮尔·卡丹品牌受到重大打击。

总之，品牌延伸不当或者过度进行品牌延伸，都会淡化甚至损害品牌形象。

正如"定位理论之父"艾·里斯曾说过："品牌像一根橡皮筋，你多延伸一个品种，它就多一份疲弱。"

（二）可能让顾客产生心理冲突

通过品牌延伸可以推出各具特色的产品，当各种产品在功能用途上存在矛盾时，就会带来顾客心理上的冲突，让顾客无所适从。这里的冲突有以下两种。

一种是类别冲突。例如，雕牌是著名的洗衣粉品牌，其将品牌延伸到牙膏，一开始也叫"雕牌"，但让人在使用雕牌牙膏的时候总是会想到洗衣粉的味道。后来，雕牌把牙膏的品牌改成"纳爱斯"，其业绩才有所改观。此外，霸王从洗发水延伸到凉茶，梦之雾气雾剂推出香体剂和香厕剂等都使顾客产生了认知冲突。又如，以生产999胃泰起家的三九集团，成功经营了999品牌，但是后来又将999延伸至啤酒行业。这一延伸，使顾客难以接受，大多数顾客表示，在喝999牌啤酒时会产生喝药的感觉。活力28是洗涤剂产品品牌，后来活力28贸然涉足食品饮料行业，开发出活力纯水，这一品牌延伸，大大损害了品牌的声誉。大多数顾客表示：自己不会喝活力纯水，因为会产生一种喝脏水的感觉。这类不当的品牌延伸，不但没有什么成效，而且还会影响品牌原本在顾客心目中的地位。

另一种是档次冲突。如果原本代表高品质、高品位，象征身份、地位的高档品牌，向下延伸到大众产品行列，虽然短期内会带来销量的猛增，但长远来看，会逐渐损害其高品质形象。例如，派克笔是高档产品，是象征体面身份的品牌，但彼得森上任后热衷于品牌延伸，将派克这一金子般的品牌用于每支售价在3美元以下的钢笔上，与原本的品牌定位差距太大，导致作为"钢笔之王"的派克笔形象和声誉大大受损。结果，派克公司不仅没有顺利打入低档笔市场，反而使其在高档笔市场的占有率下降。

（三）可能产生"株连效应"

"株连效应"是指品牌延伸产品的失败会影响成功品牌已有的声誉和形象，导致顾客对成功品牌失去信任。

实施品牌延伸，延伸产品会因品牌效应而受益，但如果延伸产品出现问题或者在市场受挫，反过来又会连累品牌及品牌原来的核心产品，甚至会导致顾客对同一品牌所有产品的否定。

例如，巨人集团在 20 世纪 90 年代初进入保健品市场，开发了巨人"脑黄金"，该产品在市场上火爆一时。之后，巨人集团又迅速推出了"巨不肥""吃饭香"等 10 多种保健品，均取得了不俗的业绩。但后来由于"脑黄金"市场占有率持续下降，其他保健品也因此受到"株连"而销量下滑，巨人集团由此步入了举步维艰的低谷，最终倒闭。

总之，不当的品牌延伸不但不利于新产品的推广，而且可能淡化甚至损害品牌形象，可能让顾客产生心理冲突，进而产生"株连效应"，连累到品牌及品牌覆盖的所有产品。

难怪定位思想的提出者，里斯和特劳特两位大师，旗帜鲜明地反对品牌延伸，他们认为，延伸品牌会导致品牌失去焦点，使品牌在顾客心中的定位模糊不清，什么都代表不了。他们认为不应该进行品牌延伸，而是应该在适当的时机，推出第二品牌，甚至第三品牌。

四、品牌延伸的条件

品牌延伸的条件如下。

（一）品牌影响力足够大

品牌有一定的知名度和市场影响力是品牌延伸的前提条件。如果品牌缺乏知名度和影响力，就不如另外开发一个新品牌。

因此，企业在决定进行品牌延伸之前，需要评估自身的优势是否能够在新的产品上或新的市场中发挥足够大的影响力。

（二）品牌定位越抽象，越有利于进行品牌延伸

如果品牌定位较为抽象、宽泛，则有利于进行品牌延伸。相反，如果品牌定位是较为具体的、明确的，则不利于品牌延伸。

一般来说，从个性、生活方式、用户形象进行定位的成功品牌具有抽象的品牌定位，有利于品牌延伸。

例如，强生最初定位为适合于婴幼儿的护肤用品，显然这个品牌定位比较狭窄，着眼于特定的顾客年龄群，其进行品牌延伸的能力较弱。后来，强生将自身定位拓展为柔和的、无伤害的（更为抽象）之后，其品牌延伸的能力得到增强。所以，今天强生面向成年人群体的护肤和清洁用品也同样使用这一定位，取得了不错的市场业绩。

（三）品牌名称越抽象，越有利于进行品牌延伸

如果品牌名称是一个较为抽象、宽泛的概念，则有利于品牌延伸。相反，如果品牌名称是较为具体的、明确的概念，则不利于品牌延伸。品牌名称越是具体地表现出产品的品类和属性，其在不同品类上的延伸性就越差。

例如，"飘柔"在顾客心目中已等同于洗发水，所以其推出的沐浴露和香皂并不成功，得不到顾客的认同；"面点王"在顾客心目中就是做面食的餐厅，想吃炒菜的顾客一般是不会去的。

（四）品牌覆盖的产品线越宽，越有利于品牌延伸

如果品牌已具备宽广的产品线，顾客会相信该企业能够再次进行产品线延伸，也更有利于品牌的延伸。

五、品牌延伸的原则

品牌延伸能给企业带来很多益处，但如果延伸失误，也会给企业带来重大损失。因此，品牌延伸需要遵循一定的原则，以减少不恰当的品牌延伸给企业带来的风险。品牌延伸的原则如下。

（一）延伸要有关联性

延伸要有关联性即延伸产品与品牌及其核心产品之间在专业技术、目标市场、销售渠道等方面有一定的关联性，这样目标顾客会将对品牌的认知和联想潜移默化到延伸产品上来，企业则可以充分利用成功品牌的声誉进行延伸，从而节约延伸产品进入市场的成本。如果延伸产品与品牌及其核心产品之间不具有关联性，那么关于成功品牌积极正面的品牌联想将难以转嫁给延伸产品，延伸的效果会大打折扣，而且还可能给成功品牌带来负面影响。

专业技术上的关联性：如果延伸产品与品牌及其核心产品的技术相近，则容易使人产生信任感，而乐于接受延伸产品。例如，衬衣品牌容易成功延伸到西服产品，饼干品牌容易成功延伸到月饼产品。三菱重工在制冷技术方面非常优秀，将三菱冰箱延伸到三菱空调顺理成章。如果两者在技术上相关度低，顾客就会对延伸产品产生怀疑，延伸则可能失败。例如，七匹狼、利郎的品牌价值主要是在服装行业里体现的，如果将七匹狼、利郎品牌延伸到其他行业，其品牌形象就会模糊、混淆，品牌延伸就较难成功。

目标市场的关联性：如果延伸产品与品牌及其核心产品的目标市场相近，则品牌延伸容易成功。例如，男性服装品牌容易延伸到其他男性生活用品上，厨房电器品牌容易延伸到其他家电产品上。公牛可以做开关，是因为公牛品牌在插座品类中足够强势，而插座和开关具有关联性。又如，三笑从牙膏延伸到三笑牙刷，大宝从化妆品延伸到大宝洗面奶；金利来从领带延伸到腰带，都紧盯白领和绅士阶层的消费，延伸得比较成功。如果两者在目标市场有冲突，顾客就会对延伸产品产生怀疑，延伸则可能失败。例如，男性品牌延伸到女性产品，或者女性品牌延伸到男性产品；奢侈品品牌延伸到大众产品；等等。

（二）延伸要有相当性

延伸要有相当性即延伸产品与品牌及其核心产品之间在质量档次、服务标准等方面要相当，这样目标顾客会将对品牌的认知和联想潜移默化到延伸产品上来，从而节约延伸产品进入市场的成本。

质量档次相当性：质量是品牌的生命，是赢得顾客的核心。延伸产品的质量若相当于或高于成功品牌核心产品的质量，则容易得到广大顾客的认同和赞赏。

服务标准相当性：延伸产品与品牌的服务标准应该相当，这样才能使顾客产生安全感和信赖感，延伸产品才不会损害品牌形象。

如果延伸产品与品牌及其核心产品之间在质量档次、服务标准等方面不相当，那么

品牌延伸的效果就会大打折扣，不但会使顾客对延伸产品失去兴趣，而且还可能给品牌带来负面影响。

（三）避免将已高度定位的品牌进行延伸

若成功品牌已成为某种产品的代名词，在顾客心目中已经根深蒂固，就不宜将它延伸到其他产品上。否则会影响顾客对它的认知和情感，稀释顾客对它的印象。

例如，好莱坞已经成为美国电影城的代表，则不宜将它延伸到饭店、家电等其他产品上。同理，索尼公司的产品系列化相当完整，成为家电视听产品的代名词，索尼公司经营几十年来，从未渗透到其他行业和领域，其做法值得借鉴。

（四）延伸要适度

品牌延伸要适度。企业在进行产品延伸时一定要考虑到品牌的承受力，要确保在不损害品牌形象的前提下，进行适度的品牌延伸，防止过度延伸。盲目的品牌延伸不仅难以使延伸产品获得成功，还可能会伤害已经建立起来的品牌资产。

第二节　母子品牌

母品牌是指实施品牌延伸的现有品牌。

子品牌是指进行品牌延伸时，使用的具有相对独立性的新品牌，新品牌与现有品牌同时使用，则新的品牌名被称为子品牌。

一、母子品牌的概念

母子品牌是以一个已经树立起来的品牌作为母品牌，涵盖企业的系列产品，同时又给不同品类或同品类的不同产品起一个富有魅力的名字作为子品牌，以突出产品的个性形象。这样可以有效地划分不同品类或同品类不同产品的功能和特点，各子品牌的特点虽然会有所不同，但又有着或多或少的关联性。例如，格力－夏之凉、格力－美满如意、格力－月亮女神。

又如，苹果就是母品牌，苹果 iPod、苹果 iWatch、苹果 iOS 系统、苹果 iMac、苹果 iPad、苹果 iPhone 等都是子品牌。

为了满足顾客对低热量饮料的需求，可口可乐公司推出健怡可乐，此时可口可乐是母品牌，健怡可乐即子品牌。

▷ 案例

海尔母子品牌

人们了解海尔是从海尔冰箱开始的，现在海尔已成为拥有白色家电、黑色家电、米色家电的中国家电第一品牌。在冰箱上，海尔相继推出了"海尔－小王子""海尔－双王子""海尔－帅王子""海尔－金王子"等；在空调上，海尔先后推出了"海尔－小超人""海尔－小状元""海尔－小英才""变频空调""健康空调"等；在洗衣机上，海尔推出了"海尔－神童""海尔－小小神童""海尔－即时洗"等。此外，海尔还推出了"海尔－探路者"彩电、"海尔－小海象"热水器等海尔系列产品。

二、母子品牌的优点

母子品牌的优点主要表现在以下几个方面。

（一）减少推广费用

由于母品牌已经打下了良好的基础，拥有了较高的市场声誉，因此子品牌可以借助母品牌的知名度及影响力较轻松地提高身价，顺利进入市场，从而减少推广费用。

例如，宝洁是典型的母品牌，它为子品牌提供品质和实力担保，提供信誉背书和坚强后盾。面对市场，宝洁做到在每一个细分领域都有产品分布，无论是其洗发水还是洗衣粉产品，都拥有独立的子品牌，无形中就可以全面地占领某一市场。在市场推广中虽然会强调其众多子品牌的个性，但最后它都会告诉你这是宝洁公司荣誉出品。有宝洁这个强大的母品牌作为后盾，顾客就会信赖它而不怀疑它的品质。

（二）突出产品个性

母子品牌可突出不同子品牌的产品差异性特征，保持子品牌的相对独立性，直观、形象地标示子品牌产品的特点和个性形象，便于顾客区分母品牌下不同品类的产品和同品类的不同产品。

例如，在海尔集团的统一品牌下设立的一系列子品牌中，"小小王子"显现冰箱微型化特性，"画王子"告知购买者其产品是具有色彩外观的冰箱，"冰王子"则暗示冰箱制冷速度快，而"双王子"代表着分体式冰箱。

（三）反哺母品牌

俗话说，"母以子贵，子贵母荣"。子品牌的成功推出对优化母品牌的形象可以起到非常重要的作用，包括更多地吸引消费者眼球并提升母品牌的形象，强化母品牌的核心价值，以及赋予母品牌年轻感、成长感。

例如，海尔的"宝德龙"彩电增加了海尔品牌的时尚感，海尔的"红薯洗"则让顾客感受到海尔以顾客为中心的理念。

（四）避免"株连效应"

运用母子品牌，可以避免品牌延伸过程中的"株连效应"，即使子品牌的产品与母品牌的产品产生差异，避免子品牌的产品出现问题而产生的"株连效应"，在一定程度上降低风险。

三、母子品牌的缺点

首先，在运用母子品牌时，如果过分突出子品牌形象，则可能"喧宾夺主"，淡化、动摇母品牌在顾客心中的地位。

其次，假如某一子品牌出现问题，虽然可以避免"株连效应"，但是不能完全划清界限，仍然会在一定程度上影响母品牌的形象和信誉。

四、母子品牌的原则

母子品牌的原则如下。

（一）母品牌有较高的知名度与影响力

俗话说，"有其母必有其子"，当母品牌有较高知名度与影响力时，其推出的子品牌也就容易被关注、说服力强，因为"系出名门""名门之后"，子品牌成功的概率就大。

（二）注重子品牌的创意

母子品牌要注重子品牌的创意。例如，子品牌的定位不仅要注意母子品牌的协调性，还要给人以联想的空间，要能够形象地传达产品的优点与个性；子品牌的命名要通过高度提炼来表现产品的特质和个性，产生画龙点睛之效。例如，美的空调用"星座"系列命名其产品，有"冷静星""超净星""智灵星""健康星"等。

（三）品牌传播仍以母品牌为核心

在品牌传播过程中，企业应该重点宣传母品牌，而子品牌则处于从属地位，因为企业应当最大限度地利用已有的成功品牌。如果企业将传播重点放在子品牌上，无异于推出了一个全新的品牌，这对于已有成功品牌的企业来说是一种浪费。

本章练习

一、判断题

1. 品牌延伸是指利用成功品牌推出新产品的做法。（　　　）
2. 产品线延伸是品牌延伸的主要形式。（　　　）
3. 品牌延伸得当，能使企业的延伸产品在短时间内得到顾客认可，相比推广一个新产品、新品牌，成功的概率更大。（　　　）
4. 假如某一子品牌出现问题，会在一定程度上影响母品牌的形象和信誉。（　　　）
5. 子品牌的成功推出可提升母品牌的形象，强化母品牌的核心价值，并赋予母品牌年轻感、成长感。（　　　）

二、选择题

1. 品牌延伸主要的优点有（　　　）。
   A. 使延伸产品迅速得到认可　　　B. 减少企业的推广成本
   C. 扩大市场占有率　　　　　　　D. 提升品牌形象
2. 品牌延伸主要的缺点有（　　　）。
   A. 可能淡化甚至损害品牌形象　　B. 可能让顾客产生心理冲突
   C. 可能产生株连效应　　　　　　D. 可能导致成本上升
3. （　　　），越有利于品牌延伸。
   A. 品牌影响力大　　　　　　　　B. 品牌定位越抽象
   C. 品牌名称越抽象　　　　　　　D. 品牌覆盖的产品线越宽
4. 产品线延伸推出同品类的不同产品，不同之处可能体现在（　　　）等方面。
   A. 成分　　　　B. 口味　　　　C. 形式　　　　D. 用途
5. 品牌延伸的原则是（　　　）。
   A. 延伸要有关联性　　　　　　　B. 延伸要有相当性
   C. 避免将已高度定位的品牌进行延伸　D. 延伸要适度

三、填空题

1. 让顾客快速接受延伸产品，同时延续品牌的生命，让品牌更加有活力，让品牌更加有价值，这就是_____的目的。

2. ＿＿＿＿＿＿＿＿＿＿＿ 是指利用成功品牌，推出同品类的不同产品。

3. ＿＿＿＿＿＿＿＿＿＿＿ 是指利用成功品牌推出不同品类的新产品。

4. 品牌延伸的根本目的就是使 ＿＿＿＿＿＿＿＿＿＿＿ 更容易被市场和顾客接受。

5. 里斯和特劳特两位大师，旗帜鲜明地 ＿＿＿＿＿＿＿＿ 品牌延伸。

四、思考题

1. 什么是品牌延伸？品牌延伸可以分为哪几类？

2. 品牌延伸的优点与缺点分别是什么？

3. 品牌延伸的条件是什么？品牌延伸的原则是什么？

4. 什么是母子品牌？母子品牌的原则是什么？

5. 母子品牌的优点与缺点分别是什么？

 **本章实训**

一、实训内容

分享某个品牌进行品牌延伸的做法及成效。

二、实训组织

1. 将全班分为 12 个小组，各组对应完成 1 ～ 2 个实训。

2. 小组内部充分讨论，认真分析研究，并且制作一份 3 ～ 5 分钟能够演示完毕的 PPT 文件在课堂上进行汇报。

3. 教师对每组的分析报告和课堂讨论情况即时进行点评和总结。

第十一章
品牌维护管理

【学习目标】

➤ 了解品牌危机管理

➤ 熟悉品牌创新管理

📖 **引例：400岁的剪刀如何焕发生机？**

众多刀剪品牌中，有着近400年历史的老字号杭州"张小泉"可谓家喻户晓。

可是，很多人难以想象，全国曾经有好几家张小泉，那时候哪一家打广告都会犯嘀咕："是不是替别人花钱了？"新"国潮"来袭，老字号发展迎来窗口期。而张小泉拥抱窗口期的第一步，就是大力整合品牌。2009年，张小泉开始了品牌整合之路，直到2018年5月，张小泉股份有限公司成立，品牌实现全国统一，让张小泉彻底卸下了历史包袱。

在线下，张小泉尝试拥抱新业态：既有自营的零售门店，也跟大型连锁超市对接，还开发了地区经销商，把一些产品卖到了社区便利店。此外，张小泉还和一些银行合作，成为银行会员积分兑换的供应商。在线上，张小泉2002年便开始电商经营探索。如今，张小泉电商销售团队已经有50多名员工。

打开张小泉京东自营旗舰店的页面，厨房剪是所有产品中的一个单独品类，适用于剪切肉粒、菜、鸡骨等食物。如今，厨房剪已成为张小泉的一个主打产品。瞄准顾客多样化的需求，更多细分功能的产品诞生了：同时具备斩和切两种功能的斩切刀、带有开瓶器功能的厨房剪、刀座自带磨刀器的刀具套装……顺着这个思路，从几十元一把的家用菜刀，到数千元一套的精工礼品，张小泉的产品在聚焦厨房消费场景的基础上不断丰富，产品品类已经达到1 000多个。

产品实现多样化的同时，张小泉也没有忽略满足个性化需求。针对不同类型的市场，张小泉进行了品牌分级，在"张小泉"的主标下做了更有针对性的分类。例如，带有"泉惠"标识的，价格相对较低，主要面向乡镇、四五线城市市场；带有"泉近"标识的，价格相对较高，主要面向一、二线城市市场；而带有"海云浴日"标识的，则面向高端消费市场，对标国外高端品牌，只在张小泉线下直营店销售。

【思考】张小泉如何焕发新生？

俗话说，"创业难，守业更难"，品牌也需要保养，需要维护。因为在品牌发展的过程中，很可能出现品牌危机、品牌老化现象，有的品牌从此一蹶不振，甚至轰然倒塌。

品牌维护是企业所进行的维护品牌、保护品牌市场地位和品牌价值的一系列活动的统称，目的是预防和化解品牌危机，避免品牌老化及让品牌重新焕发生机。

品牌的维护如同木桶原理那样，每一块木板都要精心呵护，管理到位，容不得半点含糊与怠慢。品牌维护管理主要包括品牌危机管理和品牌创新管理。

第一节　品牌危机管理

针对品牌危机的管理，被称为品牌危机管理，指企业针对品牌危机而建立起来的危机预防、危机处理的管理系统。

一、品牌危机的产生与危害

品牌危机是指由于组织内部或外部的各种因素，严重损害了品牌的声誉和形象，使品牌陷入强大的社会舆论压力之中的一种状态。

（一）品牌危机的产生

品牌危机既可能是渐进式的危机，如由于麻痹大意、疏于管理而出现质量问题或服务问题，也可能是因为企业盲目扩张导致资金断链，出现经营困难，甚至还可能是因为不守法、不诚信，以及泄密或者被侵权等而导致品牌危机。例如，当前在国际上进行商标注册尚未引起国内企业的足够重视，一些著名商标的抢注现象极为严重，"同仁堂""竹叶青""狗不理"等被日本人抢注，"青岛啤酒"在美国被抢注。

此外，品牌危机也可能是突发事件对品牌的灾难性打击。例如，可口可乐公司在1985年曾试图放弃一成不变的传统配方，改用顾客偏好的口味更甜的软饮料要求的"可口可乐1号"配方，结果引起大量忠实顾客的强烈抗议。最后，公司只得顺应顾客的习惯，恢复了原有配方，避免了更大的损失。

（二）品牌危机的危害

品牌危机带来的危害是巨大的，它可以使一个品牌一夜之间由人见人爱变成人人喊打，也可以使一个百年品牌瞬间土崩瓦解，严重阻碍企业的可持续发展。

在新媒体背景下，信息传播快，并且传播范围广，一旦出现品牌危机，舆论将会迅速蔓延。

▶ **案例**

加拿大鹅区别对待中国顾客惹众怒

2021年10月27日，上海一位顾客在专卖店购买了加拿大鹅羽绒服，随后该顾客发现羽绒服存在"商标绣错、缝线粗糙、线头丛生、布料未包边、脱线、有刺鼻气味"等一系列问题。该顾客联络上海国金线下店铺并通过品牌客服热线发起投诉，但都没有得到合理的解释。接着，加拿大鹅检测中心表示无法向顾客提供产品认证，并且品牌方告知顾客："中国（除港澳台地区）专门店售卖的货品不得退款。"

随后，越来越多在国外官网购买过加拿大鹅羽绒服的顾客称："加拿大鹅国外支持30天无理由退货，疫情防控期间更是延长至60天，在国内却不支持退货，这到底是双标还是看人下菜碟？"

事发后，上海顾客权益保护委员会两次约谈加拿大鹅品牌方，质疑品牌方国内外区别对待顾客。随后，加拿大鹅在 10 天内市值蒸发 84 亿元。终于，加拿大鹅迫于压力，再次更新优化"退换货服务"，承诺中国（除港澳台地区）14 天内可免费退换货。

二、品牌危机管理的重要性

危机事件的处理至关重要，若处理不当会让顾客对品牌失望，甚至排斥，企业前期的所有努力将功亏一篑；若处理得当或将危机在发生初期时就及时扼杀，品牌则会转危为安，摆脱困境，恢复形象，甚至能提升品牌形象。因此，企业必须充分重视品牌危机管理。

三、品牌危机的预防

凡事预则立，不预则废。无论企业处理危机的水平有多高，品牌危机一旦爆发，总会给企业的正常运营带来波动，甚至动摇企业的发展根基。因此，预防品牌危机的发生、防患于未然，才是企业进行品牌危机管理的理想状态。

品牌危机的预防主要从组织内部下功夫，这是因为外部因素和不可抗力因素不易防范。企业可以通过日常的主动预防，防微杜渐，将危机扼杀在摇篮中，从而保证品牌健康、稳定地发展。

品牌危机的预防措施有以下几个方面。

（一）树立品牌危机意识

比尔·盖茨曾说，"离破产只有 18 个月的时间"，以此提醒公司全体员工居安思危。

树立品牌危机预防意识不仅是领导的责任，同时也是企业全体员工的责任，因为全体员工的个人形象、文化修养、精神风貌等都在一定程度上代表着品牌形象，要教育员工看到市场竞争的残酷性，使员工认识到危急时刻在他们身边，做到"勿以善小而不为，勿以恶小而为之"。总之，品牌的维护要依靠企业全体员工的共同努力，不论哪个环节出现错误，都可能引发品牌危机。

▶ **案例**

星巴克不开放加盟

星巴克是世界排名第一的咖啡连锁品牌，为了控制风险、防患于未然，星巴克总部不同意对外开放任何加盟业务，它在全球开设的一万家咖啡店根据不同市场情况定出 4 种形态的经营模式——独资自营模式、合资公司模式、许可协议模式、授权经营模式。无论哪一种模式，星巴克总部都有权直接介入各店的经营管理，而且其设计、设备、物品、装修等的任何硬件都必须由位于美国的总部提供，其目的是与总部的精神、风格统一，并保证其产品及服务质量达到要求的标准。

（二）建立危机预警系统

为了有效预警与防范品牌危机，企业必须建立品牌危机预警系统，以及时收集相关信息并加以分析处理，根据捕捉到的危机征兆制定对策，把危机隐患消灭在萌芽中。这就要求企业在日常的运营中，对每个环节都要进行严格的监控，不仅要求执行部门要确保将工作落到实处，而且管理层也要努力避免决策失误。

（三）守法经营

良好的品牌形象来自日常的品牌经营，面对激烈的市场竞争，企业要采取合理、合法的竞争手段，不可不择手段地进行竞争，否则会影响到品牌在公众和顾客心目中的形象。

（四）诚信经营

品牌是企业在顾客信任基础上形成的无形资产，良好的品牌形象要靠良好的信誉来支撑，一旦失去顾客的信任，其品牌价值便会一落千丈。为此，企业要树立信誉至上的观念，不作假、不欺骗、讲信誉、守承诺，持之以恒地提供优质的产品或者服务，只有这样才能赢得顾客对品牌的信任。

▶ **案例**

东来顺

建立于 1903 年的东来顺作为一个根植于传统文化沃土中的中华老字号品牌，已有上百年的历史了。

东来顺通过其对传统文化精准的把握，把自己的品牌定位为"百年诚信东来顺，清真一品冠京城"，即具有深厚传统文化根基的清真餐饮上品。东来顺在品牌文化建设上突出其品牌的历史厚重感。例如，在其店面的装饰、陈设上展示其有一百多年历史的铜火锅及周恩来、老舍等名人的题词、留诗等；通过其独特的清真文化传统，如传统清真式建筑物、牛羊宰杀的民族仪式、独特的烹饪方式，来渲染其特有的、与众不同的民族餐饮文化；通过旧时堂训"能到我们店里来吃饭的人，那都是有缘人""能到我们店里来吃饭的人，那是瞧得起我们的人""能到我们店里来吃饭的人，那都是照顾我们的人"来表达东来顺的感恩文化，充分体现中国式的仁义和价值观。

同其他老字号一样，东来顺有着自己的绝活，其经过几十道工序由十多种原料酱料秘制出的涮羊肉久涮不老、入口即溶。这些经过多年经营实践探索、千锤百炼而形成的独门绝技，铸就了东来顺品牌的核心竞争力。另外，东来顺经营中发扬工匠精神，严格按照传统技艺、工艺精心操作，坚持传统技法，如切肉片的刀功、菜品秘制调味配方等，使东来顺的羊肉原汁原味，深受顾客好评。

（五）保守品牌秘密

品牌的核心竞争力往往是由品牌的技术、诀窍、秘方和特殊工艺支撑的，是企业在长期生产经营活动中积累而成的宝贵财富，这些技术一旦泄露，将会给品牌带来不可估量的损失。所以，品牌经营者必须加大对知识产权的保护，保守品牌的机密。

（六）运用法律武器预防品牌危机

企业虽然可将高科技防伪技术应用在产品上，提高自身的防伪能力，但是，仅仅依靠产品自身的防伪标志是不足以遏制假冒行为的，打击假冒行为还需要拿起法律武器。

运用法律武器预防品牌危机，主要包括对品牌所有人合法权益的保护、对品牌商标权和产品专利权的保护、对品牌起源地的保护、对商业核心机密的保护、对打击假冒伪劣产品行为的保护。

1. 对品牌所有人合法权益的保护

企业可通过《中华人民共和国反不正当竞争法》《中华人民共和国商标法》《中华人民共和国知识产权法》《中华人民共和国专利法》《中华人民共和国刑法》等法律武器来保护品牌。

例如，根据《中华人民共和国反不正当竞争法》规定，经营者不能使用与知名产品近似的名称、包装、装潢等，以防造成与知名产品相混淆的情况产生，引起顾客误会。

2. 对品牌商标权的保护

根据《中华人民共和国商标法》规定，在没有得到商标注册人许可的情况下，在同一种产品或者类似产品上使用相同或近似的商标就是侵权行为。为此，企业要将品牌名称和标识依法登记注册，以防止被抢注和盗用，不但要在国内注册，而且还要在其他相关国家与地区进行商标注册。

例如，脑白金申报的功能是"改善睡眠、润肠通便"，如果巨人在宣传中强调其促进睡眠的主要原料 Melatonin，那么巨人开拓出来的市场，很快就会被竞争对手模仿跟进，再通过价格战，最终抢掉部分市场。巨人采取的对策是不宣传 Melatonin，而是为 Melatonin 起了个有意义、有吸引力的中国名字"脑白金"，并把"脑白金"注册为商标，所有的宣传也都围绕该商标进行。这样一来，一旦竞争对手在宣传中提到"脑白金"，就会遭遇法律诉讼。

▶ **案例**

《植物大战僵尸》

一款叫作《植物大战僵尸》的移动互联网游戏应用，刚推出时非常火爆，借助着移动互联网，迅速占领市场，立刻成为各种游戏排行榜的冠军。虽然没过多久，《植物与僵尸》《植物大战××》或者《××大战僵尸》等游戏出现，但由于知识产权的保护，没有人可以直接用"植物大战僵尸"这一名称，也无人可以直接用它的素材，所以谁都无法撼动《植物大战僵尸》的市场地位。从这个角度说，这款游戏取得如此好的市场效果，与其受到了知识产权的保护是分不开的。在取得了好成绩之后，这款游戏的开发商又开发了《植物大战僵尸2》，同样成为顾客喜欢的一款游戏。

3. 打击假冒侵权行为

假冒侵权行为对品牌具有很大的负面影响，品牌的无形资产会被侵害，甚至危及生存。

积极运用法律武器开展打假活动，既可以保护企业产品和顾客利益，又可以强化品牌形象，还可以获得很大的新闻价值。另外，企业还应当积极收集有关的制假线索，配合市场监督部门的工作，共同打击假冒侵权行为。

企业还可以向顾客普及品牌知识，让顾客了解正宗的品牌，以及与顾客结成联盟，协助有关部门打假，从而组成强大的维护品牌的社会监督体系和防护体系。

四、品牌危机的处理

一旦危机真的来临，就必须迅速启动应急计划实施危机处理。

（一）品牌危机的处理原则

1. 主动性原则

任何危机发生后，不可回避和被动应付，要积极直面危机，主导局势。

2. 快速性原则

以网络技术为代表的信息社会的到来，使品牌危机产生的负面影响在极短的时间内就会传遍世界，产生极其恶劣的影响。因此，当危机事件真正发生时，要把握住"黄金24小时"，在最短的时间里及时地做出反应，积极应对，以便迅速地消除公众对品牌的疑虑。

3. 真诚性原则

品牌危机发生后，企业应采取真诚、坦率的态度，保证最快速的反应，而不能一味地逃避和推诿，因为越是隐瞒真相越会引起更大的怀疑。企业要表明自己负责任的态度，向公众陈述事实的全部真相，给公众一个合理的解释，并给出解决方案，以重新树立公众对品牌的信心。

4. 全员性原则

企业全体员工都是品牌的保护者，当危机来临时，不能袖手旁观，而应做到群防群治、群策群力。企业要让员工了解品牌危机的处理过程并参与危机处理，这样不仅可以减轻企业震荡，而且可以减轻企业内部压力。

（二）品牌危机的处理方法

1. 成立危机管理小组

危机管理小组应以企业决策层为中心，并吸收部分公关专家、技术专家和新闻传播专业人士。危机管理小组的成员应是具有全面素质和才能的人，是视野开阔、遇事冷静、决策果断、表达能力强的人，是企业中有相当地位和影响力的人，是对企业自身及外部环境比较了解的人。危机管理小组负责制订或审核危机处理方案及工作程序，保证处理危机的及时性、条理性、准确性。

2. 积极沟通，举行新闻发布会

品牌危机发生后，危机处理小组应将事件发生、发展的状况向媒体通报，举行新闻发布会，同时接受媒体的质询，对媒体和其他方面的任何问题都要做到不回避、不推诿、不含糊。可任命专门负责的发言人，主动与新闻界沟通，妥善处理与舆论界的关系，并且开辟高效的信息传播渠道。新闻发布会之后仍要积极与媒体沟通，将即时性的问题与危机事件解决的进展情况随时向媒体通报，消除社会公众对企业及品牌的疑虑。

3. 澄清事实，尽快调查并公布事件真相

危机发生之后，企业须尽快查明危机根源，邀请权威机构介入对危机事件真相的调查与论证，可提高信息的可信度。如果是企业自身的原因，就应勇于承担责任，向公众道歉。如果是其他因素所致，要提出具有人文关怀精神的解决方案，也可将事实告诉公众，减轻企业自身的压力。

4. 提出处理危机的解决方案和补偿方案

如果确实是企业的责任，那么应当给予利益受损者一定的物质补偿或精神补偿，亡羊补牢。合理的经济补偿是必不可少的，它可以减少甚至避免负面报道。

引例：海底捞的危机管理

2017 年 8 月 25 日，《法制晚报》官方微博推出《恶心！暗访海底捞：老鼠爬进食品柜 火锅漏勺掏下水道》一文，以触目惊心的视频、图文，揭露海底捞北京劲松、太阳宫两店后厨恶劣卫生状况及违规操作，包括老鼠后厨乱窜、打扫卫生的簸箕和餐具同池混洗、用顾客使用的火锅漏勺掏下水道。该新闻引起轩然大波，大量顾客表达了失望之情，号召抵制海底捞，要求严肃问责。在社交媒体关于"你是否还会光顾海底捞"的调查中，25% 的受访者表示不会再光顾海底捞，70% 的受访者表示要在海底捞处理好后厨问题之后再考虑是否会再次光临海底捞。

事件爆发后，海底捞在官方微博发表声明，承认所曝出的安全问题属实，并向公众道歉，承认自己在工作和管理上的漏洞，表示自己愿意承担一切责任，承诺整改，并会对调查结果进行公示。海底捞的致歉信在一定程度上平息了公众的怒火，之后，海底捞又发布了这次事件的处理通报，承诺采取以下措施：涉事门店立即停业整改，邀请第三方机构进行排查；对全国所有门店立即开展排查，打消公共顾虑；与政府展开合作，主动向相关部门汇报情况；邀请顾客和媒体前往门店检查监督。不仅如此，在海底捞用来点菜的 iPad 上也有了一个专门的区域——视频监控"明厨亮灶"，只要点击就可以看到后厨的镜头，并可以切换多个画面，能看到洗碗间、出菜区、小菜间等多个位置。同时，海底捞将后厨向社会大众开放，邀请顾客及社会各界人士参观后厨，并明确表示"随到随接待"，允许其在参观区域内拍摄……海底捞通过一系列的努力总算挽回了品牌的声誉。

然而，祸不单行，2020 年 4 月月初，"开启报复性消费"的顾客发现，海底捞恢复堂食之后涨价，且菜量变少。如血旺半份从 16 元涨到 23 元，自助调料增至 10 元一位，小酥肉 50 元一盘……许多顾客委屈地表示不会再去海底捞消费。海底捞涨价事件在网络上发酵近一周，4 月 10 日，海底捞在官方微博发布致歉信，表示海底捞门店此次涨价是公司管理层的错误决策，伤害了海底捞顾客的利益，即日起国内各地门店菜品价格恢复到 2020 年 1 月 26 日门店停业前标准……海底捞由于反应及时，总算挽回了流失的顾客，将对品牌的负面影响降到最低。

第二节　品牌创新管理

"沉船侧畔千帆过，病树前头万木春"，在激烈的市场竞争中总是不断有新的品牌诞生，也有品牌消亡。品牌如果不能与时俱进，把握时代脉搏，就可能被市场无情地淘汰。

一、品牌老化的概念及成因

任何品牌都存在品牌老化的可能，尤其是在当今市场竞争如此激烈的情况下。

（一）品牌老化的概念

品牌老化指的是由于内部或外部的原因，品牌在市场竞争中出现知名度、美誉度、忠诚度下降，销量萎缩，市场占有率降低等衰落现象。

（二）品牌老化的成因

品牌老化可以从顾客、竞争、企业 3 个角度进行分析。

1. 从顾客角度看

随着消费观念的变迁、科技的进步，顾客对产品的功能、外观、口感等方面的要求也在发生改变。如果品牌不思进取，妄想"一招鲜，吃遍天"，刻舟求剑，那么顾客很可能弃旧迎新，疏远老品牌而选择具有时代特色的新品牌。

2. 从竞争角度看

"逆水行舟，不进则退。"市场竞争日趋激烈，你追我赶，无论是一般品牌还是知名品牌，如果还是抱着一劳永逸的思想"吃老本"，那么市场很快就会被竞争者抢占，而被残酷、无情地淘汰。

3. 从企业角度看

在现代社会，科技日新月异，如果企业创新不足，产品的品种、配方、功能、技术、样式、包装、标志、广告等不更新或更新不及，那么品牌的美誉度、忠诚度必然下降，市场占有率也会降低。

例如，品牌标志是品牌的脸面，如果品牌标志数十年不变，那么品牌的这张"老脸"就可能会让顾客产生审美疲劳。

又如，即使是优秀的广告，顾客看多了也会觉得腻，久而久之，顾客会将其对广告"老套"的评价归结为品牌的创意缺失。所以，需要不断推出新的广告。此外，单一不变的广告代言人也会使品牌老化，一方面是因为明星的影响力很容易下降，另一方面是对顾客认知缺乏新鲜的刺激。

知识拓展

品牌生命周期各阶段的特征

菲利普·科特勒认为，品牌也会像产品一样，经历一个从出生、成长、成熟，到最后衰退并消失的过程，但同时也承认，有许多老品牌仍经久不衰。

品牌生命周期可以分为4个阶段：品牌初创期、品牌成长期、品牌成熟期及品牌衰退期。

1. 品牌初创期

当品牌刚步入市场时，顾客知之甚少，在这个时期，推广的重点就是让品牌从无名到有名，从不知名到知晓，甚至是知名，吸引目标顾客认识、试用、购买，争取获得越来越多的市场份额。

2. 品牌成长期

品牌成长期是知名度、认知度积累的过程，其战略重点是提升品牌的知名度、认知度、美誉度，吸引顾客重复购买，培养建立顾客对品牌的忠诚。

3. 品牌成熟期

成熟期品牌处于销售的巅峰状态，市场份额稳定，为此，要趁热打铁，进一步提高市场对于本品牌的需求量，不断完善品牌的良好形象，持续建立和维护品牌忠诚。

4. 品牌衰退期

品牌进入衰退期，销售业绩下滑，乃至滞销。为此，企业要努力创新，不断推出新产品，创造新价值，淘汰过时的旧产品，必要时要进行品牌的重新定位，使品牌以崭新的姿态重新步入市场。

二、品牌创新的概念与必要性

如何才能让品牌长青呢？答案是品牌创新！

品牌创新是指让品牌焕发活力与生机的管理活动。品牌创新的目标是使品牌永葆活力，让品牌更具时代感，从而保持甚至提升品牌的无形资产。

品牌创新的必要性在于市场竞争压力、市场需求的拉力、企业营利的原动力。品牌的生命力一半来自创新，创新可以使品牌与众不同，可以为品牌注入新鲜的血液。

例如，作为"老字号"代表的东来顺之所以能够跨越百年长盛不衰，其原因是既能坚持优良传统，又能与时俱进，而不是像有些"老字号"一样因循守旧、倚老卖老吃老本。

相反，缺乏创新的品牌是不具有顽强生命力的，一些曾经如日中天、炙手可热的品牌，由于因循守旧、缺乏创新，最终如流星那样转瞬即逝，昙花一现。

▶ **案例**

肯德基的创新

肯德基为了满足顾客的需求，每进入一个国家，就结合该国顾客的饮食习惯研发合适的产品，从而为顾客带来美味的食物和惬意的享受。例如，在印度，肯德基提供素汉堡；在日本，肯德基提供生鱼汉堡和鲑鱼汉堡。

肯德基一直以炸鸡、菜丝沙拉、土豆泥作为主打产品，为迎合中国人的口味，肯德基聘请了中国的专家学者作为顾问，成立了中国健康食品咨询委员会，研究、开发适合中国顾客口味的新产品：一是对异国风味进行中式改良，如对墨西哥鸡肉卷、新奥尔良烤翅和葡式蛋挞等在口味上进行中式改造；二是推出符合中国顾客饮食习惯的中式快餐，如饭（奥尔良烤鸡腿饭）、汤（芙蓉蔬菜汤）、粥（皮蛋瘦肉粥）等；三是开发具有中国地域特色的新产品，如京味的老北京鸡肉卷、川味的川香辣子鸡、粤味的粤味咕咾肉等。

以"芙蓉鲜蔬汤"为例，由蔬菜、蛋花、香菇、裙菜、胡萝卜等富含营养的原料精心调配而成的汤，配以肯德基的主食——鸡类食品，或是沙拉、土豆泥、玉米等其他配餐食品，使中国顾客在肯德基享受到了更完整、更符合饮食习惯的餐食。这款特意照顾到中国顾客口味，甚至连名字也极具中国特色的汤类食品，是肯德基通过调查研究，为满足中国顾客的需求精心研制而成的，自推向市场之后广受欢迎。肯德基早餐推出的皮蛋瘦肉粥、香菇鸡肉粥、牛肉蛋花粥等花式粥品，受到了不同年龄群体顾客的欢迎，但与之对应的中式配餐上还有待丰富。肯德基经过一年多的研发测试，推出了采用精选优质植物油，不添加明矾，香酥味美有嚼劲的"安心油条"。"安心油条"的推出成就了"花式粥＋油条"的干湿组合，它也作为肯德基中国门店的早餐产品长期保留。

三、品牌创新的途径

品牌创新的途径主要有品牌定位创新、品牌标志创新、品牌形象创新、品牌传播创新、目标市场创新等。

（一）品牌定位创新——品牌再定位

品牌与市场相比，品牌就好比胳膊，市场就好比大腿。我们知道，"胳膊扭不过大腿"，而且"强扭的瓜不甜"。我们还知道，假如"有心栽花花不开，无心插柳柳成荫"，那么就该顺势而为，改"栽花"为"插柳"——大势所趋啊！

世上没有哪个品牌能够满足市场的所有需求，有时候指望品牌在市场上扮演某个角色，但遗憾的是偏偏没有得到市场认同，可谓"落花有意，流水无情"。

特劳特认为，顾客对信息的处理是有限的，往往只会记住两个品牌，如果一个品牌不能够在顾客心中占据数一数二的位置，就必须重新定位。

1. 什么是品牌再定位

品牌再定位是指随着市场环境包括竞争环境的变化，以及顾客偏好的转向，企业应对品牌定位及时进行调整，使品牌在顾客心中的形象得以提振，重新占据顾客心中第一、第二的位置，从而赋予企业及其品牌更大的活力。

2. 什么情况下需要品牌再定位

当出现了下列情况时，企业需要对其品牌进行重新定位。

（1）原有定位存在问题

由于原有定位错误，品牌不能占据顾客心中第一、第二的位置，或是原有定位模糊、原有定位过窄、原有定位未能实现企业的营销目标，当出现这些情况时都需要对品牌进行重新定位。

案例

VOLVO 的新定位——"安全"

1927 年，第一辆沃尔沃汽车下线。面对奔驰、宝马和劳斯莱斯的竞争，沃尔沃宣称自己比它们更加豪华、更加舒适、更加尊贵。结果 1927—1936 年，沃尔沃连续十年亏损。1936 年，针对奔驰的"乘坐舒适"、宝马的"驾驶乐趣"、劳斯莱斯的"手工打造"，沃尔沃确定了新的定位——"安全"，即给顾客最好"安全感"的汽车。

"在别人看来安全是一种标准，在沃尔沃看来安全是一种信仰。"别人把安全当作一个标准，当作一个档次，沃尔沃将安全当作底线、价值观、信仰，这是它的安身立命所在，也是沃尔沃在"安全"这条路上走了百年所体现的核心价值。什么是豪华？安全才是真正的豪华，家人的安全比一切豪华都重要。这是一个情感打动点：顾客不是买不起其他的品牌，而是他对家人的爱大于他对外表和自我炫耀的需求。

沃尔沃作为豪华汽车，其外观没有以奔驰为标杆进行仿效，而是显得笨拙，甚至像一辆坦克，这样的设计给顾客带来"安全感"。当戴安娜坐奔驰出事后，沃尔沃总裁在媒体上沉痛无比地说，"没有安全的豪华只是多余的奢侈，如果王妃乘坐的是沃尔沃汽车，我们就不会失去人间最美丽的玫瑰"，在全球引起巨大反响。

沃尔沃在安全技术上一直是豪华车的引领者，从其发明三点式安全带以来，先后开创了防侧撞钢板结构、一次性整体成型、侧翼安全气囊等领先技术。例如，行车时打电话是导致车祸的一大重要因素，沃尔沃第一个采用电话免提功能，使顾客可以在双手开车的同时接听电话。国际汽车工业界有很多安全技术都是沃尔沃首创的。正是沃尔沃在安全方面的不懈努力，让顾客深切感受到沃尔沃就是安全的代名词，这种品牌定位由此在顾客心中占有一个牢固的位置。

沃尔沃一直强调安全，以持续开发、提升汽车的安全性作为独特卖点，每年要投入大量的费用进行安全方面的产品研究和开发。今天，沃尔沃汽车已被认为是豪华汽车中的"安全"代表，凭借"安全"定位，一度超过奔驰、宝马成为全美最大的豪华车品牌。

（2）被竞争品牌模仿

市场竞争格局是影响品牌定位的重要因素，也是企业进行品牌重新定位的原因之一。当品牌被竞争品牌模仿，导致品牌之间的市场竞争方式趋同时，就应当进行重新定位。

例如，当美国联邦快递发现一些竞争对手也开始以快速服务为基本定位时，即开展了大规模的广告活动，强调无论条件如何恶劣，联邦快递都会保证交货的理念，从而增强了联邦快递的品牌个性，巩固了其品牌的领导地位。

（3）原有定位遭遇变故

随着现代生活节奏的不断加快，人们的消费观念也发生变化，原先赋予目标消费群体的品牌定位可能变得不合时宜。在这种情况下，企业品牌重新定位显得十分有必要。

（4）企业实施新战略

为适应环境的变化，企业需要进行战略转型或调整，如果原有品牌定位不利于企业新的市场战略，就需要进行品牌重新定位。

▶ 案例

瑞蚨祥：百年品牌创新升级

1862年（清同治元年），孟子第68代孙孟传姗在济南开设了"瑞蚨祥"绸缎庄，经营绸缎、刺绣和布匹业务。其店名源自"青蚨还钱"的典故，融入了中华传统的吉祥祈福寓意和商业文化。

瑞蚨祥是较早采用"图案+文字"作为注册商标的老字号。1993年，瑞蚨祥注册了由"图案+文字"组合而成的第一代品牌标识：位于底部的母蚨与位于顶端的子蚨通过青绿色的叶状纹络连接，形成闭环；"瑞蚨祥"三字为红色"原字号"体，采用文言文从右向左的阅读顺序呈"品"字形排列。这种"图案+文字"组合设计的品牌标识，不仅提升了品牌的辨识度，也有助于知识产权保护。

考虑到定制原料、传统手工技艺成本及老字号品牌附加值等因素，瑞蚨祥从2012年开始升级品牌定位，不再经营中低档布料业务，而是专注于旗袍和婚庆礼服两大定制业务，着力打造"高级定制的中国服装领导品牌"。基于这一品牌定位，瑞蚨祥推出第二代品牌标识，保留了母子青蚨闭环，但"瑞蚨祥"三字从母子青蚨闭环内移到图案下方，呈"一"字横排，适应现代人从左向右的阅读习惯；英文名称"REFOSIAN"和品牌创始时间"1862"列于图案下端，为新增元素。随着品牌标识的迭代，瑞蚨祥还推出了新的品牌广告语："值得期待的奢华"，这不仅是品牌要素的更新，更体现了品牌定位和品牌战略的升级。

1993年

2012年

近年来，瑞蚨祥在传承品牌特色和传统制作技艺的基础上，融入时尚元素，不断创新产品设计理念与制作工艺。例如，针对年轻消费群体，瑞蚨祥开发了既突出中式元素又符合现代审美观的轻奢侈品及文创 IP 联名新款等；同时，顺应时尚演变和消费升级趋势，通过品牌延伸拓展产品和服务品类。目前，瑞蚨祥的产品和服务品类主要有旗袍定制、婚服设计、成衣制作、丝巾 / 家纺和特色产品等。

2017 年以来，瑞蚨祥注重通过打造非遗文化体验区和高端定制区，加强与顾客的互动，丰富品牌体验。在前门旗舰店的非遗文化体验区，瑞蚨祥重点从盘扣这个非遗环节入手，通过工作人员对盘扣制作技法的讲授和演示，让顾客在工匠大师的指导下现场体验盘扣的制作过程。这种沉浸式体验，不仅生动地传承了优秀传统文化，也增进了公众对老字号品牌的认知。

（5）发现了一个更有价值的定位

当企业发现了一个更有价值的定位时，也需要重新进行品牌定位。

以百雀羚为例，其产品最早以百雀羚香脂、凤凰甘油一号为主，后启用了"草本护肤"的品牌定位，再到现在的"科技新草本"，打响了"三生花"品牌，产品线涵盖了护肤用品、洗护发用品、个人清洁用品、花露水和美容化妆用品等。

又如，美国某化妆品企业生产一种叫"嫩春"的面霜，可以防治青春痘，并能够减少皱纹。该面霜上市一段时间后，调查人员发现，80% 的购买者是 20 岁左右的年轻女子，而其余 20% 的购买者却是 35 ～ 50 岁的中年妇女。年轻女子关心防治青春痘，而中老年妇女关心减少皱纹。这时企业面临两种选择，是强调防治青春痘，还是减少皱纹？最后企业决定顺势而为，放弃中年妇女这个市场，而强调"嫩春"面霜防治青春痘的功效，全力以赴抓住年轻女性客户，从而获得了成功。

当然，由于品牌重新定位对企业生产经营战略影响极大，企业在进行品牌重新定位时，需要综合考虑各方面因素，特别是顾客的反应和接受度。

（二）品牌标志创新

换标或称"品牌变脸"，可以避免顾客的审美疲劳，防止品牌老化。近年来，英特尔、苹果、星巴克、微软、联想、中国电信、美的、长城汽车等国内外知名品牌都更换了标志。

当然，新的品牌标志必须具有时代性，能够反映品牌的理念和价值观，此外还要保留与旧标志的某种联系，以减少换标所带来的品牌资产损失。

> ▶ **案例**

换标让华为更开放

2006 年 5 月，华为宣布全面更换品牌标识。新的品牌标识和旧的相比，在沿用原标准色的基础上去除原 Logo 中"华为技术"的中文字样，将花状图形的花瓣数量减少，花瓣的线条变得更加圆润、柔和。

新标识采取从下部中心向上、向外辐射状的形状，表示华为将继续执行顾客导向策略。

新标识洋溢着自信和乐观，采用渐变色调，保持对称性，看起来更加自然、更加具有亲和力，代表着华为的开放态度和合作精神。

新标识在保持原有标识蓬勃向上、积极进取的基础上，更加强调华为的聚焦顾客、创新、稳健、可持续发展、和谐等原则。

Logo 的改变只是表象，改变背后传递的是华为以顾客为导向、征战国际化的决心。

（三）品牌形象创新

品牌形象的创新即从产品形象、服务形象、价格形象、终端形象、企业形象等方面进行创新。

例如，老字号餐饮企业形成"堂食＋外卖＋零售"的运营模式——堂食满足顾客进店用餐的需求，并引入新技术创办无人智慧餐厅；和美团、饿了么平台合作，顾客可以线上下单，外卖配送到家；电商零售则为顾客提供便利性产品，包括半成品、熟食和调料类。

全聚德挂炉烤鸭经历了几代传承和创新，形成了不同系列的精美菜肴，在保障品质的前提下，不断调整菜品和服务，从早期的"鸭四吃"发展到具有 20 多种菜肴的"全鸭席"。全聚德在中餐标准化方面进行了积极的探索——鸭胚供应有专门的饲养基地，通过统一供雏确保鸭种质量，还研制了专用的烤鸭调料，并与德国一家制造商合作开发了符合环保要求的第四代智能烤鸭炉，既保持了传统北京烤鸭的独特风味，又能保持统一风味，方便连锁店推广，也有效防止了技术外流，推进了全聚德烤鸭的现代化、规模化和连锁化。

300 岁高龄的德州扒鸡也在产品年轻化的道路上不断摸索，2019 年推出了子品牌"鲁小吉"，售卖包括五香味、麻辣味和藤椒味等的虎皮凤爪、蜜汁鸡腿和鸡胗等卤味零食，构建年轻化的产品体系。旗下的奥尔良鸡腿、自热鸡煲等新品销量则是专为年轻顾客打造的产品。德州扒鸡采用朱红色为主、汉白玉色等为辅的色调，对品牌形象进行了更新。

稻香村以食材纯正自然的香味取胜，在品牌中融合了我国具有民族特色的养生文化和二十四节气文化，创造了"立秋肘子""白露甘薯饼"等新口味的产品。

拥有"月饼泰斗"之称的陶陶居，近年来不断探索创新型月饼，以安慕希酸奶为月饼原料，制作出酸奶味月饼，同时还推出了不同口味的盲盒月饼。

依云考虑到它不能重新凿泉以改善水质，天然矿泉水也不会改变味道，就只能在外包装上下功夫了。依云从 20 世纪 90 年代起，每年都会推出一款极具设计感和艺术感的限量水瓶。它擅长将最新的时尚元素和创意设计融入每一款限量版纪念瓶中，时尚人士和收藏人士都对其趋之若鹜，而这种与时俱进的设计理念也是依云百年来长盛不衰而且化身为时尚标志的法宝。

为了确保优势，星巴克一直以来从未放弃过在产品和服务中注入新的价值，根据顾客口味、消费时尚、节气时令等的变化，星巴克在主力产品咖啡品种上的推陈出新让人应接不暇。除此之外，星巴克在特色服务上的创新也一直没有懈怠，它在部分旗舰店设置了自动咖啡机，提高了服务速度；它设置外送服务，便于客户利用电话或在网上预购饮料和点心；在一些地区如广州，星巴克正尝试性地在店铺中开设高标准的商务会议室。

上海恒源祥公司利用老字号品牌的无形资产，几年来先后与 30 多家绒线生产企业结成战略联盟，联盟内部实行专业分工生产，统一品牌销售，从而使资产配置得到了最大限度的优化，企业收益也相应达到最大化。恒源祥由此被国际羊毛局认定为全世界最大的生产和经销全羊毛和混纺手编毛线的企业。

此外，企业必须持续推进技术创新，提高产品的科技含量和附加值，不断推出高质量的新产品，只有这样才能提升品牌竞争力，永葆品牌的活力，从而保持行业领先地位，获得更多的市场份额和顾客认可。企业提高产品的科技含量，不仅可以更好地满足顾客的需要，为顾客带来更好的体验甚至惊喜，而且可以构筑竞争品牌进入的壁垒，有效地阻止竞争品牌的进攻；相反，如果忽视技术创新，该品牌最终只能沦为"品牌流星"而被市场所抛弃。

（四）品牌传播创新

品牌传播创新是指在广告传播、公关传播、口碑传播、网络传播、故事传播等方面的创新，目的是防止品牌老化，保持品牌活力。

例如，巴黎欧莱雅的品牌代言人换了一波又一波，如汤唯、章子怡、李嘉欣、巩俐等明星都曾代言其产品，新鲜的面孔为其带来新的品牌形象。

德州扒鸡也借力数字化营销，与一线带货主播合作，进一步发起流量攻势。德州扒鸡的子品牌"鲁小吉"在济南开展了线下巡游加线上微博话题的营销活动，通过在济南欧乐堡动物王国和高新万达的 4 次线下巡游展，推广"藤椒味扒小鸡"等面向年轻顾客的新品。与此同时，德州扒鸡还参加了淘宝造物节，推出新品"摇滚鸡"及针对年轻人的海苔和青梅等 4 种口味的扒鸡。

> ▶ **案例**

五芳斋

从 1921 年至今，五芳斋已经走过了百年。1921 年，兰溪籍商人张锦泉在嘉兴张家弄口开设的"荣记五芳斋"粽子店，正是五芳斋的前身。1995 年，五芳斋投资数千万元建造了中国首家专业粽子生产厂——嘉兴五芳斋粽子厂，让粽子生产告别了"前店后坊"的传统经营模式，实现了工业化生产。现在的上市主体五芳斋公司，便是由嘉兴五芳斋粽子公司于 1998 年改制而来的。根据艾媒咨询发布的端午节粽子品牌排行榜，五芳斋连续 3 年荣登端午节粽子品牌排行榜 TOP10 榜首。

五芳斋的粽子百年长盛不衰，没有像有些老字号一样出现产品口碑崩盘，关键得益于其在产品领域的持续深耕。目前，五芳斋粽子生产的主要工序，从粽叶清洗、润米拌米、馅料搅拌，到蒸煮、冷却、计数、真空包装、真空灭菌等，均已基本实现自动化。持续深耕粽子领域，积极进行产品生产的现代化升级，让五芳斋占据了品类龙头地位并保持至今。

五芳斋积极开发创新产品，摸准年轻人的胃。五芳斋针对喜欢新潮和刺激的"Z世代"专门推出了"FANG 粽系列"，包含 3 种辣度的辣椒口味；在"新鲜粽系列"上，推出了"高汤粽系列"和"香辣小龙虾粽"。针对年轻顾客追求健康化的需求，五芳斋推出的 50 克迷你小粽"啊呜一口"也成为网络爆款，成功进入食品店铺销量前 20 名。不仅在产品方面，五芳斋在粽子工艺上也突破了原来的"二合一工艺"，减少了生产环节，提升了生产效率，同时让粽子的口感更加鲜嫩、浓郁。

五芳斋在粽子行业遥遥领先，但作为绑定传统文化端午节的季节性产品，粽子的局限性非常明显。因此，五芳斋开始以"糯米食品为核心的中华节令食品领导品牌"为战略目标，利用品牌影响力，持续在传统节令食品、方便食品、焙烤食品等领域发力，其在蛋制品、糕点、卤味等新型产品的销售已具有一定规模。展望未来，五芳斋还将以顾客体验为核心，以糯米为主线，围绕端午、中秋、春节、元宵、清明、七夕、重阳等中华节令场景，重点打造高价值产品线，提升企业持续创新能力和盈利水平。

自从 2018 年起，五芳斋就在端午节等传统节日推出了复古风广告《相约 1989》、科幻风短片《招待所》和国漫广告《过桥记》等广告短片。五芳斋品牌成立 100 周年的端午节前，五芳斋联合王者荣耀进行了一波年轻化的营销。它先是发布了一支《粽横峡谷》宣传片，接着推出了联名粽子礼盒，礼盒里的 5 种粽子口味代表 5 个不同的英雄。与此同时，五芳斋还借助各大电商平台营销带货，先是在聚划算上首发了这款新品，接着和一线主播合作，开设专场直播，并邀请企业总裁来到直播间带货，把新式营销手段作为老字号品牌焕新的一把利器。

（五）目标市场创新

目标市场创新指企业为应对原有市场的萎缩而开发与扩大目标市场，从而巩固品牌的市场地位，使品牌更富有生命力。

例如，同仁堂推出新品牌"知嘛健康"，将中药与咖啡和茶饮混搭、健康餐饮与中医问诊嫁接，革新了中医药行业和传统养生行业，为门店吸引了流量，触及了需要健康咨询和理疗的新顾客群体。此外，同仁堂还依靠视频平台吸引流量，通过线上直播，让老字号与新生活方式融合，改变人们对老字号的刻板印象，通过交叉销售带来消费升级。

吴裕泰为了突破老字号的"老"，研发出一系列符合年轻人生活节奏、消费习惯的茶叶深加工产品，如茶味冰激凌、茶味月饼及方便、快捷的袋泡茶，并推出多种口味的花茶，从而成功进入年轻人的视野。吴裕泰除了对原有茉莉花茶进行创新，也对其他茶叶品种进行了创新、深耕，如西湖龙井、信阳毛尖、贡毫等，以此来留住对茶叶品质有着高要求的老顾客。2008 年，吴裕泰开始进驻老字号网站，接着，它先后在天猫、京东等电商平台上线了官方旗舰店。近几年，吴裕泰为解决新疆、内蒙古、海南等没有线下门店地区的产品销售问题，又上线了微信商城，并尝试直播，线下的大部分店铺由此连接了起来，顾客在线上下单后，可以通过在线下门店提货或者线下门店送货上门的方式购买吴裕泰茶叶。吴裕泰十分注重线下门店的"网红打卡"，如其在抖音投放了实时地理信息流广告，即门店附近两公里范围内的年轻人刷抖音时会发现吴裕泰门店的活动信息，这种到店引导十分有效。

本章练习

一、判断题

1. 品牌的维护如同木桶原理那样，每一块木板都要精心呵护、管理到位，容不得半点含糊与怠慢。（　　　）

2. 在品牌发展的过程中，会出现品牌危机、品牌老化现象。（　　　）

3. 危机事件的处理至关重要，若处理不当会让顾客对品牌失望甚至排斥，前期的所有努力将功亏一篑。（　　　）

4. 企业可以通过日常主动预防，防微杜渐，将危机扼杀在摇篮之中，从而保证品牌健康、稳定地发展。（　　　）

5. 企业可向顾客普及品牌知识，让顾客了解正宗的品牌，以及与顾客结成联盟，协助有关部门打假，从而组成强大的维护品牌的社会监督体系和防护体系。（　　　）

二、选择题

1. 运用法律武器预防品牌危机，主要包括（　　　）。

A. 对品牌所有人合法权益的保护　　　B. 对品牌商标权和产品专利权的保护

C. 对品牌起源地的法律保护　　　D. 对商业核心机密的保护

2. 品牌危机的预防措施有（　　　）。
    A. 树立品牌危机意识　　　　　　　　　B. 建立危机预警系统
    C. 守法经营　　　　　　　　　　　　　D. 诚信经营

3. 品牌创新的途径主要有（　　　）。
    A. 品牌定位创新　　　　　　　　　　　B. 品牌标志创新
    C. 品牌形象创新　　　　　　　　　　　D. 品牌传播创新

4. 品牌形象的创新可以从（　　　）等方面进行创新。
    A. 产品形象　　　B. 服务形象　　　C. 价格形象　　　D. 终端形象

5. 品牌传播创新是指在（　　　）等方面的创新，目的是防止品牌老化，保持品牌活力。
    A. 广告传播　　　B. 公关传播　　　C. 口碑传播　　　D. 网络传播

三、填空题

1. 品牌危机的预防主要从 _____ 下功夫，这是因为对于来自外部和不可抗力的因素不易防范。

2. 企业还可向顾客 _____，让顾客了解正宗的品牌，以及与顾客结成联盟，协助有关部门打假，从而组成强大的维护品牌的社会监督体系和防护体系。

3. 企业要将品牌名称和标识依法 _____，以防止被抢注和盗用。

4. 特劳特认为顾客对信息的处理是有限的，往往只会记住两个品牌，那么如果不能够处在 _____ 的位置，就必须重新定位。

5. 品牌创新的必要性在于 _____、_____、企业营利的原动力。

四、思考题

1. 什么是品牌维护？
2. 什么是品牌危机？品牌危机的来源有哪些？
3. 品牌危机的预防措施有哪些？
4. 品牌危机处理有哪些原则？品牌危机处理方法有哪些？
5. 什么是品牌老化？
6. 品牌创新的概念与必要性是什么？
7. 品牌创新有哪些途径？
8. 什么是品牌再定位？什么情况下需要品牌再定位？

 **本章实训**

一、实训内容

分享某品牌是如何成功处理危机的。分享某品牌是如何创新、防止品牌老化的。

二、实训组织

1. 将全班分为 12 个小组，各组对应完成 1 ～ 2 个实训。

2. 小组内部充分讨论，认真分析研究，并且制作一份 3 ～ 5 分钟能够演示完毕的 PPT 文件在课堂上进行汇报。

3. 教师对每组的分析报告和课堂讨论情况即时进行点评和总结。

第十二章
区域公共品牌与品牌国际化

【学习目标】
➤ 熟悉区域公共品牌
➤ 了解品牌国际化

引例：**兰州牛肉拉面**

很多人都喜欢吃兰州牛肉拉面，它是甘肃省兰州地区的风味小吃，是兰州的城市名片，曾被评为"中国十大面条"之一。目前，全国的兰州牛肉拉面馆有几万家，从业人员有数十万人，年营业额超过 100 亿元。但由于欠缺制作工艺和技术底蕴，兰州市以外的兰州牛肉拉面质量、口感良莠不齐，对兰州牛肉拉面的品牌声誉造成了不良影响。

为了给兰州牛肉拉面正名，兰州专门成立了兰州牛肉拉面行业协会，申请入会的个体户可享受各种协会的服务，如资源对接，提供拉面原材料的批发渠道，以及接受全套的兰州牛肉拉面制作方法和店铺经营管理的培训。在招牌上印有兰州牛肉拉面标志的个体户，大多是受过行业正规培训的。

在 2018 年中国面条博览会上，兰州牛肉拉面行业协会会长马利民公布了《兰州牛肉拉面经营规范标准》（以下简称《标准》），规定了兰州牛肉拉面的店面标准、服务标准、操作标准、安全标准等其他要求。《标准》要求总经营面积不得少于 120 平方米，操作间面积不得低于总经营面积的 30%。在操作方面，《标准》规定兰州牛肉拉面的原汤和水的比例不得大于 1：2。店铺店名方面，《标准》规定除兰州本地以外，店铺均应在店名后注明兰州牛肉拉面（兰州牛肉面）。

除了发布行规，兰州牛肉拉面还有自己的"身份证"。2018 年 6 月 23 日，中国兰州牛肉拉面官方认证服务平台上线。即日起，只要打开微信，在"公众号"中搜索"拉面认证"就可关注认证服务平台，扫一扫码，就能知道碗里的面正不正宗。除此以外，全国范围内兰州牛肉拉面的分布点也将在平台上一览无余。

【思考】兰州牛肉拉面如何为自己正名？

第一节 区域公共品牌

区域公共品牌与企业品牌不同，它不是属于哪个企业的，而是集体的。

一、区域公共品牌的概念

区域公共品牌是某类产品或产业集合在某一个区域，所具有的质量、声誉或其他特性，本质上基于该区域的自然因素和人文因素，且具有较高影响力和吸引力的品牌，其表现形式通常为"区域名称＋区域优势产品名称"，如瑞士手表、法国香水、德国汽车、巴伐利亚啤酒、爱尔兰威士忌、慕尼黑啤酒、芬兰伏特加、意大利熏火腿、西湖龙井、苏杭刺绣、金华火腿、浏阳花炮、吐鲁番葡萄、安溪铁观音、新疆葡萄干、景德镇瓷器、法国葡萄酒等。

区域公共品牌和该区域内独特的资源、地理环境、历史文化等相互联系，是区域独特的生产要素的集中表现，反映了具有区域属性的产品、服务和形象。

二、区域公共品牌的类型

区域公共品牌的类型有资源技术型公共品牌和产业集群型公共品牌两种。

（一）资源技术型公共品牌

资源技术型公共品牌是依托自然资源和特殊的工艺技术发展起来的，此类品牌以地方农产品和基于特色技术的深加工产品居多，如西湖龙井、安溪铁观音、北京烤鸭、山西陈醋、安吉白茶、赣南脐橙、烟台苹果、库尔勒香梨、吐鲁番葡萄干、四川泡菜、宁夏大米、柴达木枸杞、南京盐水鸭等。

资源技术型公共品牌与当地的地理、历史、文化、经济、政治等诸多因素紧密联系在一起，具有浓郁的地方特色，有很高的知名度、美誉度和忠诚度。

例如，安化黑茶是湖南省益阳市安化县的特产，是区域公共品牌和六大基本茶类之一，目前已形成了茯砖、黑砖、花砖、青砖、湘尖等黑茶品牌。安化黑茶发源较早，曾经在唐代被称为"渠江薄片"，并作为贡品上贡朝廷。

（二）产业集群型公共品牌

产业集群型公共品牌是指企业自发或政府主导的在区域范围内出现同一产业的集聚或相关产业的集聚，从而形成产业集群和明显的区域产业特色的品牌，如日本汽车、瑞士手表、法国香水、巴黎时装、温州皮鞋、浏阳花炮、顺德家电、虎门服装、晋江运动鞋、意大利皮鞋等。

一般来说，资源技术型公共品牌将会发展形成产业集群型公共品牌，而产业集群型公共品牌不一定是以资源为基础的，但往往需要借助技术积累逐渐形成。

三、区域公共品牌的意义

一方面，对于众多的中小经营者来说，要想单独创建一个有影响力、有竞争力的品牌难度较大，成功率较低；相反，通过创建区域公共品牌，发挥众多经营者的合力，"众人拾柴火焰高"，就可以形成较强的竞争力与影响力。

另一方面，一般来说，企业品牌的生命周期相对较短，但区域公共品牌的生命力较强。

四、管理区域公共品牌的必要性

区域公共品牌是公共的，不是属于哪个企业，如果管理不善将会出问题。

（一）"搭便车"及"公地悲剧"

区域公共品牌具有公共属性，导致了"搭便车"现象严重，以及经济学中"公地悲剧"的发生。在制度或机制不完善的情况下，企业往往只关心自己的企业品牌。当区域公共品牌风光时，大家一起跟着沾光，寻机提高本企业品牌的影响力；而当需要大家为打造或提升区域公共品牌出力的时候，企业间则相互推诿，都不愿为区域公共品牌这个"大家的"公共资源尽责出力，从而陷入"三个和尚没水喝"的窘境。

知识拓展

公地悲剧

"公地悲剧"理论认为：在一个自由开放的牧场里，每个人都可来放牧并以此来谋取利益，为了获取利益最大化，牧羊人会增加羊群数量，过度地使用这片公共草场，最后造成草地负担不起众多的羊群，草地生态迅速恶化，造成"公地悲剧"。

总结来说，当一个公共资源被多个参与者免费拥有时，每个参与者都会尽可能多地使用这一公共资源，并且都期待着他人进行维护，最后导致公共资源枯竭，所有参与者的利益均遭受损失。

（二）"一损俱损"

由于区域公共品牌具有公共品牌的性质，如果不加强管理容易导致"一损俱损"的后果——个别企业的违规行为或个别企业的产品（服务）出现问题时会殃及、连累、损害该区域集群内的所有企业，使该区域公共品牌形象遭到破坏，市场对该区域公共品牌失去信任。

综上所述，区域公共品牌存在一定的风险，因此必须加强对区域公共品牌的管理。

五、区域公共品牌的管理

政府、行业协会、企业等是区域公共品牌建设的主要主体，各主体承担不同的角色和职责。例如，企业是区域公共品牌建设的主要经营者和区域公共品牌发展的重要获益者、传播者，其主要职责是通过自己的经营活动，持续输出高质量的产品或服务，主动、自发地维护区域公共品牌。

区域公共品牌的管理是指区域政府和区域公共品牌的利益相关者（主要是行业协会）为维护区域公共品牌，使之保持明显的竞争优势而采取的活动。

政府与行业协会应当主动发挥在管理区域公共品牌中的作用，积极引导与督促区域公共品牌的健康发展，同时为区域公共品牌的健康发展保驾护航。

（一）政府在区域公共品牌管理中的作用

1. 顶层设计

政府是区域公共品牌最主要的推动者，政府应主导设立区域公共品牌管理委员会，在行业协会的协助下，制定有关管理区域公共品牌的法规，依法建设和加强区域公共品牌的管理，防止区域公共品牌的滥用。

政府还要深入挖掘区域的自然禀赋和人文特色，确定区域公共品牌的定位、发展规划等顶层战略，即建立政府、行业协会、企业、学术机构和媒体之间的协同机制，结合区域内产业情况，统筹制定区域公共品牌管理的制度及长期发展的战略规划。

例如，《福建省质量强省建设纲要》提出打响"清新福建""福"文化等"福"字号品牌，培育"福"字号优质农产品品牌，打造"福茶""福酒""福装""福鞋""福渔""福果""福菜""福稻""福菌""福九味"等价值清晰、形象统一、品质可靠的"福"字号公共品牌，促进福品闽货、万福商旅等优质"福"字号商品走向全国、走向世界。

2. 制度供给

政府要加大对知识产权的保护力度和执法监督力度，制定维护质量和秩序的地方性规章制度，为品牌建设和维护创造良好的制度环境。要规定凡需要使用区域公共品牌者，必须向区域公共品牌的管理者（主要是行业协会）申请，经过质量检测认证，产品合格者方许可其使用区域公共品牌，杜绝未经许可随意使用区域公共品牌的行为。要严厉打击无证经营、以假乱真、侵犯知识产权等违法行为，鼓励、扶持集群企业成立保护区域公共品牌的自律组织。

此外，在新项目投资上，政府要严格审批，防止产业规模过度膨胀、重复建设、资源浪费等现象的发生。

3. 政策扶持

政府要积极鼓励和扶持已经具备一定规模和实力的领先企业，不断提高产品质量和档次，创国家级名牌甚至世界级名牌，同时要加大对龙头企业技术开发和技术改造的扶持力度，继续在土地使用、市场准入、贴息贷款等方面给予大力扶持，对龙头企业打响区域公共品牌的活动给予重点补助，并且发挥这些龙头企业的示范作用，吸引更多企业投身到区域公共品牌的建设中，在集群内形成品牌梯队。

4. 提升公共服务水平

首先，要加大投入，进行交通设施、通信设施和生态设施等的建设，优化行政审批流程、简化程序，为企业、区域公共品牌营造优质的营商环境。

其次，建设区域公共品牌共享技术研发中心。产品创新和技术创新是不断提高区域产业品牌声誉的根本保证。但是，由于单个企业在人才、资金和信息等方面实力有限，往往无力开展产品和技术创新。地方政府应当架起官、产、学、研之间合作的桥梁，出面建设区域公共品牌共享的技术研发中心，使科研成果通过研发中心向企业推广。

5. 积极推广

由于政府部门具有公信力，政府出面进行区域公共品牌的宣传，更容易获得公众的信任。因此，政府部门要采取"走出去"和"请进来"相结合的方法，积极组织相关企业参加国内外的博览会、展销会、推介会等，积极举办各种项目推介会、招商洽谈会、商品交易会、产品博览会、展销会、产品节、新闻发布会、研讨会、论坛等活动，邀请国内外客商前来参加，并且充分利用新闻报道、公关活动、赞助活动、节日庆典及公益活动等，来加强区域公共品牌的宣传工作，扩大区域公共品牌的知名度，树立区域公共品牌的良好形象。

广告是一种大众化的信息传播方式，具有覆盖面广、效率高、速度快等特点，政府可综合运用电视、广播、互联网等媒体宣传区域公共品牌。例如，浙江永康的市政府连续多年每年拿出 1 000 万元，在央视做"中国五金之都、中国科技五金城——浙江永康"

的广告，从而打响了"永康五金"这一区域公共品牌，使浙江永康成为全国闻名的"五金之乡"，声名远扬。

沙县小吃

　　沙县小吃历史悠久。中原的饮食文化随着中原人民的多次南迁传播到沙县，使沙县成为中国传统饮食文化的汇集地。沙县小吃继承了来自中原黄河流域的饮食文化传统，蒸、煮、炸、烤、腌等各类技艺手法流传至今，以品种繁多、风味独特著称，被称为"中华民族传统饮食的活化石"。同时，它又兼具闽南一带的独特饮食基因和客家的饮食文化风格，口味丰富而多变。

　　从1997年开始，沙县把每年的12月8日定为"中国沙县小吃文化节"，利用节日开展系列活动来营造发展氛围，宣传沙县和沙县小吃品牌。同时，沙县还举办了中央电视台"同一首歌走进中国小吃之乡——沙县"大型演唱会，并在"同一首歌"晚会上，现场进行精品扁肉、蒸饺、烧麦、豆腐丸等沙县小吃的制作表演，将沙县小吃展示给全国观众，把沙县小吃搬上了荧屏，进一步扩大了沙县和沙县小吃的影响。

　　为了打响品牌，1998年，沙县向国家工商行政管理总局商标局注册了"沙县小吃"商标；2002年，该商标被三明市认定为知名商标；2005年，该商标被认定为福建省著名商标。2003年以来，沙县小吃同业公会积极组织小吃业主多次参加国家级、省级的各类行业活动，参加全国各级各类旅游烹饪大奖赛，全国烹饪协会、福建烹饪协会还在沙县举行了"中华名小吃""福建名小吃"专场认定会。

　　2004年起，沙县对经营沙县小吃人员的素质、小吃经营店的标准、小吃品种质量标准及经营服务等方面都提出了具体要求，并积极引导经营业主按照沙县小吃经营标准要求进行整改提高，推进一批有一定基础的小吃经营店率先达到标准化经营。对未办理沙县小吃注册商标准用手续，又不按照经营规范标准经营的小吃店进行全面清理，责令停业，取消商标使用权。在沙县小吃比较多的城市，依托当地烹饪协会逐步组建在外行业管理组织，建立自我管理和自我约束机制。目前，沙县政府已在上海、厦门、杭州组建了沙县小吃行业管理组织。

　　随着沙县小吃影响力的不断扩大，经营业主中也存在经营不规范、标准不统一、品牌杂乱、竞争无序等问题。为尽快实现小吃业主从一个普通农民向现代餐饮业经理人的转变，同时提高沙县小吃的档次和知名度，沙县从从业人员素质入手，强化培训。沙县在县职业中专学校建立"沙县小吃培训中心"，并创办沙县小吃烹饪学校，轮流对农村富余劳动力、待业青年、下岗职工及职业学校学生等进行小吃专业技术培训。沙县小吃办公室人员经常到各乡镇巡回举办"沙县小吃"业务技术培训班，专为农村外出经营小吃的人进行技术培训。小吃培训服务中心从职业道德、规范标准、市场信息、经营理念、卫生常识、卫生管理、维权保障知识等方面对经营业主进行规范化的强化培训，以提高他们的技术水平和经营管理水平。

　　2008年10月，沙县小吃同业公会组织参加了商务部在西安举办的第二届中国餐饮业博览会，其中3道中华名小吃品种在博览会的2008年北京奥运会推荐食谱菜品展中获金、银奖。2021年5月24日，福建省三明市申报的沙县小吃制作技艺经国务院批准列入第五批国家级非物质文化遗产代表性项目名录。

（二）行业协会在区域公共品牌管理中的作用

行业协会在区域公共品牌的管理中发挥着至关重要的作用。一方面，行业协会独立于政府部门，又与政府保持着密切的联系，可以协助政府制定与执行相关政策及规章制度。另一方面，行业协会是行业的代表，它对于行业的发展情况和存在的问题等都较为了解，可以代表行业企业与政府进行有效的沟通和互动，反映企业的愿望，进而影响政府的政策，为企业争取更多的利益。

1. 方案设计

行业协会要研究分析行业或区域公共品牌的发展状况，制定行业或区域公共品牌的管理方案，承担行业自律、维权、组展、服务、协调、管理等任务。

2. 注册商标

区域产业品牌属于区域内全体企业的共同资产，影响着所有企业的利益，需要加强保护。为此，行业协会要提高知识产权意识，出面为区域公共品牌注册集体商标，以确保相关主体合法使用区域公共品牌、保护区域公共品牌的权益。例如，"寿光蔬菜""澄海玩具""长白山人参"等集体商标均已注册，只有这样才能通过法律手段打击侵权行为。

3. 实施标准化工程

集群内中小企业数量多，技术、管理水平参差不齐，要切实维护区域产业品牌的声誉，就需要实施产品制造、包装、分级等方面的标准化，来维护和提升产品的整体质量水平。为此，行业协会要积极实施标准化工程。

首先，组织制定生产管理、质量控制、技术保障等一系列标准化规则或流程，来规范企业的生产与经营行为，切实保证产品的整体质量。

例如，几乎可以说世界上只要有华人的地方就可以看到"扬州炒饭"，但没人能说清什么是正宗的"扬州炒饭"，对"扬州炒饭"的主配料也是说法各异，无法提供一个统一的标准，造成鱼龙混杂的状况。前几年，继成功申请注册"扬州炒饭"的商标后，中国名吃"扬州炒饭"的"标准"正式出台。新出台的"标准"对扬州炒饭的制作方法、技术要求、生产及销售等都进行了非常详细的说明，一方面规范了"扬州炒饭"的相关服务，另一方面也方便了顾客的评判和监督。

其次，制定区域公共品牌的使用章程或规定，如《区域公共品牌使用公约》，监督区域公共品牌使用者在经营过程中必须遵守区域公共品牌的管理规定，同时建立质量反馈追踪系统，坚决杜绝假冒伪劣产品的出现，避免出现"株连效应"。

最后，建立与保护区域公共品牌相配套的费用分摊机制和激励机制，以增强企业参与保护区域公共品牌的积极性与主动性。

4. 积极推广

行业协会可在新媒体开设主页，或者建立自媒体，充分利用多媒体、图片、视频洽谈等手段，宣传、展示和推介区域公共品牌；同时，规范区域公共品牌的广告、宣传等，以便树立统一的区域公共品牌形象。

行业协会还要积极组织、引导、协调企业，通过举办或参与各种展会、洽谈会、交易会、博览会等，联合开展市场营销、公关等活动。

此外，文化作为一种特殊的元素，是一个独特的卖点，甚至是绝无仅有的卖点，可以赋予区域公共品牌的差异化优势，具有不可复制性和不可替代性。因此，要积极开展文化营销，充分挖掘和利用当地的历史文化、民间传说、社会习俗、名胜古迹等元素与产品之间的联系，提升区域公共品牌的市场竞争力。

中宁枸杞

中宁枸杞的品牌历史开启于明成化年间，在当时，中宁枸杞属于皇家贡品。到1934年中宁建县后，产于中宁县的枸杞就逐渐被称为"中宁枸杞"。中宁枸杞在品牌建设过程中先后获得"证明商标""宁夏著名商标""中国驰名商标""农产品地理标志""特色农产品国家气候标志"等38项品牌荣誉。2021年，在中国农产品区域公共品牌价值评估中，中宁枸杞的品牌价值接近200亿元。目前，中宁枸杞地理标志证明商标在国内66家企业推广应用，发放枸杞质量追溯标识430万枚；在国外面向单一国家注册的有阿联酋、巴西等，为进一步打开国际市场奠定了坚实的基础。

1．中宁枸杞的推广

（1）推介会

从2002年开始，中宁县政府每年组织企业及相关部门分别到上海、北京、重庆等城市召开中宁枸杞新闻发布会或宣传推介会，引导企业参加产品展销会，这些措施的目的在于加大中宁枸杞的宣传和推介力度。中宁县政府几乎每年都举办中宁枸杞节或博览会。

（2）媒体推广

中宁县综合运用多种媒体推广方式，先后制作了中宁枸杞宣传光盘、产业发展影视资料、宣传专题片、宣传折页，同时，利用电视台、报纸、杂志等传播媒介宣传中宁枸杞。2004年，中宁枸杞"宁夏红""每天喝一天，健康多一点"的广告语通过荧屏走进千家万户。从2013年开始，县政府每年在央视及各省市的主流媒体、地方特产栏目宣传推介中宁枸杞，利用户外广告、宣传册、航空广告等方式宣传中宁枸杞产业及枸杞系列产品，使中宁枸杞品牌越来越有名气。

（3）文化融合

中宁县深入挖掘枸杞历史文化、医药文化、饮食文化等方面的资源优势，先后通过文学艺术作品的创作，电视纪录片、电影和电视剧的拍摄，建设中国枸杞博物园等方式来塑造品牌形象，同时邀请新华社、光明日报及瑞士国家电视台等新闻媒体进行全方位报道，扩大影响范围，将当地的地域特色和黄河历史文化相融合，对提升中宁枸杞的知名度起到了重要作用。

（4）创新推广渠道

中宁县抢抓自治区建设"十大特色农贸市场"的宝贵机遇，建设了中宁国际枸杞交易中心和年吞吐货物量800万吨的中宁物流园区，成功地将中宁枸杞引入全国3万多家中石化易捷便利店，开创了枸杞复式销售模式；同时，为了探索方便、快捷、新兴的市场流通形式，建立了中宁枸杞网上电子交易平台，促成枸杞的年交易量达到了3.5万吨，成交额超过7亿元。

2．中宁枸杞的保护

（1）制度保障

农产品的品牌建设需要依靠政府的支持和保障。2002年，中宁县枸杞局设立了枸杞包装物销售管理中心，负责枸杞包装物统一管理、销售。县委、县政府和枸杞管理中心先后出台了关于中宁枸杞产业发展、证明商标包装物、枸杞专卖店、质量安全管理等相关政策，为推动中宁枸杞品牌建设提供了政策支持和制度保障。

（2）统一包装

中宁枸杞证明商标注册初期，产品包装简陋，主要以销售散货为主。2017年开始，中宁县对枸杞产品的大小包装物进行了统一设计。2019年，中宁县委、县政府对中宁枸杞商标图案进行了修改，实现了标识、地域文化及市场定位的同框设计。此外，当地还通过举办包装设计大赛，不断提升中宁枸杞中国驰名商标和中国地理标志的核心竞争力。到目前为止，已累计使用地理标志产品专用标志1 120余万枚，带动了当地枸杞产业的持续、快速、健康发展。

（3）专业机构维权

当地政府相关部门通过中宁枸杞证明商标维权打假行动，制止了枸杞假冒问题。2001年7月，枸杞局成立了商标管理办公室，专门从事中宁枸杞证明商标的管理、使用、市场监管和品牌保护等工作，每年结合实际制定市场监督管理检查方案并组织实施，会同市场监督部门到全国枸杞主销区开展市场调查和商标维权打假工作，依法查处商标侵权行为。通过中宁枸杞网站公布中宁枸杞正宗原产地认定区域，曝光假冒中宁枸杞侵权等不法行为，着力维护中宁枸杞商标的合法权益。

（4）质量追溯系统

2017年8月，中宁县开始使用中宁枸杞质量追溯系统软件，为顾客提供"从农田到餐桌"的追溯模式。截至2019年，已有55家企业开通中宁枸杞及其质量追溯账号录入信息，共发放使用质量安全追溯标识800万枚。同时，当地政府还建立了枸杞产品质量查询平台，实行生产标识和营销标识双标双贴，实现了通过手机短信和网站追溯产品质量。

第二节　品牌国际化

品牌国际化是企业采用相同或不同的品牌进入多个国家（尤其是发达国家），并通过高质量且具有某种特质的产品的成功销售，实现品牌价值提升的品牌输出过程。

一、品牌国际化的动因

品牌战略管理专家凯勒指出，开展品牌国际化主要基于以下因素。

（一）本国市场供给过剩

很多行业在国内发展多年，产品相当成熟，市场容量饱和，行业增长缓慢，竞争激烈，要想有较大的增长非常困难。此时，走出国门开拓海外市场，寻求更广阔的发展空间成为这些企业的不二选择。在经济全球化的今天，实施品牌国际化可以使品牌的生命得以延长，使品牌的魅力得以释放。

（二）海外市场的吸引力

有些时候，品牌国际化并不是因为国内市场没有机会，而是因为国外市场的吸引力更大。追求卓越的企业几乎都把品牌国际化作为自己的战略目标，并且从国外市场上获得了丰厚的回报，如苹果、星巴克、可口可乐等品牌在全球范围内进行了成功的品牌推广。

（三）通过规模经济降低成本

产品类别的标准化特征有助于品牌在国际市场的标准化经营，相同的产品、相同的包装、相同的广告创意设计、相同的促销活动都使品牌在国际化经营中可以获得规模效应，通过规模经济降低成本。

例如，微软的 Windows 只需汉化，无须做更大的改变就能在中国销售，庞大的市场容量使其研发成本摊薄，单位成本降低；高露洁公司在每个国家都通过统一化的广告节省广告创作费用 100 万～ 200 万美元；可口可乐通过全球化的广告宣传，在 20 多年里节省了 9 000 万美元的成本。

（四）分散风险

由于法律法规、消费文化、行业发展阶段不同等因素，同样的产品在不同国家所面临的机遇和挑战也就不同。例如，从环保和交通安全方面考虑，目前全国已经有 168 个大中型城市宣布"禁摩"（禁止摩托车）。这一政策直接导致摩托车每年的销量减少 300 万～ 400 万辆，过剩的摩托车只好进入一些以摩托车为主要交通工具的国家，如重庆力帆摩托车在海外市场上有了"五朵金花"，分别是尼日利亚、菲律宾、越南、伊朗和印尼。

（五）顾客的全球流动性和趋同性

近 20 年来，随着通信技术、传媒、交通的全球化发展，世界各地的顾客流动性增强，消费行为上也表现出趋同性，这为品牌进入一个陌生的国外市场铺平了道路。当一些美国人来到中国时，他们依然可以吃到熟悉的麦当劳快餐，也可以喝到地道的星巴克咖啡；而中国人去美国时，同样可以用上海尔电冰箱和联想笔记本电脑。

二、品牌国际化的路径

从品牌进入国外市场的路径来看，大致分为 3 种。

首先是"先难后易"的路径，即优先攻下发达国家的市场，在东道国树立和塑造良好的品牌形象，通过口碑增强品牌的影响力和美誉度，接着通过发达国家形成的品牌效应辐射到发展中国家市场。

其次是"先易后难"的路径，即先进入发展中国家，再进入发达国家的成熟市场的品牌国际化路径。

最后是中间路线，即在进入发展中国家的同时也进入发达国家的市场，这种线路需要兼顾两种市场，难度较大。

▶ **案例**

海尔的国际化之路

海尔认为"不是出口创汇，而是出口创牌"，并且提出"下棋找高手""先难后易"的国际化战略——首先进入发达国家创品牌，再以高屋建瓴之势进入发展中国家。

早在 1990 年，海尔就开始走出国门。在"先难后易"的战略下，海尔决定首先把产品出口到德国——自己"老师"的家门口。但通过了德国安全认证的海尔冰箱，依然不被德国经销商接受。当时，日本的冰箱也很少能销售到德国，因为日本冰箱的设计寿命是 8 年，德国冰箱的设计寿命是 15 年，这个时间差距很大。海尔对自己的产品很有信心，于是提出与德国冰箱"PK"：把海尔冰箱和德国冰箱放在一起，撕去标签，让经销商自己选，选中哪个就销售哪个。"盲选"的结果是海尔冰箱胜出。于是，经销商下了 2 万台海尔冰箱的订单，这是海尔获得的出口到德国的第一笔大订单。1993年，在德国TEST杂志一年一度的对德国市场上销售的进口家电的抽检结果报告中，海尔冰箱获得了8个"+"号，在受检的冰箱中质量名列第一，民众对海尔冰箱的评价超过了对德国冰箱和意大利冰箱的评价。

1999年4月30日，在美国南卡罗来纳州中部的一个人口为8000人的小镇坎姆登的一片空地上，鲜艳的五星红旗和蓝色的海尔旗迎风招展，奠基仪式在由海尔投资3000万美元、占地44.5万平方米的生产中心举行，当时的中国驻美大使主持了剪彩仪式。这是当时中国企业在美国最大的一笔投资，标志着海尔的国际化战略迈出了重要的一步。一年以后，第一台带有"美国制造"标签的海尔冰箱成功下线，开启了中国企业在美国制造冰箱的历史，海尔成为中国第一家在美国制造和销售产品的公司。而当年看好海尔此举的人并不多，很多人认为"别的企业到美国投资都不成功，海尔也很难成功""海尔等于是不在国内吃肉，却到国外啃骨头、喝汤"。人们普遍认为，那时去美国设厂肯定没有成本优势。但如今回看，海尔当时的决策是具有前瞻性的。今天海尔能够满足美国当地顾客的需求，正是依托于美国南卡罗来纳州的海尔工厂。2001年，美国当地政府为感谢海尔为当地所做的贡献，命名工厂附近的一条道路为海尔路。

如果说海尔通过"先难后易"的国际化战略拿下"最难啃"的市场证明了中国品牌的能力，那么，收购国际知名家电品牌的举动，则无疑给中国企业品牌的影响力又加上了砝码。海尔收购三洋电机在日本、东南亚的洗衣机、冰箱等多项业务，成功实现了跨文化融合；之后，海尔还成功并购新西兰高端家电品牌斐雪派克（Fisher & Paykel）；2016年1月15日，海尔的全球化进程又翻开了历史性的一页——海尔与通用电气公司签署战略合作备忘录，整合通用电气家电业务，不但树立了中美企业合作的新典范，而且形成了大企业之间超越价格交易的新联盟模式，媒体形容海尔创造了"中国惊喜"。海尔在国际市场真正实现了"走出去"，成为全球大型家用电器的知名品牌。

三、品牌国际化的模式

品牌国际化的模式有以下3种。

1. 第一种模式：标准全球化

这种模式的基本特点是，将全球视为一个完全相同的市场，每一个国家或地区都是具有无差异性特征的子市场。为此，在所有的营销组合要素中，除了必要的战术调整，其余要素均实行统一化和标准化。

2. 第二种模式：模拟全球化

这种模式的基本特点是，除了品牌定位、品牌标识等要素实行全球统一化，其他要素，包括产品、包装、广告策划等都要根据当地市场的具体情况加以调整，以提高品牌对该市场的适应性。例如，"欧宝"汽车在欧洲的销售量很大，但是，除了品牌定位、品牌标识等至关要素，从产品的设计到价格的制定，基本实行本土化策略。也就是说，生产什么款式、卖多少钱，全部由通用汽车公司设在欧洲的子公司来决定，总公司不予干预。

3. 第三种模式："标准"本土化

这种模式强调，在国际化策略实施的过程中，所有品牌要素的出台都充分考虑所在国的文化传统、语言，并根据当地市场情况加以适当地调整。这种模式的根据是，文化背景不同，顾客的需求必然存在明显的异质性，加上品牌进入国际市场还要解决各国的政治、法律、经济等差异性问题，因此"标准"本土化更符合客观实际。例如，可口可乐推出了中国传统 12 生肖过年形象的产品包装，体现了中国的民风民俗，增加了其中国味道。当然，这种模式会大大增加开发产品、推广产品、营销管理的成本和控制难度。

▶ **案例**

传音的本土化战略

被称为"非洲手机之王"的传音手机高居 2020 年全球手机销量排行榜第四位，占据着整个非洲大陆 50 多个国家和地区近半的市场份额。

2006 年是国产手机最艰难的一年。原波导手机的海外市场负责人竺兆江正式创立了传音手机。相较于当时国内手机品牌出海扎堆发达国家市场和印度等新兴市场，传音手机切入了非洲这块尚待开发的"处女"地。成立当年，传音手机就在尼日利亚发布了旗下首个手机品牌 TECNO，开启了传音手机在非洲大陆的征途。

传音手机针对非洲市场的需求，进行了极致的本土化创新，"智能美黑""四卡四待""手机低音炮"……这一个个深植非洲用户需求之上的本土化创新，成为传音手机的撒手锏。当手机有了摄像头后，自拍便成了全球人民的钟爱，但一般的手机自拍对于非洲人却不太友好。为此，传音手机结合深肤色影像引擎技术，定制 Camera 硬件，专门研发了基于眼睛和牙齿来定位的拍照技术，并加强曝光，加上"智能美黑"黑科技，让更多非洲人拍出了满意的自拍照，甚至在晚上也能自拍，一下子就俘获了众多非洲用户的心。

相较于国内的统一市场以及移动、联通、电信三家主流运营商，非洲大陆有着 50 多个国家和地区，甚至同一个国家内也有着为数众多的运营商，而且不同运营商之间的通话资费很贵，一个非洲当地人兜里装着三四张电话卡是较为普遍的现象。为了解决非洲用户的这个痛点，传音手机先是将国内特有的"双卡双待"机型引入非洲，此后更是破天荒地开发了"四卡四待"机型——一个手机配备 4 个卡槽，可以放 4 张电话卡，再次获得非洲用户的青睐。

由于非洲人民热爱音乐和舞蹈，传音手机就专门开发了"Boom J8"等机型，把手机音响变成低音炮，即使在很嘈杂的大街上，也能让用户随着手机的歌曲起舞，传音手机还贴心地为手机配备了头戴式耳机。据悉，其手机发布的时候，尼日利亚的 18 位名人一起为其站台，创造了万人空巷的奇观。针对非洲部分地区经常停电、早晚温差大、天气普遍炎热等问题，传音手机还针对性地开发了低成本高压快充技术、超长待机、耐磨耐手汗陶瓷新材料和防汗液 USB 端口等。

手机好不好用，硬件是一方面，软件的功能适配及生态也很重要。在非洲市场收获众多用户和流量的基础上，传音手机也把中国当下火热的软件应用引入了非洲，并针对非洲市场和用户的特点进行了针对性的开发。同时，传音手机基于安卓手机系统平台进行二次开发，为非洲顾客深度定制了智能终端操作系统（OS），包括 HiOS、itelOS 和 XOS。目前，传音 OS 已成为当地主流操作系统之一。围绕 OS，传音手机还与腾讯、阅文集团等国内互联网巨头，在多领域进行出海战略合作，积极开发和孵化契合非洲当地的移动互联网产品。

对于非洲这个新兴手机市场而言，功能机和中低端智能机仍是市场主流。硬件配置和软件应用是选购的重要前提，但高性价比和实惠才是选购的"临门一脚"。传音手机根据非洲市场的消费现状，虽然推出了面向不同层次的手机品牌及产品，但在产品定价方面，都比较合理实惠。据悉，传音手机在非洲市场推出的产品均价不足 1 000 元人民币。据相关统计，此前在传音手机所售出的手机中，廉价功能机较多，即便是智能机平均售价也在 500 元以下，而同期小米手机平均售价为 959 元。好用还便宜，成为传音手机突出重围的"关键一招"。

和目前国内互联网广告、电视广告铺天盖地现象不同的是，在非洲，刷墙广告、贴海报广告、FM 广告等传统形式依然是主流。在非洲的大街小巷，无论是电线杆还是围墙，到处都印刷着传音手机旗下手机品牌的广告。传音手机员工说，"从内罗毕的机场道路到坎帕拉的贫民窟，从肯尼亚的边境小城 Kisii 到卢旺达的旅游城市 Rubevu，只要有墙的地方，就少不了传音手机的涂墙广告。"传音手机也正是通过这些接地气的方式来推广其新产品，而节节攀升的销量则成为最好的佐证。

非洲网络基础设施还不完备，电商渗透率仅为个位数，线上销售基本可以忽略，更多依靠线下传统的经销商渠道来地推。传音手机一方面给渠道经销商足够的让利空间，另一方面通过驻场指导、统一宣传等形式助力各地经销商销售。较高的利润水平和良好的合作体验让传音手机与各地的经销商建立了长期、良性的合作关系。传音手机方面介绍称，对于重点市场及重点渠道商客户，公司坚持渠道下沉策略，配备销售专员与经销商、分销商和零售商保持长期稳定的日常沟通，及时获取一手市场反馈和需求信息，与渠道商共同成长。据悉，传音手机已与全球各市场国家超过 2 000 家经销商客户开展密切合作，建设广覆盖、强渗透、高稳定的营销渠道。

本章练习

一、判断题

1. 区域公共品牌是区域独特的生产要素的集中表现，反映了具有区域属性的产品、服务和形象。（　　）

2. 一般来说，企业品牌的生命周期相对短暂，但区域公共品牌的生命力较强。（　　）

3. 政府与行业协会应当主动发挥在管理区域公共品牌中的作用，积极引导与督促区域公共品牌的健康发展，同时为区域公共品牌的健康发展保驾护航。（　　）

4. 企业应当通过自己的经营活动，持续输出高质量的产品或服务，主动、自觉地维护区域公共品牌。（　　）

5. 在经济全球化的今天，实施品牌国际化可以使品牌的生命得以延长，使品牌的魅力得以释放。（　　）

二、选择题

1. 行业协会在区域公共品牌管理中的作用是（　　）。
    A. 方案设计   B. 注册商标
    C. 实施标准化工程   D. 积极推广

2. 政府在区域公共品牌管理中的作用是（　　）。
    A. 顶层设计   B. 制度供给   C. 政策扶持   D. 积极推广

3. 品牌国际化模式有（　　　）模式。
　　A. 标准全球化　　　B. 模拟全球化　　　C. 标准本土化　　　D. 模拟本土化
4. 品牌国际化的动因是（　　　）。
　　A. 本国市场供给过剩　　　　　　　　B. 海外市场的吸引力
　　C. 通过规模经济降低成本　　　　　　D. 顾客的全球流动性和趋同性
5. 以下（　　　）是区域公共品牌。
　　A. 西湖龙井　　　B. 北京烤鸭　　　C. 山西陈醋　　　D. 烟台苹果

三、填空题

1. 区域公共品牌与企业品牌不同，它不是属于哪个企业的，是 _____ 的。
2. _____ 是某类产品或产业集合在某一个区域，所具有的质量、声誉或其他特性本质上取决于该区域的自然因素和人文因素，且具有较高影响力和吸引力的品牌，其表现形式通常为 _____ 。
3. 一般来说，企业品牌的生命周期相对短暂，但 _____ 的生命力较强。
4. 由于区域公共品牌具有公共品牌的性质，如果不加强管理容易导致 _____ 的后果。
5. _____ 与 _____ 应当主动发挥在管理区域公共品牌中的作用，积极引导与督促区域公共品牌的健康发展，同时为区域公共品牌的健康发展保驾护航。

四、思考题

1. 什么是区域公共品牌？
2. 区域公共品牌有几种类型？
3. 管理区域公共品牌有哪些必要性？
4. 政府在区域公共品牌管理中的作用是什么？
5. 行业协会在区域公共品牌管理中的作用是什么？
6. 什么是品牌国际化？品牌国际化的动因是什么？
7. 品牌国际化有几种路径？品牌国际化有几种模式？

本章实训

一、实训内容

调查了解本地有什么区域公共品牌，属于哪种类型，以及当地政府与行业协会是如何管理区域公共品牌的。

二、实训组织

1. 将全班分为 12 个小组，各组对应完成 1 ～ 2 个实训。
2. 小组内部充分讨论，认真分析研究，并且制作一份 3 ～ 5 分钟能够演示完毕的 PPT 文件在课堂上进行汇报。
3. 教师对每组的分析报告和课堂讨论情况即时进行点评和总结。

综合实训

XX 品牌管理方案分享（策划）

分享（策划）内容：

分享（策划）内容应当至少包含品牌定位管理、品牌标识管理、品牌形象管理、品牌传播管理、品牌忠诚管理、品牌维护管理中的 2 ～ 4 项。

实训组织：

1. 教师布置分享（策划）任务，指出分享（策划）要点和注意事项。

2. 将全班分为 6 ～ 12 个小组，组员合理分工、团结协作。

3. 小组内部充分讨论，认真分析研究，形成分享（策划）报告。

4. 小组制作一份 10 分钟能够演示完毕的 PPT 文件在课堂上进行汇报，之后其他小组可提出质询，台上台下进行互动。

5. 教师对每组的分享（策划）报告和课堂讨论情况即时进行点评和总结。

延伸阅读

[1] 苏朝晖.《消费者行为学》[M]. 北京：人民邮电出版社，2020.

[2] 苏朝晖.《客户服务实务》[M]. 北京：清华大学出版社，2020.

[3] 苏朝晖.《客户关系管理：建立、维护与挽救》[M]. 北京：人民邮电出版社，2021.

[4] 苏朝晖.《市场营销：从理论到实践》[M]. 北京：人民邮电出版社，2021.

[5] 苏朝晖.《市场学：经营战略与策略》[M]. 北京：机械工业出版社，2021.

[6] 苏朝晖.《电商客户关系管理》[M]. 北京：人民邮电出版社，2021.

[7] 苏朝晖.《服务营销管理》[M]. 北京：清华大学出版社，2023.

[8] 苏朝晖.《直播营销》[M]. 北京：人民邮电出版社，2023.

参考文献

[1]（美）凯文·莱恩·凯勒. 战略品牌管理（第4版）[M]. 吴水龙，何云，译. 北京：中国人民大学出版社，2017.

[2]（美）菲利普·科特勒，（美）凯文·莱恩·凯勒. 营销管理 [M]. 何佳讯等，译. 上海：格致出版社，2016.

[3] 王海忠. 品牌管理 [M]. 北京：清华大学出版社，2014.

[4] 周志民. 品牌管理 [M]. 天津：南开大学出版社，2008.

[5] 王新刚. 品牌管理 [M]. 北京：机械工业出版社，2021.

[6] 苏勇，等. 品牌管理 [M]. 北京：机械工业出版社，2021.

[7] 朱立，等. 品牌管理 [M]. 北京：高等教育出版社，2020.

[8] 卢晶，等. 品牌管理 [M]. 北京：高等教育出版社，2019.

[9] 魏雯卓，张灵萍，林芳冰. 老字号品牌吴裕泰的传承与创新. 老字号品牌营销 [J]. 2022年4月（上）.

[10] 张景云，吕欣欣. 瑞蚨祥：百年品牌创新升级. 企业管理 [J]. 2021年第4期.

[11] 吴清. 传音手机：一年一亿部称雄非洲的背后. 中国经营报 [N]. 2022-01-08.

[12] 郭佳丽，边超. 中宁枸杞品牌建设分析. 品牌与标准化 [J]，2022年1月.